初中主题班会
设计技巧与优秀案例

主编：郑学志

副主编：钟　杰　陈爱勤　张文芬

中国轻工业出版社

图书在版编目(CIP)数据

初中主题班会设计技巧与优秀案例/郑学志主编. —北京：中国轻工业出版社，2014.10（2023.8重印）
ISBN 978-7-5019-9882-1

Ⅰ.①初… Ⅱ.①郑… Ⅲ.①班会-初中-教学参考资料 Ⅳ.①G635.5

中国版本图书馆CIP数据核字（2014）第189319号

保留所有权利。非经中国轻工业出版社"万千教育"书面授权，任何人不得以任何方式（包括但不限于电子、机械、手工或其他尚未被发明或应用的技术手段）复印、拍照、扫描、录音、朗读、存储、发表本书中任何部分或本书全部内容（包括但不限于光盘、音频、视频等）。中国轻工业出版社"万千教育"未授权任何机构提供源自本书内容的电子文件阅览、收听或下载服务。如有此类非法行为，查实必究。

责任编辑：吴　红
策划编辑：吴　红　　　　　责任终审：杜文勇
责任校对：刘志颖　　　　　责任监印：刘志颖

出版发行：中国轻工业出版社（北京东长安街6号，邮编：100740）
印　　刷：三河市鑫金马印装有限公司
经　　销：各地新华书店
版　　次：2023年8月第1版第7次印刷
开　　本：710×1000　1/16　印张：16.5
字　　数：166千字
印　　数：15001—17000
书　　号：ISBN 978-7-5019-9882-1　定价：34.00元

读者热线：010-65181109，65262933
发行电话：010-85119832　传真：010-85113293
网　　址：http://www.chlip.com.cn　http://www.wqedu.com
电子信箱：1012305542@qq.com
如发现图书残缺请拨打读者热线联系调换
120738Y1X101ZBW

本 书 编 者

主　编：郑学志

副主编：钟　杰　陈爱勤　张文芬

作　者：（以姓氏拼音为序）

柏铭蔓　杜爱华　方　媛　奉　柳　李春刚

刘　涛　刘　宵　罗　灼　聂维平　隋秀芹

覃丽兰　王　战　吴菊萍　曾春霞　张寄华

张文芬　郑学志　钟　杰　钟永杭

前言：朝向美好

我出版了30多本书，可以说是教育类图书的专业户了。曾有人问我最满意的书是哪一本，我很矫情但是也很真实地表达着我的一个感觉——下一本。确实，没有最好的，只有我们在不断地朝向美好。

对于主题班会，我同样是这种感觉。从最初做班主任起，我就一直在关注和尝试着开多种形式、多种内容的主题班会。开始时在毫无资料、毫无样本、毫无经验，甚至对主题班会基本知识毫无掌握的情况下，我闷着脑袋做；后来我学习了很多相关知识，参考了很多案例，从理论到实践上不断地丰富和提升自己，我的很多主题班会课开始成为别人借鉴的样本。我对主题班会开始驾轻就熟，居然可以不受时间、地点、条件的限制开主题班会。如果有需要，哪怕是在带学生一起郊游等车的间隙，我也能够轻松地组织一场微型主题班会。到目前为止，在全国各地的很多班级和学校，我都开过现场主题班会。即使是借班的、随机的、有难度的，我也都开得精彩纷呈。无论是参与观摩的老师，还是参与上课的学生，每开一次班会，都将成为他们生命中最美好的一个记忆。但是，要是让我说对哪一次主题班会最满意，我的感觉还是——"下一次会更好"。现在，我出版的多本关于主题班会课的书成为畅销书，我到外面讲课，常有老师惊喜地对我说："郑老师，我就是您主题班会课图书的读者，我非常喜欢您！"遇到知音，遇到熟人，就好像遇到另外一个让人欣喜的自己。

正是经历了这么一个从无到有、从害怕到喜欢、从茫然无措到驾轻就熟、从内心抗拒躲避到不由自主地采用班会课解决各种问题的过程，我深刻地体会到了初做班主任的老师，或者说想开主题班会却没有经验、又想达到理想效果的老师内心迫切的需求——我们非常需要一本从形式到内容、从理论到实践、从时间到空间、从初级阶段到高级阶段不断帮助我们开好主题班会的强大参考书。而且，最好既是一本能够随时帮我们澄清各种模糊认识的主题班会大词库这样的工具书，又是一本能够给我们借鉴和启迪、带领我们创新以及开展具有前瞻性的主题班会课的灵活套用模板书。如果有这样一本书，它对我们来说就太有趣味和意思了。

于是，我在自己多年尝试和探索的基础上，在我们团队近千名一线班主任实践的基础上，在我们已经出版了一本又一本关于优秀主题班会的著作的基础上，我们朝向更加美好的未来，面向全国征集初中主题班会设计方案和优秀案例实录，旨在打破地域限制，突破个人思维局限，沟通不同年级段的需求，做出一本让我们自己满意的主题班会著作。从2012年我们在《班主任之友》论坛发出第一个征集主题班会稿的倡议书，到2014年这本书顺利问世，我们历时3年，在近百万字中的案例中，精选了23篇主题班会文字实录。这些实录，既有常规性的、事务型主题班会，又有创新性的、思想教育型主题班会；既有适宜比赛用的、强调展示性的公开主题班会，又有灵活解决问题、让学生喜欢的微型主题班会；既有在全国班会课比赛中获奖的经典作品，又有著名班主任私人珍藏的得意之作……这在多个层面上都超过了我以往的任何一本主题班会著作，逐步从优秀走向卓越，朝向主题班会的完美境界迈进。因此，我要感谢全国各地支持我的那些出名和不出名的班主任，是他们成就了这本书，是他们成就了我们的主题班会。我对他们深深俯首致谢！

尽管这世界上没有最好，只有更好，但我希望，我们可以不断地朝向完美；我还希望，当您打开这本书时，您会有一种意外的惊喜，您的阅读之旅会不虚此行。

郑学志

2014年7月22日

目　　录

前　言　朝向美好 I

第一部分　初中主题班会的设计与组织技巧 1

　　一、新闻启示："最牛班级"每周都开班会 3
　　二、经验调查：班会是班级管理的重要手段 4
　　三、现实困惑：主题班会该从哪些地方突破 7
　　四、主题选取：好主题的四个标准——"小、近、巧、实" 9
　　五、班会组织：让学生走向前台的五个技巧 12
　　六、专家支着：开好主题班会的九个建议 16

第二部分　初中主题班会优秀案例精选 21
第一辑　初一：打开美德的窗口 23
　　一、日常事务型主题班会 23
　　　　欢迎你，我的孩子们——新生见面第一课 23
　　二、社交指导型主题班会 35
　　　　寻找友谊大门的金钥匙 35
　　三、心理辅导型主题班会 43
　　　　给心灵种上庄稼——强大男生心灵的主题班会 43

四、习惯养成型主题班会 ······ 52
　　让读书成为一种习惯 ······ 52

五、公开竞赛型主题班会 ······ 68
　　心灵与生态共美 ······ 68

六、专题教育型主题班会 ······ 80
　　珍爱生命 ······ 80

七、思想教育型主题班会 ······ 89
　　绿色上网，快乐生活 ······ 89

八、伦理道德型主题班会 ······ 103
　　爱，不要等待 ······ 103

第二辑　初二：抓住成长转型的契机 ······ 115

一、问题处理型主题班会 ······ 115
　　"班戏"ABC ······ 115

二、随机生成型主题班会 ······ 123
　　别怕，扶她起来——角色与责任主题班会 ······ 123

三、专题教育型主题班会 ······ 132
　　传女不传男——如何应对男生的捉弄 ······ 132

四、亲子教育型主题班会 ······ 141
　　摆平小别扭（微型主题班会）······ 141

五、班级事务型主题班会 ······ 147
　　有种美，叫沉静（微型主题班会）······ 147

六、心理指导型主题班会 ······ 150
　　你的事业是父亲 ······ 150

七、卫生健康型主题班会 ······ 159
　　保护自己是头等大事 ······ 159

八、借班示范型主题班会 ······ 166
　　生命因合作而精彩 ······ 166

第三辑　初三：插上奋勇腾飞的翅膀 176

一、班级建设型主题班会 176
　　为青春导航 176

二、青春励志型主题班会 186
　　为理想插上腾飞的翅膀——"后进生"转化主题班会 186

三、思想教育型主题班会 199
　　我为什么要读书——建构可持续发展的读书观 199

四、辩论对抗型主题班会 208
　　"学习中的苦和乐"辩论会 208

五、管理事务型主题班会 222
　　"感动初三"颁奖典礼 222

六、中考动员型主题班会 231
　　我要飞得更高 231

七、专题教育型主题班会 240
　　与责任同行 240

第一部分
初中主题班会的设计与组织技巧

主题班会课是班主任的必修课，也是任何一个学校课时安排表上不能回避的一门课。可是，很少有哪一堂专业的培训课告诉过我们，主题班会课该如何设计、如何组织。

很多时候，班主任是凭着自己零星的经验和片段的感觉在开主题班会，在上主题班会课。一旦遇到竞争性或者表演性的主题班会课时，不少老师就着急：到哪里找那么好的主题班会课呢？谁能教教我上主题班会课的技巧？哪里有相对系统的资料？……

由于先天性训练不足，日常性的使用太少，加上班主任确实太忙——能够把正常的教学工作做完，带领学生考出好成绩就不错了，哪里还有时间、有精力去研究主题班会课呢？因此，不少老师在主题班会的设计与组织上，天生就有一种资源和能力的欠缺。

要是有一本书，能够简单、系统、高效地介绍主题班会的设计与组织技巧，能够提供典型、生动、完整、优秀的设计案例供班主任参考，能够有详细、具体、真实的文字实录供班主任借鉴，该多好啊！

——告诉您，在组织编写这本书的时候，我们恰好把这些因素考虑到了。您所要的答案就在里面……

一、新闻启示:"最牛班级"每周都开班会

有些班主任一辈子没有开过主题班会。他们不是不能,而是因为怕,怕开主题班会浪费时间,影响学生的学习。他们恨不得让学生把所有在校的时间都用在学习上。

其实,这是一种错误的理解,也是对大脑使用规律缺乏了解导致的错误行为。学习不仅仅需要不同的刺激交替进行才能提高效率,更需要采用多种方式去达到目的。

2012 年,湖南省最牛的高考班——湖南省长沙市长郡中学高三 0901 班,59 人全部上"一本线",32 人被清华大学、北京大学录取,高考平均成绩 647.8 分,被人称为"高考最牛班"。在谈到班上的学生为什么能够取得这么好的高考成绩时,班主任徐光明老师一句话道出她成功的法宝——每周都让学生开主题班会,她和孩子们聊爱情、聊人生、聊学习,谈友谊、谈娱乐、谈家庭……

无独有偶,我们还看到这样一则消息,湖北省蕲春县漕河中学 2003 年的一个初中毕业班——初三(7)班,该班学生毕业十年后,考上复旦大学、中国科学院等名校的研究生高达 14 人。这源于班主任徐校军等老师热爱教学、教法新颖,立足于培养学生的学习兴趣、学习方法,教育学生树立远大理想,帮助学生在学习中寻找快乐感、成就感。

2011 年吉林省第二实验学校的 9 年级 9 班,也堪称"最牛班级"。该班 51 名学生,有 22 人中考考出了 590 分以上的高分,近半数的学生都是 590 分,远远高于当地的平均优秀率。分析其成功秘诀,该校一位姓于的老师透露——该班班主任卢秀军老师思维活跃,不局限于死板的读书。中考前,毕业班的孩子们包饺子,与低年级学生结对子送祝福,组织"金秋之旅";让孩子到北京学习一周,在动物园里学生物,见到外国人主动搭话练习英语,到建筑里找几何形状……这都是学校的"传统项目"。

……从"最牛高考班",到"最牛中考班",他们的成功也许有其独特的环境条件,比如,长郡中学的 0901 班,曾经引发了教育资源平衡问题的讨论,因为

该班是由尖子生组成的班级。但是,另外两个班却没有那么好的先天资源,尤其是蕲春县漕河中学为镇中学,再怎么集中优势"兵员"也是条件有限,无法与省城学校相比,可学生们却有那么大的牛劲,研究生14人啊,这个比例,相对来说已经相当高了。

那么,他们成功的秘诀是什么呢?

无论是省城重点中学,还是镇中学,这些最牛班级,都有一个共同特征——他们的班主任,并不是要求孩子们全天死读书。相反,在这些班级里,孩子们都很快乐,很注意劳逸结合——他们每周都开班会,用形式活泼、主题突出的系列主题班会,释放学习压力,锻炼各种实践能力,实现了科学用脑。

这些新闻背景里的故事,一定能给班主任开展主题班会活动带来一些有益的启示。

二、经验调查:班会是班级管理的重要手段

在教育现实中,很多班主任一味强调抓分数,学生成绩却并不一定理想。一生写诗万余首的陆游曾说,写诗的功夫在诗外。盲目地要求学生死读书、读死书,学生就会觉得心烦。因为学习的好坏不仅仅是时间问题,更重要的是效率问题。事实证明,很多时候,学习的功夫也在学习之外——它需要有效率地学习,需要有激情、有目标地学习,需要有方法、有技巧地学习,需要劳逸结合、需要心情舒畅⋯⋯而这些,恰好可以在主题班会中得到补偿。

有些班主任非常注意利用班会加强班级管理,提高学生的学习效率。

1. 利用班会课激发学生的学习热情

激情需要感染,尤其是需要集体氛围的感染。恰当地利用班会课,可以使班级学习气氛得到空前的加强。在这方面,来自深圳的钟永杭老师可以说深有体会,其班会课"感动初三",对学生而言就是一剂青春的提神醒脑药。钟老师巧妙地借用"感动中国"的奖励形式,把对学习成绩的奖励,开成一个励志型主题班会:全班单科优胜者、总分优胜者,成绩进步者,成绩提升跨越很大者,在全

班都进步的情况下能够保持优秀者,遵纪守法者,优秀班干部……所有这些他需要奖励的人员,一起走一走班上的"星光大道",每个人都从教室后门走到前门,边走边招手向同学们致意。同学们则挥舞着彩带、彩球,像影迷、歌迷一样喊着口号:"×××,你好棒!""×××,你是我的偶像!"然后获奖者要发表获奖感言,收获大家的祝福。人是社会性的动物,需要一定的社会价值认同,才能够增强自信。这样一个主题明确、内容丰富、形式活泼的颁奖主题班会,绝对比轻描淡写地一次把奖品送到学生手上的效果好。

2. 大面积做好学生的思想工作

对于做学生的思想工作,老师们总有一种困惑:思想工作天天说、月月讲,究竟有没有效果?而很多老师在明知无效的情况下,依然每天对学生苦口婆心地教导;明知无效,也依然做得那么坚持,这不能不让人觉得悲壮。其实,教育是一种浸润、影响和感染。道理入脑入心,是需要一定的条件和机缘的。让道理恰到好处地进入学生心灵的一个很好的办法,就是利用集体性班级活动,利用主题班会的形式,营造一种大场面的氛围,使学生在集体氛围中受到熏陶,接受思想的浸润和影响。因此,解决集体性问题,利用主题班会课,往往能够收到很好的效果。比如,深圳的钟杰老师举办过"传女不传男""你的事业是父亲"等几个主题班会,利用性别角色不同,分类进行指导,对学生的影响很大。一次主题班会,就是一个淑女培训班;一次主题班会,就是一个绅士速成营。可以说,要想大面积地影响学生,再也没有比主题班会更好、更贴近学生的形式了。

3. 教给学生协商处理问题的方法

在不少老师的印象中,主题班会就是说说、唱唱、夸张地表达一下感情的一种游戏,没有什么实质性的作用。其实,这是对主题班会的天大误解。"班会"是"班级会议"的简称。主题班会就是孩子们围绕一个主题,自主协商研究事情、处理问题的会议。放松心情、娱乐一下,仅仅是主题班会的冰山一角,根本就不是主题班会的主要形式。主题班会更重要的作用,在于让孩子们民主协商研究处理问题。比如,江苏省南通市的陈春老师就利用主题班会形式,让孩子们围绕课间怎样打乒乓球而上课不迟到的问题，进行充分的协商、研究，并制定了自我约束措施。在研究、协商和发言的过程中，孩子们学会了听取别人的意见，形成了很有操作性的发言程序（如每个人只能发言一次，不能重复发言，不能没有想清楚就说话，避免浪费时间，这就锻炼了孩子们说话之前要慎重思考的能力）；学会了尊重别人，让没有发言的同学优先发言；学会了赞成某一个意见，一定要说出原因和理由；也学会了如何民主表决……教育就是给孩子提供一个学会成人技能的演练场地。从小在班会中学会协调、妥协、沟通、辩论、尊重他人意见的孩子，长大后才能更好地应对各种复杂事件。

4. 灵活有效地处理班级突发问题

这几年，一些爱钻研、喜创新的班主任开始探索一种新型的班会召开形式，并尝试以此解决一些工作上的难题。于是，新型的班会课形式——微型主题班会诞生了。这种班会形式活跃、主题灵活、花费时间少，班主任想开就开，没有多大的顾虑，对于处理班级临时性的突发问题，有很好的作用。比如，深圳光明中学的钟杰老师，就在这方面做了很多尝试。微型主题班会和一般的班主任专题训话不同，它侧重于就班级的一个小现象、小问题进行班级协商、研究和处理，学生和老师共同参与，而不是单纯的班主任训话，因此，收到的效果就很好。在这次组稿中，我们专门收集了她在这方面的经典尝试，相信大家能够从她的案例中得到启发。

当然，对主题班会，现在学界也存在不同的认识，不同的认识又折射出不同的班主任工作理念。比如，有人认为，主题班会仅仅是德育的一个重要手段，这就把主题班会的功能缩小化了；也有人认为，主题班会可以包罗万象，解决一切问题，这又把主题班会的功能扩大化了。缩小和扩大，都不利于我们正确地认识主题班会。比较科学的认识应该是——主题班会是班主任工作的一个重要手段，它不仅仅是德育思想的浸润武器，也是孩子们协商处理班级事务的重要途径，更是班主任有效实现班级管理的重要帮手，相对于死板的说教、僵化的德育模式，主题班会将越来越多地受到孩子们的欢迎和老师们的重视。

三、现实困惑：主题班会该从哪些地方突破

尽管班会课对班主任有这样那样的帮助，但是队伍不稳定，自己没有兴趣，动力不足，缺乏相应的培训机制等，导致了班主任工作的专业化程度相对较低。很多老师做班主任，能够应付日常的管理工作就不错了，更别说拿出专门的时间来研究、学习和探索主题班会的工作方式方法和有效途径了。因此，说到主题班会，不少班主任感到困惑，不知道该从哪里下手。

当前，班主任在主题班会上存在下面几个认识误区。

1. 思想上认识不够

由于班主任普遍教学任务重，同时为了本班其他学科的教学，很少召开主题班会。很多时候，班会课成了下达任务、提出要求的会议，班主任板着面孔说教，十分枯燥；有的时候，班会课开成了对违纪学生的公开批评会；有的时候，教师干脆把班会课当成了学科课堂。

2. 工作上随意性大

思想不重视，工作起来自然就随意性比较大，缺乏科学性和计划性。有的班主任开学时制订的班会计划，可能仅仅是一种形式，往往用于应付上级检查。很多情况下，教师是在临时接到学校通知时才匆忙准备的，效果可想而知。

3. 内容上缺乏针对性

因为没有计划，没有对主题班会课进行有针对性的研究，所以，不少班会课开得内容空洞，针对性不强。尽管形式上热热闹闹，但活动实效平平。班会主题的确定，既要依据学校布置的各项工作，又要服从于各个班级既定的努力目标，避免主题的随意性和盲目性。因此，班会的设计和活动过程必须有一定的针对性，要根据本班的实际情况，有目的、有意识、有范围、有层次地构思，而不应该是学校教师会议内容的重复。

4. 行动上准备不足

既然班主任工作是老师的搭头,那么主题班会便成了一种应付。我在组织、撰写高中主题班会书稿的时候,就惊讶地发现,好多老师一辈子都没有开过主题班会课,更不用说对其进行深入研究了。缺乏了解、没有积累,结果导致实际工作仓促上阵,准备不足。不少老师按照上级任务上完了主题班会课,但是对于做得怎样、有什么效果、解决了什么问题、为什么而开,他们心里仍是糊涂的。

5. 形式上呆板枯燥

有些主题班会趣味性不强,单调呆板、千篇一律或者一味灌输、说教,容易让学生厌烦。初中学生求知欲强,他们好问、好动、好胜,正在从幼稚走向成熟,他们的注意力、自制力都还较差,喜欢求新求异,生动活泼,因此组织班会课时,形式不能过于单一,要注意多种变化,激发学生的活动兴趣,使他们有一个轻松、愉快的受教育环境,从而增强课堂效果。

6. 组织上角色错位

主题班会是学生自我教育的一条途径。但有时,有意无意中,在召开主题班会时,班主任会越俎代庖,一手包办,既充当"导演",又充当"主角"。主题班会的特点之一,就是要充分发掘学生的主体意识,发挥学生的主人翁精神和集体责任感。无论什么内容、哪种形式的主题班会,班主任都不能搞"一言堂",一定要树立民主观念,正确把握指导性与主动性的关系,把学生推上第一线,发动班集体全体成员出谋划策,共同参与。实践证明,看一个主题班会成不成功,主要是看学生参与的态度和创造性的发挥,学生的主动性越强,班会效果就越好,就越能达到学生自我教育的目的。

7. 目标上作秀成分较重

有些主题班会特别是在班会比赛中,老师们为了让主题班会更加成功,在彩排方面花费了很多时间。你会发现,在主题班会进行过程中,无论是学生的表演,还是学生的发言,或者是学生表达自己的感觉,一点错误都没有,可以说是天衣无缝。但恰恰是这些表演成分过多的班会,损害了主题班会的真实性。本来是很严肃的、让人感到很有感触的一个话题,一遍一遍地表演,学生就会对它产生一种厌烦情绪,教育效果也就会大打折扣。主题班会的根本目的,是通过班集体的力量,解决学生思想上存在的问题,最终提高他们的思想认识。因此,策划主题班会的着力点是触动学生的思想灵魂,引导他们讲真话、动真情、论真理,班主任不能满足于做样子给人看。如果经常开表演性的主题班会,不仅不能起到学生自我教育的作用,反而会养成他们敷衍应付的坏习惯。

8. 反馈机制上缺乏延伸

主题班会的过程一般可以分为三大环节:点明主题—展示主题—深化主题。主题的点出要简洁明快,让学生一下就进入角色,乐于参与活动。主题的展示要充实有力,可以多角度、多层次地予以论证,这是主题班会的主体。结束时要深化提炼主题,让学生在脑海中留下鲜明的"痕迹",久久难忘。但是事实上,我们不少班主任开主题班会是为了应付检查、完成任务,没有把主题班会当作自己工作的有力帮手,因此,班会开完就完了,没有注意后续效果的跟进,更没有收集整理反馈信息,这样开主题班会,既浪费时间,又错过了很多教育时机。

这是班主任在工作中存在的一些普遍问题,下面我们将从主题选取、班会组织及专家支着三方面,向大家详细介绍初中主题班会该如何设计。

四、主题选取:好主题的四个标准——"小、近、巧、实"

主题是班会的灵魂,明确的主题、有意思的主题,可以吸引学生参加。

确立主题可以紧密结合学生熟悉的一些时政大事、社会新闻或是重要节日、重要活动,也可以依据班级存在的比较有代表性的问题等。班主任务必要调查研究,掌握班情,清楚学生近期关注的热点是什么,了解学生普遍对什么感兴趣,知道学生的动机、需要、情感等心理特征。班主任应及时做出分析,并能够正确归因,寻找解决问题的方法,找到教育的突破口。

主题的确立要实在，要注意四个"一点"，即"小一点""近一点""巧一点""实一点"。

1."小一点"

"小一点"是指主题要小，不是要大家去抓琐碎而无典型意义的事，而是小中见大，以一当十，从大处着眼、小处着手。

初中一年级，班主任应理解刚跨入中学大门的新生，那是一群还很幼稚、迷惘的学生，需要从良好习惯、自尊自爱、卫生教育、培养干部等方面入手，让他们顺利进入"中学生"这个角色。此外，绝大多数初一学生都希望能好好学习，给学校里的老师和同学留下一个好印象，因而表现就比较好。作为班主任，应该抓住这个契机，及时地对学生进行点拨、引导，组织诸如"要珍惜学习的好时光""向童年告别""我爱我的班集体""寻找打开友谊大门的金钥匙""开学第一课"等主题班会，使学生的心头升起理想的光华，使他们的求知欲望更加强烈。

比如，在初一第一次班会课上，我们可以以"五个'我'"为主题，即请所有学生做自我介绍。具体参照格式"我叫××，来自××小学，家住_____""我最喜欢_____""我最擅长_____""我要改进_____""我希望_____"学生介绍的时候，班主任要注意引导，内容不要过于简单。

2."近一点"

"近一点"是指确定的班会主题要和学生的思想认识接近，让他们有话可说；要贴近学生的实际生活，令他们能够感受；要解决他们的一些实在的问题，富有针对性。

过于成人化的主题，不宜作为初中生的班会主题。应尽量避免"高、大、全"的主题，而选用非常贴近学生实际的主题，比如，钟杰老师的"男生、女生"专题，就是讲男生怎么做绅士，不欺负女生；女生怎么保护好自己。男生和女生的话题，性意识觉醒、性别角色开始形成的初中阶段孩子内心最感兴趣的话题。这样的话题，即使孩子们羞于表达，关注度也会很高。

除此之外，我们还可以在初一的时候选择"新同学与新老师的心灵对话""我的故事""个人风采秀""我的座右铭""打造自我品牌""沟通与合作""我对竞争的理解""我的牢骚""我给同学找优点""关于男女同学交往过密的讨论""畅谈展望我的班级""与爱同在""我想对爸爸妈妈说的话""爱,从感恩开始"等作为班会主题。这样的主题,也是孩子们很感兴趣的话题,离他们的生活近,他们喜欢参与。

3."巧一点"

"巧一点"是指主题班会的主题表达要新颖、有艺术性、有创造力,要能够在平常中见新奇,在旧题材上见新意。

创新很难,但是唯有创新,才能吸引学生的眼球;唯有创新,才能提高学生参与的积极性。可以这么说,班主任工作的时间越长,主题班会研究的程度越深,创新越艰难——因为很多在别人看来是创新的做法,在你们班上已经实践过多次了。别说学生,连班主任自己都厌烦了。那该怎么办呢?我觉得还是要对创新来一次现实的思考。我们不要把创新想得那么难,不妨定位低一些、明确一些。对班主任来说,什么样的题材是新主题呢?以前没有做过的,是新主题;已经做过的,但是这次有了新的认识,是新主题;没有新的认识,但是对这一届学生来说,他们没有做过,是新主题;即使以前做过了,这次形式上有所变化,能够做得更好一些,也是新主题……

比如,亲情教育、感恩教育,班主任做了多次,已经难以做出新意了,但是柏铭蔓老师从心理辅导的角度,又把这个陈旧的题材做出了新意(见本书中第二部分的主题班会"爱,不要等待")。所以说,角度不同,我们展现的班会就会不同。

创新其实并不难,有时候,换个角度,换个形式,换种思维,或者把主题往"精、准、深"上去做,就是创新了。

4."实一点"

"实一点"是指设计要务本求实,针对实际问题,注重行为指导。唯有实实在在的内容才能触动学生的心灵,才能真正解决学生存在的问题。

"实一点"这是主题班会确定主题的一个基本要求，也是班会遵循的一个基本原则——突出实用，讲究可操作性。主题班会不仅仅是娱乐，就连前面所说的"最牛班级"，他们经常开主题班会，主要目的也是实用，也是解决问题。我曾经在许多中考成绩非常好的班主任中做过调查，问他们主题班会主要是用来做什么的，他们的回答非常简单——解决问题。覃丽兰老师在升学考试前，带孩子们开放松心情的主题班会——踩气球。全班同学都动员起来，在教室里吹了很多气球，然后把"压力""累""烦躁""痛苦"等负面的词语写在上面。写好之后，全班同学使劲地踩气球，踩破一个，大家都开怀大笑。这样的主题班会活动，看似只是娱乐，其实目的也很明确——考前释压。

围绕"实"字做文章，很多问题往往就迎刃而解。比如，我们可以在考试前选择关于学法探讨的主题，考试后选择关于常规纪律教育和挫折教育方面的主题，这对建设班级来说，都非常及时和必要。

五、班会组织：让学生走向前台的五个技巧

我主张把班会的全部工作都交给学生做，让学生站在这个工作的前台。也只有把班会的组织、设计、主持交给学生，班会活动才会更精彩。

可是，有些班主任不这么做，他们往往把自己放在开展主题班会的第一线。在某些班主任论坛上，在一些班主任专业群里，我常看到有些班主任发这样的帖子——"跪求××主题班会方案""请高手指点××班会如何开"，看似热心，其实也是无奈。想想，为什么不把班会的活动权交给学生呢？

我们完全可以把班会的活动权交给学生，只要班主任在班上事先做好下面一些工作。

1. 培养领袖人物，主持把控班会

一个精彩的主题班会需要有灵魂人物，需要有固定的套路，也需要有一定的规则。湖南卫视《快乐大本营》节目之所以那么受欢迎，就是因为有一个良好的主持班底，能够调动起全场的气氛，提升全场人气。我们做主题班会，也要培养

一些班会领袖人物,让他们主持班会活动,把握班会发展方向。

领袖人物的选拔是一项关键工作。哪些人适合做班会的主持人呢?他们需具备一些基本素质:一是有优秀的语言表达能力,能够给人带来美的享受;二是要热情豪放,能够带动全场的气氛;三是性格开朗亲和,要放得开;四是反应机智灵活,能够救场,尤其是天生幽默者最好;五是形象有特色,喜庆也好,美丽也好,帅气也好,一定要在同学中有市场。

选好领袖人物之后,要进行专门的培养。比如,引导他们观看影视主持,掌握不同主题的不同主持风格;平时利用晨会、班级讲话锻炼他们;给他们传授一点点主持的基本知识……一般来说,经过一段时间的培养之后,这些主持人均能胜任班会主持工作。

为了形成激励机制,不妨多培养一些主持人,互相激励,以免个别学生虚荣心膨胀,最后不买账,还要挟班主任。

2. 锻炼学生能力,搞活班会气氛

气氛是靠互相渲染影响的,有了合格的主持人,并不代表班会就一定成功。班会要取得成功,主持人精彩的主持,同学们热情的参与,适当的渲染气氛的小动作,都是必要的。我们不仅要锻炼主持人主持班会的能力,还要锻炼学生参与会议的能力。比如,告诉主持人一些索要掌声的方法,在自己认为精彩的时候,不妨说一句:"如果你觉得我讲得精彩,不妨来点掌声,好不好?""同学们都这么卖力了,来点掌声支持一下!""掌声在哪里?让你的呐喊声、掌声伴随我们青春的激情——响起来!"……一般来说,这样渲染之后,班级活动气氛就热烈了,一些本来坐在观众席上的学生,也会被全班同学的热情感染,放下手中的作业,投入到主题班会活动中来。

因此,我们要告诉主持人如何调动气氛,也告诉其他学生,这些活动需要他们的支持,即使是观众,也要做最受欢迎的观众。有时为了让观众更加投入,不妨增强观众的参与性,让他们发挥自己的作用。比如,在班上开辩论会,本来那是少数人表现的舞台,可是,我们创立了观众打分制度,你赞成支持谁,你就坐在哪一方的阵营下面。你可以随时变换你的支持方,只要你愿意,我们都欢迎。

然后，我们就以支持方的人数，作为辩论赛的参考分数，来比较哪一方的辩论效果好。有时我们还可以通过用噪声测量仪，测量同学们的呐喊声和掌声的分贝大小，来考核主持人和发言者。这种形式的班会，孩子们都很喜欢，因为他们也参与其中，做了有用的观众。

3. 完善会议程序，避免临时出错

一些老师不愿意把班会活动权交给学生，一个关键原因是太注重班会结果，担心班会效果差。其实，我们完全可以从建立完善的班会会议程序上下功夫，让学生掌握一整套的主持、发言、互动、表决、总结、引申的程序，这样就可以保证没有一个班会是学生主持不好的。

退一步说，班会本来就是学生的，是学生利用会议的形式，研究、协调、处理班级事务和自身问题的一个工具，我们为什么要那么看重结果呢？学生在实际操作中学会全面思考问题、学会接纳和尊重他人，学会协调人际关系，学会研究处理问题，本身就是一种很好的锻炼。

只要我们明确了程序上的事情，严格按照程序来，就不必担心班会的效果了。比如，在研究班级事务的时候，可以在班会程序中明确规定，班委通过的一些决议，必须在公布之日一周后，才能够生效。之所以留这么一段时间，就是要让那些持有反对意见的同学，在一周之内把他们的反对意见说出来。而且，在班上要鼓励学生发表反对意见，只要言之有理，不但反对有效，而且还要为他颁发"最有价值建议奖"。这就从程序上杜绝了班干部把持班会、无视民意的现象。

当然，事务型主题班会，仅仅只是班会的一种形式。我想，只要班主任制定了完善的会议程序，很多小问题都是可以避免的。

4. 形成规范模式，打造班会样板

正如列夫·托尔斯泰说的那样，"幸福的家庭总是相似的，不幸的家庭各有各的不同。"这句话放在很多地方都有道理。那些成功的主题班会，基本要素都是相同的；而那些失败的主题班会，都有其不同的失败原因。

这就促使我们思考一系列的问题：成功的主题班会具有哪些基本模式？有哪

些基本范式可供我们参考？哪些因素是必需的？比如，有些老师对我们的基本模式提出疑问："任何一个主题班会，都必须有这样的设计要素吗？都必须这么做吗？"我们的回答是：您可以创设一种新型的班会设计模式，但是，无论哪一种班会模式，都必须有一种规范意识，都要把它做到完美、健全，能够成为一种模式的标准范本。那么，我们今后再来组织这方面的主题班会时，就完全可以让学生依葫芦画瓢地参考模式，创设新的主题班会。这也是对于任何一种主题班会，我们都提倡建立规范模式的原因。

5. 提供指导服务，提高班会质量

学生主持、掌控主题班会，并不是说班主任就可以完全撒手不管了。这个放手是体力上的放手，是锻炼机会上的放手，是班会的主体上的放手；是学生能够做的，班主任不做；是学生能够想到的，班主任不想；是老师不代替学生思考和行动，让学生自己去做。但是，班主任不能完全撒手不管，还是要在关键、适当的时候，对班会进行把关和引导。一个很浅显的道理——再出色的学生主持人、策划人，他们也毕竟是身在"庐山"中，只见识过他们这一届、他们这一个年龄层次的主题班会，对于别的班级、别的领域、别的年龄层次的主题班会如何举办，他们并不知道。这就需要班主任从宏观把控上、从技术指导上、从一些应该注意的细节上，给予学生必要的指导。

换句话说，班主任要做好放手和指导的平衡，不能完全撒手不管，也不能抓紧不放，要注意管、放的艺术和技巧。比如，我们在总的思想方向上要把关，不能出大的思想问题；在整体风格上要把关，不能过于低俗；在班级团结的大是大非上要把关，不能搞成小团队、小派别；在技术指导上要把关，不能低劣不堪……

总之，尽管放手了，班主任还是要注意提供适当的指导服务，这样才能真正提高班会的质量。

六、专家支着：开好主题班会的九个建议

对于如何开好主题班会，我不仅在教师中做过深入的调查，也曾经多次组织学生和老师进行座谈。全国知名班主任、中国自主教育管理实验团队骨干教师、河南省巩义市的张先娜老师说，要做好班级活动，必须注意九个方面。在这里，我结合本书的案例和张老师的一些主要观点，和大家一起分享这九个建议。

1. 活动范围上的参与性

主题班会活动要尽量让每个人都参与，做到人人有活动。比如，学校举行秋季运动会，除了比赛队员以外，还要选定总策划师，安排服务人员、啦啦队、负责人，裁判长也要带领大家进行有计划、有组织的训练，还有摄影师、稿件组，针对活动写出新闻稿件，及时在广播站播出，以鼓励参赛队员……人人都参与，孩子们对活动的关注度就会高，聪明才智才能充分发挥出来。

2. 活动心情上的愉悦性

让学生在参加活动的过程中完全放松自己的心情，感到身心愉悦，也是学生喜欢开班会的一个重要原因。但是，要想让学生愉悦也不是件容易的事，这就需要我们组织的活动能让学生喜欢，或者安排的职务他们乐于履行，这样才能让他们感觉心情愉悦。比如，覃丽兰老师在天津借班上课，当时现场有一千多位班主任听课，为了缓解学生的思想压力，活跃气氛，她就带领孩子们一起做了一个简单的游戏——激情节拍，全班学生都参加。在游戏互动中，大家充分感受到了开班会的快乐，后面的展示课怎么会不成功呢？

3. 活动组织上的自主性

自主性就是班主任在活动组织的过程中充分放手，给学生以信任，让学生自由地发挥自己的想象力、创造力。老师们不要担心学生不行，只要放手，只要做好了渲染和铺垫工作，孩子们会非常乐意把这个工作承担起来的。深圳钟永杭

老师的班会课"感动初三",就是全部交给学生自己去做的。班会中的感人细节、主持词、颁奖词、音响设备等全部由孩子们自己设计和负责。相信学生,让他们自主地选择自己的职责,他们就会做出超乎我们想象的行动,也可能会因这一次行动给自己树立一个新的目标。

4. 活动效果上的挑战性

挑战性就是让学生在活动的过程中能够有挑战自己极限的机会。比如,张先娜老师在班上组织"毽子王"比赛时,第一名于文浩踢毽子踢了176个。因为孩子们以前都是单腿踢,不会用双腿调节,所以那条踢毽子的腿就感到乏力。于是,张先娜老师提出,我们能不能挑战自己,学会双腿踢,能不能踢得更多,还有没有更厉害的高手……挑战极限的活动往往能给学生带来极大的兴趣,对他们性格的完善也能起到很好的帮助作用。结果,很多孩子踢毽子的水平不知不觉地上升了,而且性格也变得开朗乐观了。

5. 活动内容上的创新性

学生是喜新厌旧的,无论班主任的策划能力有多强,也很难将一个老生常谈的主题班会开出好的效果。这就决定了我们开展主题班会活动,一定要在内容创新上下功夫。第一次举办感恩主题班会,学生会感动得流泪。第二次举办感恩主题班会,哪怕再煽情,学生也不会太感动。第三次举办感恩主题班会,您搞一个"哭点"出来,活动还没有进行到那个程序,就有学生说:"等下该哭了……"然后就说:"咦,怎么还不哭呢?"如果内容都熟悉到这样麻木的地步,再怎么感人的主题班会,效果都会逊色。那该怎么办?班主任可让学生自己去寻找新的题材,创新主题班会活动内容。在本书的案例中,我们注意避免一些老生常谈的主题,对于一些传统主题,尽量使班会开出新意。比如,"让读书成为一种习惯""我为什么要读书",就尽量避免空洞说教,尽量从创新上下功夫,效果很好。

6. 活动形式上的趣味性

主题班会是一种很好的教育载体,但是我们反对片面追求教育性而忽略活动本身在开展中的趣味性。只有伟大的主题，没有有趣的形式，学生是不会接受的。甚至，趣味本身可以吸引学生参加。因此，我们要注意主题班会活动的趣味性，在教室里开班会开厌了，可以到操场上去开。张先娜老师就和学生在操场上开过一个读书活动的主题班会，秦望老师在草地上和学生开过中秋主题班会，覃丽兰老师也多次把主题班会开到操场上，开到大自然中。

在培养"团队合作意识"的主题班会课上，张先娜老师带领学生玩过"三人背"战斗游戏，一个人站好，第二个人跳到第一个人的背上，第三个人跳到前两人的背上，然后开始战斗。这个游戏很有意思，学生愿意玩。在玩的时候，学生有胜利的欲望，有助于帮助他们"立长志"。为了胜利，学生要想办法，这能让他们学会遇到问题先思考。为了让自己的团队有实力，他们就需要合作……这样，学生在有趣的具体活动中获得的认识，远远超过死板的说教。

7. 活动策划上的完善性

一次完美的主题班会，就是一次完美的策划。做好主题班会，策划是很重要的基本功。这个活动策划不只是针对活动现场，还要对整个活动过程有一个非常完整的活动方案。可以说，策划越完善，实施过程中遇到的阻力和困难越少。临时上阵，往往难以应付。本书的每一个活动方案，我觉得在策划的完整性上都值得借鉴，无论是哪一个主题班会，其背景、目的、重难点、准备事项、设计思路、班会反思等每个方面都要考虑得非常完善。

完善其实是一种办事精干的表现，一个人的办事能力越强，思考问题就越完善，做出的方案就越具有操作性。在这方面，班主任要多学习、多借鉴、多参考，见多识广，自然思考完善。

8. 活动过程上的规范性

不少老师对规范比较抵触，认为规范了，就死板了。这是对规范的一种误解。其实，组织活动就要有规范的程序，学生了解正规活动的程序之后，就能够按照程序办事，关键时刻就不会一头雾水。活动程序不规范，还很容易忘记一些事情。所以，很多时候，规范就是思维严密的表现，也是我们活动的有力保障。

在这里，我给大家介绍一个事务型主题班会研究的规范流程：①会议召集人提前一天公布讨论议题；②会议参与人酝酿发言；③会议主持人主持专题讨论；④会议参与人针对议题发表不同意见和看法（这个环节为关键环节，建立一系列的发言制度，如每个人都只发言一次，不能临时补充，要求发言完整；尊重每个人的发言，不得打断别人的发言；发言遵照女性优先的原则进行；支持、反对或附和别人的意见要说明理由）；⑤会议表决；⑥形成决议；⑦主持人宣布讨论结果。这是规范的程序，班主任可以根据需要进行适当删改，形成简约程序。比如，钟杰老师的事务型主题班会"有种美，叫沉静"，就是班主任主导的一个规范的班级事务型主题班会，全班对形成班级静文化进行研讨和表决。

9. 活动结束后的拓展性

班会的目的不是单纯的休闲，也不是单纯的玩乐，而是要解决问题，完成我们的教育任务，达到我们的教育目的。因此，一个主题班会开完了，并不代表这个班会结束了。很多时候，一个主题班会的结束，往往代表着一个新的工作的开始。比如，新疆吴菊萍老师的主题班会"我要飞得更高"，立足于19天后的中考，激励大家继续鼓舞斗志，努力学习，夺取中考好成绩。班会现场很煽情，很多家长和学生都被感动得哭了。但这不是目的，目的是感动之后，让家长和学生接受老师的建议——为初三，加油！为中考，加油！因此，班会之后，如何取得效果，如何让班会更具有拓展性，就成为该主题班会的一个亮点。他们把主题班会的主题词"我要飞得更高"作为宣传标语，贴在教室的前面，这对学生每天的学习是一种无声的督促。

第二部分
初中主题班会优秀案例精选

初中是学生生理变化最大的一个阶段，我们似乎每天都能听到孩子们骨头生长的拔节声。用一天一个变化来形容初中学生一点也不为过。

初中学生是一个最难教、最难管的学生群体，青春的叛逆、少年的无知、青年的鲁莽……全交织在这个年龄段了。因此，初中老师是天底下最难做的老师。鉴于初中生特殊的心理和生理发展，对学生进行思想教育的最好办法，就是运用主题班会，大面积地影响、浸润和熏陶学生。

面对实际工作，很多班主任都深感困惑：到哪里去找一部贴近初中教育实际，符合初中生心理和生理特征，具有强烈时代特征又很典型的主题班会案例呢？哪怕是经验丰富的老班主任，面对新情况、新问题，也会感到棘手。诚如美国著名教育家帕尔默所说的那样——"优秀教师最痛苦的事情，莫过于怎么去提升自己的教育教学能力"；他们也需要一部操作性强、富有时代特色、针对初中群体的主题班会书，作为自己工作的参考。

确实，一本好的主题班会案例，带给我们的不仅是一种美好文字阅读的快感，更是一个精美策划方案的感叹，我们从文字的背后可以看出教师的组织能力、学识才华和他们的思想魅力。对一线班主任来说，我们不仅需要专家们说有道理的东西，更需要在现实工作中能够用得上的案例——很多时候，有用比有道理更有说服力！

为此，我们组织了全国各地数百名优秀教师，历时两年半的时间，精选了他们在实际工作中取得良好效果的主题班会案例及其文字实录，并从300多篇来稿中，挑选出了20多个经典案例。这些案例，有些已经成为设计者学校的经典教材，有些跨省现场示范，有些被各级媒体评为一等奖、特等奖，还有些，被我们一线老师广泛传诵……

相信这些案例能够点燃你火热的激情，唤醒你不朽的梦想，让你的主题班会开得更加红火热烈、精彩纷呈！让你的主题班会，成为孩子们一生最美好的记忆！

第一辑
初一：打开美德的窗口

初一的学生，睁着好奇的眼睛，怀着激动的心情，跨入了初中的大门。他们遭遇到了人生第一个忙碌期：学业负担突然增加，学习要求突然提高，而且，自己的身体也在莫名其妙地发生变化……

这些改变，对很多孩子来说，是一种成长的喜悦，也是一种心理的惴惴不安。在这个成长的关键时刻，他们的思想也在悄然地发生着变化。他们开始从盲目地相信老师转移到运用大脑自己思考，他们开始从群体意识中走向个人独立意识的觉醒，他们开始以全面突围的方式，寻找着自身定位……

如果在这个时候播种良好习惯，我们就能够收获美好品德；播种美好品德，我们就会收获孩子们人生的优秀和卓越。因此，初一的主题班会，立足美德、个性、良好习惯的形成，教给学生社会交往的技巧，点化他们蒙昧的人生，使他们养成终身受益的习惯，这对他们的一生具有奠基意义。

初一，我们用班会打开孩子美德的窗口……

一、日常事务型主题班会

欢迎你，我的孩子们——新生见面第一课

【推荐理由】

1. 开学第一课，班主任总是要对孩子们讲些什么的。很多班主任不知道讲什么，也不知道如何讲。这个主题班会，用实在的内容、真挚的情感、扎实的工作，给我们做好开学第一课提供了一个很好的参考。

2. 一个用心的班主任，总会给孩子带来很多感动。在感动中工作，是一件多么

幸福的事情。推荐这个主题班会，就是分享平淡教育生活中的点滴真实的感动！

【适用时间】 初一第一学期

【班会背景】

一群十二三岁的孩子，昨天还被叫作"小学生"，今天却成了"中学生"；昨天还会因为是"小学生"而被原谅种种不当的行为，今天却被以"已是中学生"的理由而提高了要求。如何让学生适应初中生活一直是我们讨论与探求的主题，可对于一群淳朴的农村孩子来说，他们除了用惊奇而充满期待的眼光打量新的学校、新的老师、新的同学之外，没有再做更多的"预习功课"。

作为初一年级新生的班主任，我有责任与义务将他们领进初中的大门，为他们上好开学第一课。同时，我也特别希望用一种特别的方式跟孩子们展开一段平等而温暖的对话，让孩子们了解即将开始的新生活，了解我这个即将陪伴他们三年的班主任，了解自己即将生活三年的新"家"。

于是，我为孩子们准备了一份礼物：亲笔写了一封信，围绕这封信上好开学第一课。

【班会目的】

1. 以书信的形式给学生上"开学第一课"，表达班主任的欢迎之意和喜爱之情。

2. 以书信的方式向学生阐明"爱"的意义，告诉学生"爱是一种行动"。

3. 通过阅读班主任的亲笔信，使学生迅速了解各科老师和初中生活的基本情况，消除他们的畏惧心理。

4. 通过阅读书信，使师生之间、生生之间迅速熟识起来，加强彼此之间的了解，缩短彼此之间的距离，增进彼此之间的感情。

【重点难点】

班主任写给全班同学的信是整个班会的焦点，这封信必须熔铸爱心，发乎真情，能够激起学生情感的波澜、拉近师生情感距离。读信时，师生互动，要营造轻松快乐的班级氛围。引导学生热爱生命，热爱学习，热爱生活。

【课前准备】

1. 书写好给孩子们的第一封信《欢迎你，我的孩子》，并打印好。

2. 设计并打印好《临江中学新生调查表》。

3. 将各科任课老师请到教室,请他们与孩子们一起上开学第一课。

【设计思路】

1. 以"爱是什么"导入班会。

2. 学生读信,体会老师字里行间的欢迎、欣喜之情。

3. 各科教师及班级基本情况介绍。

4. 引导学生爱生活、爱生命、爱学习。

5. 填写学生基本情况表。

【班会实录】

一、导入新课

同学们,昨天晚上你们都观看了央视二套"开学第一课"《我爱你,中国》吧!(学生做肯定回答。我校将这个任务写在了他们的入学通知书上,我相信孩子们会自觉完成进入初中的第一份作业的,所以以此开始我今天的班会活动)

在那场教育盛宴上,围绕"爱是什么"为全国的中小学生上了一堂别开生面的开学第一课,非常有意义。那节课总共有四个板块的内容,大家还记得吗?(学生回答:"爱是分享""爱是一种力量""爱是承担"和"爱是荣耀")昨晚,央视开学第一课让我们接受了一场爱的洗礼!今天,老师想借前天晚上为大家写的这封信,用实际行动来阐释一下"爱是什么",就当是昨晚晚会的延续!请打开老师写给大家的信。

二、爱你的老师、同学和班级

(一)热身阶段

我需要找个同学配合一下:当我念出"亲爱的孩子们"时,我想请一位同学接着读信的第一段,谁愿意帮帮老师?(原本害羞的孩子们收到我的信之后已有些激动,此时听到我的求助,更是按捺不住,一个个跃跃欲试,纷纷举起了手。我顺势表扬了他们,就近点了一名男生)

1. 请一名男生朗读书信的第一段"哦,又开学了"。他读得很投入,"哦"字读得特别有感情。接下来通过对"哦""又"两字朗读方法的指导,使学生带着欣喜、期待、愉悦的心情走进课堂,走进新学期。全班齐读第一段。

2. 表达欢迎之意:首先欢迎你们的到来!看到你们,总让我有种似曾相识的感觉,这种感觉绝不是上次报名时你我的相识,也不是刚刚过去的繁忙劳动中的亲密交谈。这种感觉似乎很遥远,它让我想起了 22 年前,那个曾和你们一样天真烂漫的我;也让我想起了 13 年前,那些和你们一样端坐在我的课堂上的第一批学生;更让我想起 3 年前,那批和你们一样打量着我、琢磨着我的孩子。我刚刚亲手送走他们,又幸运地迎来了你们,真好!

(二)各科老师简介

1. 班主任自我介绍——一个善于倾听也乐于倾听的老师,"多耳"老师。(以幽默风趣的方式做自我介绍)

(1)我很幸运地冠上了父亲的姓——聂,一个特别富有诗意而美妙的姓氏!诗意在于它的结构(具体解释一下"聂"字繁体字的写法,三个"耳"叠在一起),美妙在于它的寓意。"聂"象征着一个稳扎根基、善于倾听的人,我愿做这样的人!

(2)世间每一个名字都是一篇简短、质朴的祈祷。刚刚老师用一种特别的方式解读了自己的姓,接下来哪位同学也试着解释一下自己的名字呢?(可能是从来没想过类似的问题,孩子们又有些害羞起来。于是我想起了昨天提前认识的,并且暂时任命为班长的安琪,也想借这个机会把她介绍给大家)安琪能说一说吗?(安琪大方地站了起来,告诉我们她还没有仔细想过这个问题,大概是父母觉得家里添了一个小天使吧,所以给自己取了这个名字)安琪啊,不仅是他们家的天使,也是我们的天使,为了让我们班尽快走上正轨,我擅自做主为你们选了一位班长——我们的天使孙安琪,用掌声认识一下。

(3)班主任的其他情况:联系我的最好方式是直接到二楼教导处,其次是写信、打电话,或是通过 QQ。我的电话号码非常稳定——139×××1449,说不定 20 年后你再拨这个号码仍能听到我的声音。我习惯把我的手机设置为早 6 点、晚 9 点自动开、关机,所以要跟我聊天请选择恰当的时间段。家里的电话形同摆设，我常常会忘了家里的电话号码，就像我时常记不住自己的QQ号一样，所以就不告诉你们了。

我有一个幸福的家庭。慈祥善良、脚踏实地的双亲，幽默风趣、才华横溢的丈夫和天真活泼、聪明伶俐的女儿是我最大的财富。人们都说女性的年龄是保密的，但我可以毫无保留地告诉你们，我现在正处于幸福的童年时期。刚刚跟女儿重温完《安徒生童话》，正在一起阅读《小王子》，时常和她玩"躲猫猫"的游戏，动不动就会"计较"她擅自吃了我爱吃的零食。我想我们成为朋友绝没有问题，因为我们不存在年龄上的距离！

2. 介绍各科老师。

（1）数学老师——甘醇的美酒。数学老师季老师是我的老朋友，我和她已经连着搭班两届，我们之间的默契根本就不需借助言语。她的学识和人品都是我学习的榜样，最难能可贵的是，她对待学生的态度。慢慢地，你们就会发现她的魅力。我把她比作甘醇的美酒，越酿越浓烈！

（2）科学老师——清新淡雅的绿茶。科学老师张老师是位幸福的准新娘，但她从不把幸福写在脸上，她的才华也从不轻易外显出来，为人特别谦逊。她就像清新淡雅的绿茶，越品越有韵味！

（3）英语老师——可口的咖啡。英语老师杨老师是位非常漂亮的新老师，除了人长得漂亮，学问了得，她对工作、对我们这个班级更是投入了满腔的热情。从昨天得知担任我们班第二班主任起，她就一直"追"着我"问东问西"，幸亏她下午要因公外出，要不然我一定会被她"纠缠到底"。虽然我对她还不太熟悉，但我感觉她就像那可口的咖啡，我们会对她越来越"上瘾"！

（重在突出各科老师特色，让学生产生敬畏之情，在介绍每位老师的同时，请老师站起来跟孩子们见面，此环节将班会推向了另一个高潮）

（三）班级基本情况简介

1. 特别的点名。

以特别的方式点名，点到的同学到后面黑板"签到簿"上郑重地签上自己的大名。（从拿到班级名单那一刻，我就开始琢磨如何快速地记住这些孩子的名字，如何将名字与人"对号入座"，于是开始研究起这40个陌生的名字来，从中发现

了它们相似的地方，最终形成了一段有趣的文字。内容详见书信）

我们班有率真的天使——"安琪"（孙安琪），在"阳"（潘阳阳）光灿烂的早"晨"（夏晨晨、虞晨晖），一"泽"（徐泽）一"姜"（姜麒）一"海"（季海霜）"静静"（刘静静）地流淌；有英"武""勇"敢的"双勇"（周武勇、潘建勇），外加一言九"鼎"的泉"涌"（虞鼎涌）；有"志"虑纯"良"（温良益）的两"志"（王志豪、成志敏）两"忠"（王晨忠、孟忠鑫）和聪"慧"（虞佳慧）高"洁"（诸露洁）的三"周"（周晓连等）四"孙"（孙建南等）；双"艳"（孙艳艳）绕着吉"祥"（杨祥祥）如意的"碧"玉（宋碧茹），"若"（董若瑶）无其事地飞"翔"（王忠翔），伶俐的"蒙艳"（金蒙艳）正迈着稳"健"（程健温）的步伐，朝着青"松"（王富松）毫不费"力"（徐孙力）地"攀"（夏锡攀）登，文武（程斌斌）双全、"豪"（金家豪）气冲天、"勇"敢"强"（徐强）"健"的我们一定会到"达"（夏其达）胜利的彼岸；幽"雅"的美"梦"（孙梦雅）总能给我们带来无穷的"欢乐"（董乐欢），聪明的"颖""颖"（周妙颖、程家颖）正在"畅"（吴祖畅）通无阻的道路上"驰"（陈驰）骋。我们这个班真是个"妙"不可言的集体！

2. 我们是兄弟姐妹。

早晨分发新书的时候，我注意到这样一个既有意思又引人深思的细节：当我把新书按小组人数分好，从第一个同学慢慢往后传时，我注意到很多同学都进行了挑选，好几个组最后一名同学的书都是大家挑剩下的、因为包装的原因而显得凸凹不平的书，很少有同学在有选择余地的情况下主动拿有点瑕疵的书。孩子们这一无心的举动本无可厚非，但我还是想对他们说点什么。于是在点完名，孩子们也在"签到簿"上签下自己的名字后，我给他们讲了一个故事：

同学们！你们的名字我已非常熟悉，经过刚才的点名之后，三分之一的同学我已经将名字与人对上了号，老师在这里向大家保证：不出三天，我就能准确地叫出你们的名字，请大家拭目以待！同学们！我们的新家成立了，从今天开始，我们就是亲如一家的兄弟姐妹了。怎样对待自己的兄弟姐妹，我想你们的父母已经把所有的窍门都教给了你们，根本不用老师多说。今天我想给大家讲一个我女儿的故事：昨天晚上，我在给女儿包书皮的时候，无意中发现她拿回来的书都不太正常，要么是上面有点泥点，要么是凸凹不平，像被谁拧过了一样。女儿可能觉察到我的表情的细微变化，在我开口问之前做了解释。原来昨天是她负责分发新书，她也想要一本崭新的书，可转念一想，如果她拿了好一点儿的书，那有瑕疵的书不就留给其他同学了吗？于是她把最差的书留给了自己，把好的让给了别人。我问她是不是因为有老师在身边的原因，结果她不屑地说老师当时并不在旁边，而且到现在为止都没有人知道她拿了最差的书。自己之所以这样做，完全是不想别的同学因为拿了不满意的书而影响开学的心情。我又接着问她难道她拿了不好的书，尤其是自己最喜欢的语文书扭得连书皮也包不了的时候，自己的心情就没受到影响？谁知我那可爱的女儿说：那是看得到的瑕疵，只要我的成绩不出问题就可以了。听了女儿讲述的故事，我非常感动，也非常敬佩我的女儿。小小年纪就懂得谦让，就知道处处为他人着想，我为我的女儿感到骄傲！我真诚地表扬了她，并且鼓励她以后还要继续做这样的事情。

聪明的你们早已从这个故事中听出了老师的深意，我就是想告诉你们，我们现在是一家人，我们的同学都是自己的兄弟姐妹，我有责任照顾他们，我不能让他们吃亏。

（出乎我意料的是，孩子们自发地鼓起掌来。我想，这掌声既是送给我女儿的，同时也是对他们自己的鼓励，我要的教育效果达到了。我就是想通过女儿"礼让新书"的故事，告诉孩子们，同学是值得他们付出的，因为他们是自己的兄弟姐妹，我们生活在同一屋檐下！）

三、爱生活，积极面对生活中的一切

读到"我只想介绍到这里，其他的清规戒律我不想提及，因为我们的学校、我们的班级是让你们快乐学习、健康成长的沃土，不是束缚你们、禁锢你们的牢笼"时，穿插班主任自己女儿的故事：昨晚我与丈夫讨论正在阅读的张爱玲的《红楼梦魇》时，丈夫提到人生三大喜事：洞房花烛夜、金榜题名时和他乡遇故知，然后继续说人生三大憾事，其中就有"海棠无香，鲥鱼有刺"。谁知正在读三年级的女儿接口说："海棠无香但艳丽，鲥鱼有刺但味美！"她还说自己的爸爸太过悲观了，我们应该乐观一些！我特别想借女儿的话告诉大家：生活中没有过不去的沟沟坎坎，只要我们积极面对生活中的一切，没什么能难住我们！

四、爱自己，爱生命

此环节放在班主任朗读"老师最大的愿望就是每天看着你们高高兴兴地上学，平平安安地回家！老师最大的幸福就是每天看到你们脸上灿烂、自信的笑容！只愿你们这三年能开心地生活在这个温暖的集体里，做个快乐、自由的求知者！只愿你们这三年能尽情地徜徉在知识的海洋里，做个智慧、幸福的求知者"时具体阐述。

五、爱学习，学习要靠自己，务必坚持原创

课前，我特意安排了几个同学在黑板报上书写祝福语，表达自己对老师的敬意和对初中生活的憧憬。没想到上面的内容大都来自网络或书籍，很少有自己创作的内容。于是，我就借这一点好好"发挥了"，告诉学生学习要靠自己努力，不允许有半点弄虚作假，对学生的新学期提出了要求。

六、新生调查

分发《临江中学新生调查表》，学生认真填写基本情况，班主任在第一时间里掌握学生信息，迅速认识学生。

2009级（　）班学生基本情况调查表

姓名		性别		民族		毕业学校	
出生年月		联系电话		QQ号		家庭住址	
爱好		特长		是否经常上网		睡眠状况	
曾经担任过的班干部职务				最想挑战的班干部职务			
最要好的朋友							
最尊敬的人							
最崇拜的人							
最信任的人							

续表

关系最亲密的家人	
家庭成员简介	
一句话介绍自己的家	
一句话描述自己理想中的班集体	
五个词描述自己理想中的班主任	
五个词介绍自己	
座右铭	

七、爱是一种行动

朗读"欢迎你们,我的孩子!无论你以前的生活有无诗意,请记住,我将陪你一起走",以实际行动向学生阐明"爱是一种行动",以此结束开学第一课。

(班会在经久不息的掌声中结束)

附录

亲爱的孩子们:

哦,又开学了!

首先欢迎你们的到来!看到你们,总让我有种似曾相识的感觉,这种感觉绝不是上次报名时你我的相识,也不是刚刚过去的繁忙劳动中的亲密交谈。这种感觉似乎很遥远,它让我想起了22年前,那个曾和你们一样天真烂漫的我;也让我想起了13年前,那些和你们一样端坐在我的课堂上的第一批学生;更让我想起3年前,那批和你们一样打量着我、琢磨着我的孩子。我刚刚亲手送走他们,又幸运地迎来了你们,真好!

说了这么多,还是让我们把这种"似曾相识"变成"彼此认识""彼此熟悉"吧!那就先从我的自我介绍开始:

我很幸运地冠上了父亲的姓——聂,一个特别富有诗意而美妙的姓氏!诗意在于它的结构，美妙在于它的寓意。"聂"象征着一个稳扎根基、善于倾听的人，我愿做这样的人！联系我的最好方式是直接到二楼教导处，其次是写信、打电话，或是通过QQ。我的电话号码非常稳定——139×××1449，说不定20年后你再拨这个号码仍能听到我的声音。我习惯把我的手机设置为早6点、晚9点自动开、关机，所以要跟我聊天请选择恰当的时间段。家里的电话形同摆设，我常常会忘了家里的电话号码，就像我时常记不住自己的QQ号一样，所以就不告诉你们了。

我有一个幸福的家庭。慈祥善良、脚踏实地的双亲，幽默风趣、才华横溢的丈夫和天真活泼、聪明伶俐的女儿是我最大的财富。人们都说女性的年龄是保密的，但我可以毫无保留地告诉你们，我现在正处于幸福的童年时期。刚刚跟女儿重温完《安徒生童话》，正在一起阅读《小王子》，时常和她玩"躲猫猫"的游戏，动不动就会"计较"她擅自吃了我爱吃的零食。我想我们成为朋友绝没有问题，因为我们不存在年龄上的距离！

认识了我，再来认识一下我们这个集体！美丽的校园你们已经看到了，我就不再赘述，我们还是来熟悉一下七（1）班这个温馨的集体！学校里为我们配备了最优秀的老师，那并不是因为我们是格外优秀的班级，而是因为我们学校里每个老师都是精英，可能唯独你们的班主任我稍稍逊色一些。数学老师季老师是我的老朋友，我和她已经连着搭班两届，我们之间的默契根本就不需借助言语。她的学识和人品都是我学习的榜样，最难能可贵的是，她对待学生的态度。慢慢地，你们就会发现她的魅力。我把她比作甘醇的美酒，越酿越浓烈！科学老师张老师是位幸福的准新娘，但她从不把幸福写在脸上，她的才华也从不轻易外显出来，为人特别谦逊。她就像清新淡雅的绿茶，越品越有韵味！英语老师杨老师是位非常漂亮的新老师，除了人长得漂亮，学问了得，她对工作、对我们这个班级更是投入了满腔的热情。从昨天得知担任我们班第二班主任起，她就一直"追"着我"问东问西"，幸亏她下午要因公外出，要不然我一定会被她"纠缠到底"。虽然我对她还不太熟悉，但我感觉她就像那可口的咖啡，我们会对她越来越"上瘾"！语文老师是我，最平淡无奇，就似那杯白开水，无色无味，不值一提，只愿自己能在你们饥渴难耐的时候派上用场，我心就已足矣！其他老师我就不再一一介绍，他们都各有魅力，还是留点神秘感给你们，让你们慢慢去发现！

最后说说我们这个班级！你们个个都是父母的骄傲，同样也是我和学校的骄傲！我们班有率真的天使——"安琪"，在"阳"光灿烂的早"晨"，一"泽"一"姜"一"海""静静"地流淌；有英"武""勇"敢的"双勇"，外加一言九"鼎"的泉"涌"；有"志"虑纯"良"的两"志"两"忠"和聪"慧"高"洁"的三"周"四"孙"；双"艳"绕着吉"祥"如意的"碧"玉，"若"无其事地飞"翔"，伶俐的"蒙艳"正迈着稳"健"的步伐，朝着青"松"毫不费"力"地攀"登"，"文武""双全、"豪"气冲天、"勇"敢"强""健"的我们一定会到"达"胜利的彼岸；幽"雅"的美"梦"总能给我们带来无穷的"欢乐"，聪明的"颖""颖"正在"畅"通无阻的道"路"上"驰"骋。我们这个班真是个"妙"不可言的集体！（学生微笑，继而热烈鼓掌）

我只想介绍到这里，其他的清规戒律我不想提及，因为我们的学校、我们的班级是让你们快乐学习、健康成长的沃土，不是束缚你们、禁锢你们的牢笼。老师最大的愿望就是每天看着你们高高兴兴地上学，平平安安地回家！老师最大的幸福就是每天看到你们脸上灿烂、自信的笑容！只愿你们这三年能开心地生活在这个温暖的集体里，做个快乐、自由的求知者！只愿你们这三年能尽情地徜徉在知识的海洋里，做个智慧、幸福的求知者！

欢迎你们，我的孩子们！

无论你以前的生活有无诗意，请记住，我将陪你一起走。

即将成为你们老朋友的新朋友：聂老师

2009年9月1日

【班会总结】

这是一节及时而真实的"开学第一课"！作为起始年级的班主任，给学生上的第一课是非常重要的。在这节课上，不是简单地认识学生和让学生认识，向学生讲述一些注意事项，直截了当地告诉学生中学与小学的区别，更不是给学生念一节课的"紧箍咒"，过早地束缚学生的自由，让他们一进中学校门就对他们即将开始的初中生活心生畏惧，对这个将伴他们走过三年的班主任没有一丝好感。

这样的"开学第一课"是得不偿失的！我也特别不喜欢上这样的课！

于是，从上一届学生开始，我就试着以温情的方式努力地为学生上好"开学第一课"，而且是名副其实的"第一课"，常常在学校举行开学典礼之后我就开始了我的"第一课"。而有些班主任可能仍在讲台上扮演着铁面无私的"包公"，说着看似威严的话，其实学生心里却在一个劲儿地抱怨。

凡事开好头！从拿到班级名单那刻起，我就开始琢磨着写给学生的信。在这封信里，我要让学生认识一个善于倾听、乐于倾听的班主任，他们的班主任可能不是十分博学，但她一定是个幽默风趣、十分可爱的班主任，与她相处一定会非常愉快而特别。在这节课上，我还要向他们阐释我的带班理念：努力为孩子们营造家的氛围！在这节课上，我更要以实际行动告诉他们"爱是什么"——"爱是一种行动！"而班主任写给学生的那封字里行间都洋溢着真情的书信就是最好的证明。

这就是我开这节班会课的最真实的想法！

（浙江省温州市鹿城区临江中学　聂维平　邮编：325022）

操作提示

1. 开学第一课，最重要的是拉近师生距离，密切师生感情，因此，班会用语要生活化，取材要贴近孩子们的生活，让人觉得亲近。这样，才会有好的效果。

2. 要尽快地熟悉每一个孩子的名字。当你叫得出孩子们的姓名时，带给他们的感动，比后面你做很多工作都要好。

3. 尽量地创新你的工作方法，学生都是喜新厌旧的，无论你怎样创新，他们都不会觉得过分。

二、社交指导型主题班会

寻找友谊大门的金钥匙

【推荐理由】

1. 著名教育专家王晓春老师有一个观点,大致是:与其说孩子是到学校来读书的,不如说孩子是到学校来读同伴的。

2. 学会与别人和睦相处,能增强孩子对学校的喜爱,也有利于刺激孩子的学习。所以,从某种意义上讲,教会孩子做人,教会孩子获取友谊比让他多识几个字、多算几道题更重要。

3. 本堂班会课充分调动了学生的参与热情,达到了预期目的,值得一线班主任老师借鉴。

【适用时间】初一第一学期

【班会背景】

初一学生刚从小学升上来,活泼好动,唯我独尊。同学间经常因不懂得彼此尊重而发生一点儿小摩擦,有的还大吵大闹进而使矛盾升级。为了让学生学会遇事冷静,换位思考,彼此尊重,进而获取友谊,故设计了本次班会。

【班会目的】

引导学生学会尊重同学,友善待人,与人和谐相处。

【重点难点】

1. 收集学生日常生活中因不懂互相尊重而发生冲突的案例。

2. 让学生从身边小事中反省自我,思考如何与他人相处。

【课前准备】

调查同学交往情况,收集学生案例并将其编成情景短剧、故事、诗歌等。

【设计思路】

1. 活动中,教师化身为记者,运用随机采访的形式,更大限度地激起学生参与各个话题讨论的热情。

2.注重互动,注意课堂语言贴近生活,活泼、生动、丰富。

【班会实录】

师:同学们,著名成功学大师卡耐基说:"一个人的成功,15%归结于他的专业知识,85%归结于他的人际交往和沟通能力。"这说明什么呢?

生1:学会与人相处非常重要!

师:之前老师给大家做过一个小调查,测试我们同学的人际交往情况,结果发现,我们班只有55%的同学觉得自己与别人相处得非常融洽,35%的同学觉得自己与别人相处得一般,还有8%的同学与别人有矛盾,甚至有2%的同学觉得自己与别人格格不入。(课件打出)为了帮助将近一半的同学学会更好地与他人相处,这节课,我们就一起来寻找打开友谊大门的钥匙吧。

(场景回放)

场景1 关你啥事?
——做事只从自己出发,不会换位思考

男生A(做完作业,觉得无聊,于是拿出刚买的小说读了起来,小说中精彩的情节使他完全沉醉其中,不自觉地跟着情节的高潮处喊了起来——"好!打他个落花流水!"

这时,同桌B正苦恼于几道数学难题,被A的喊声吓了一跳,再抬头看到A那如痴如醉的模样,就觉得来气,心里更加不是滋味,于是他对着A吼了声:"轻点,没看到人家在做作业吗,你眼瞎了啊!还乱喊乱叫个啥啊!鬼上身了呀!"

A也来气了:"你自己笨,做不出作业就把气出在我身上,我做什么关你什么事啊!这是我的自由!我就看,我就喊,你想怎么样?想单挑啊?"

于是,A和B你一言我一语争执不停……

场景2 试卷风波
——不顾别人脸面,专门揭人家的短处

课代表(手拿一叠试卷):发试卷啦!发试卷啦!

甲（叹息）：好紧张啊，要发试卷了！老天保佑我这次能及格。

乙（信心十足的）：有什么好紧张的啊！不就一次测验嘛！

课代表（走到甲跟前，递过试卷）：小×，给，要努力呀！

甲（扫了一眼分数，皱起眉头，边摇头边叹气）：唉……（立刻把分数捂住）

乙（扯甲手中的试卷）：喂喂喂，你考了多少分？让我看一下，看一下！

甲乙正在拉扯，课代表走过来递试卷给乙：恭喜你，考得很好啊！

乙（展开试卷，兴奋的）：啊！我90分！90分！（得意地向周围的同学扬扬自己的试卷）看到了吗？我90分耶！（又转向甲）你到底多少分？给我看看！（甲乙拉扯中）看，UFO！（骗过甲，终于扯出了试卷，嘲笑，讥讽）哈……哈哈！才……才59分？这么简单的题目你都考不及格？你脑子进水啦？

甲（一脸怒气，咆哮道）：你……你说什么？

乙：我说你是猪——猪！猪！猪！

甲（怒不可遏，冲过去揪住乙的头发）：我让你骂！我让你骂！

甲乙两人开始扭打在一起。课代表急忙冲过来拉开二人。

师：同学们，以上的场景你熟悉吗？你如何评价两个场景中两位同学的表现？你想对他们提点什么建议吗？（提醒学生：先说明你选择哪一个场景来讲）

生2：我们要尊重他人的感受，尊重他人的隐私。当同学考试成绩差时，应多给予安慰和鼓励。

生3：人际交往首要的一条就是——尊重他人！

生4：尊重他人的感受。

生5：尊重他人的隐私。

生6：尊重他人的人格。

师：同学们，佛说"前世五百年的回眸才换来今生的擦肩而过"，今天我们有幸坐在同一个教室里享受知识的洗礼和文化的熏陶，那是我们多少辈子修来的福分呀！所以，相逢是缘。

为了一些小小的摩擦和误会，毁了我们辛苦经营起来的友谊，值得吗？有一个小故事，老师想跟大家分享一下。

（播放 flash 故事）

礼貌是尊重

有一个坏脾气的男孩，他父亲给了他一袋钉子，并且告诉他，每当他发脾气的时候就在后院的围栏上钉一个钉子。

第一天，这个男孩钉下了 37 根钉子。慢慢地，每天钉下的钉子数量减少了，他发现控制自己的脾气要比钉下那些钉子容易。

于是，有一天，这个男孩再也不会失去耐性、乱发脾气了。他告诉父亲这件事情。父亲又说，从现在开始，当他能控制自己脾气的时候，就拔出一根钉子。一天天过去了，最后，男孩告诉父亲，他终于把所有的钉子都给拔出来了。

父亲握着他的手说："你做得很好，我的好孩子。"并与他一起来到了后院。父亲语重心长地对孩子说道："这些围栏将永远不能回复到从前的样子。你生气的时候说的话就像这些钉子一样会留下疤痕。如果你拿刀子捅了别人一刀，不管你说了多少次对不起，那个伤口将永远存在。"

师：同学们，看了这个故事，你有什么感受吗？你有什么想说的吗？

生 7：不要轻易生气。

生 8：生气的时候跑到别处转移一下情绪。

生 9：生气其实是在用别人的错误惩罚自己，并且随意生气还会破坏人际关系。

生 10：随意生气会伤害他人。

生 11：我觉得我们要多站在别人的角度去想想，不能只顾自己的感受。

师：俗话说"良言一句三冬暖，恶语伤人六月寒"，不尊重他人的话语就像一把把尖刀，它们给他人带来的伤痛就像真实的刀伤一样令人无法承受。所以，当你对同学大打出手或出言不逊的时候，伤的岂止是同学的身体啊？你还伤了——同学的心灵！这样的同学当然不受欢迎。

下面请同学们回忆一下，在平时与同学的相处中，你是否有过伤害同学的言行呢？你是否有过被同学欺负或孤立的情况呢？

生12：有一次，一位同学把我的橡皮掉到了地上。我不问青红皂白，大吼一声，把他的文具盒摔地上了。事后我很后悔。

生13：我讽刺过那些考试成绩不好的同学，在这里我向他们表示歉意。

生14：有一次课间，我们几个同学在走廊上玩。隔壁班的同学从我们身边经过，不小心踩到了我的脚。我非常生气，冲上去就给了他一拳，然后我们就打了起来。后来，老师来了，分析原因，其实是我太冲动了，才弄得大家不愉快。今后，我要克服我好冲动的毛病。

生15：小学六年级的时候，班上一个女生说我在背后骂了她，然后就叫班上其他女生不要和我玩。很长一段时间，我都是一个人玩，很孤独。其实，我根本没有在背后骂那个女生，是她自己好怀疑，瞎猜的。

师：现在你如何评价自己当初的这个行为？如果时间可以倒流让你回到当时当地，你希望怎么重新处理这件事？现在老师给你一个机会，请你对曾经伤害过的同学说几句话。

（教师采访被伤害的学生听了同学致歉后的心情，询问能否原谅对方。得到的答案都是点头表示原谅）

师：当时你是什么样的心情？你是怎么处理这个矛盾的？过后你跟这个同学的关系如何？现在呢？想不想对这个曾经伤害过你的同学说几句话？

（教师再转向伤人者，采访其态度，并询问他有没有一些话想对同学说。伤人者都诚恳地向被伤害者表示了歉意）

师：听了同学的发言，相信许多同学会心有所悟，那么如何才能避免一些不愉快事情的发生呢？我想下面这个故事可能会对大家有所启发，有请张同学为我们带来故事《两个朋友》。

（学生配乐讲述故事，注意做到绘声绘色）

从前，有两个好朋友结伴到沙漠中旅行。在旅途中的一个地方，他们因为"停下休息还是继续前进"的问题吵了起来，后来越吵越凶，最后一个还给了另外一个一记耳光。"啪——"（模拟被抽耳光的声音）被打的心里觉得很不是滋味，但他却一句话也没说，只是默默地伸出了自己的一个手指，在沙子上写下："今天，我的好朋友打了我一巴掌。"（哀婉的语气）

之后，他们继续往前走，只是总感觉少了点什么东西。经过长途跋涉，他们终于走出了沙漠，结束了沙漠之旅。他们来到了一个湖的边上，好久都没有见过这么大、这么美的湖了！于是，他们决定下湖去游泳。游啊游啊，突然，不幸的事情发生了！挨巴掌的那位由于过度疲劳，差点溺水而亡。幸好，朋友在危急关头把他救了起来。在说过"谢谢救命之恩"后，他拿出了一把小刀，在石头上小心翼翼地刻下："今天，我的好朋友救了我一命！"（感恩的语气）

朋友看到他又刻字了，十分好奇，就问："为什么我打了你以后，你要把字写在沙子上，而现在却要把字刻在石头上呢？"（疑惑的语气）他笑了笑，回答说："当你被朋友伤害时，要写在容易忘却的地方，岁月会抹去它；当你得到朋友帮助时，要把它刻在心灵深处，那里虽然也有岁月的蚕食，却不能抹灭它的丁点光芒！"（深情的、无限感慨的语气）

师：同学们，听了这个故事，你有什么感受呢？

生16：我很感动，感动于两个人的深厚友谊。

生17：我特别欣赏那位具有宽容品质的人。

生18：我曾经也被朋友伤害过，但我很抱怨，甚至还记仇。今天听了这个故事，我觉得我的心胸真的太狭隘了。

师：有时候，朋友的伤害往往是无心之过，而帮助却是真心的。可我们恰恰对那些芝麻大的伤害斤斤计较，而对那些莫大的帮助视而不见，这样，我们心里留下的就只有无穷的幽怨与烦闷，也就交不到朋友了。现在，我们来进行一个小游戏——"寻找打开友谊大门的钥匙"：请同学们分小组讨论一下，平时在与同学相处时应该怎么做才能让你获得友谊。

（各小组讨论，小组长登记同学的发言，整理发言）

第一小组发言：时刻记住要尊重别人，不给同学取不雅的绰号。

第二小组发言：与同学相处时要注意文明，多用文明用语，如"谢谢，请，对不起"等。

第三小组发言：与同学发生矛盾时，要尽量控制自己的情绪，学会忍耐。

第四小组发言：学会换位思考，多从对方角度思考问题。

第五小组发言：心胸要开阔，学会包容，学会宽恕。

第六小组发言：遇事不斤斤计较，要尽量把大事化小，小事化了。

师：同学们讨论得很热烈，总结得也很全面。老师再赠送你们《交友五道歌》，请你们大声读出来，并且牢记在心。我相信，你们一定能找到打开友谊大门的钥匙。

> 热情大方做引子
> 理解尊重是基础
> 以诚相待很重要
> 宽容谅解不可少
> 消除依赖增友谊
> 真友谊

（全体学生齐读《交友五道歌》）

师：有些同学在人际交往中还有一种不健康的心态，就是依赖感过强，总是希望别人像父母兄姐一样关心自己，凡事都要别人替自己拿主意，这是缺乏独立意识的表现。过强的依赖感还会发展成为控制欲，他们强求别人和自己一起学习，一起复习功课，向自己通报行动计划，甚至限制别人同其他同学的交往。这是一种人格缺陷，应及时加以纠正。

最后，让我们通过诗歌，重温尊重的力量。(请全体同学起立，女生读"甲"，男生读"乙")

甲：尊重是一朵花，开在友谊的田间；

乙：尊重是一泓泉，滋润你我的心灵。

甲：尊重是一团火，温暖彼此的灵魂；

乙：尊重是一条路，通往美好的未来。

甲：当你跋涉在崎岖的山路，朋友鼓励的目光推动着你，那是尊重；

乙：当你遭遇到人生的挫折，朋友温暖的双手紧握着你，那是尊重。

甲：当你攀上学识的顶峰，朋友赞许的微笑感染着你，那是尊重；

乙：当你懊悔曾经的过失，朋友宽厚的理解包容着你，那是尊重！

甲：给成功者以尊重，是对别人成就的敬佩、赞美和肯定；

乙：给失败者以尊重，是对别人东山再起的鼓舞和信心。

甲：当朋友的某些方面不如你，不要用傲慢和不敬的话语去伤害朋友的自尊；

乙：当你的某些方面不如朋友，也不必以自卑或忌妒去代替应有的尊重。

甲：尊重是一把火炬，在心与心之间传递着信任与爱；

乙：尊重更是一把钥匙，助你打开友谊的大门。

甲：学会尊重，让友谊之花更加芬芳；

乙：学会尊重，让友谊之树四季常青；

合：学会尊重，让我们的校园更加和谐、美好！和谐——美好！

师：亲爱的同学们，尊重是一面镜子，尊重别人其实就是尊重自己！希望我们每位同学都能学会尊重他人，与他人和谐相处，让我们的友谊之花更加灿烂、美好！

【班会总结】

这次班会的成功在很大程度上要感谢配合上课的孩子们，因为他们思维的活跃，表达的大胆、流畅，使课上的两个重要的互动环节熠熠生辉。比如，在第二环节"自省吾身，交流经历"，我采访了一个同学，当她喃喃述说出曾经的那段被欺负的伤心往事时，禁不住双眼泛红，而此时，那位曾经的伤人者，也深深地低下了头。采访他时，他羞愧地说不知自己的一时贪玩和无知竟如此深地刺伤了同学的心，道歉后还信誓旦旦地警醒自己不再犯同样的错。看着两个孩子释然的笑脸，我知道，我的班会成功了。

有人说，人是最大的财富。教会孩子学会尊重他人，学会与人交往，是孩子成长中的重要一课，而这个使命，作为班主任的我们责无旁贷。

（广东省深圳市光明新区光明中学　罗灼　邮编：518107）

操作提示

1. 既然要帮助孩子寻找打开友谊大门的金钥匙,那么,上班会课前就一定要进行调查,弄清他们在交友方面存在哪些问题。

2. 初一的孩子,还不太喜欢接受理性的东西,因此,老师在设计时要注重初一学生的心理特征,尽可能将课堂变得活泼、生动,将道理寓于活动之中。

三、心理辅导型主题班会

给心灵种上庄稼——强大男生心灵的主题班会

【推荐理由】

1. 20世纪90年代初,孙云晓老师为我们讲述了中国学生和日本学生一起开展夏令营活动的情况:中国孩子病了回大本营睡大觉,日本孩子病了硬挺着走到底。日本家长乘车走了,只把鼓励留给发高烧的孙子;中国家长来了,在艰难路段把儿子拉上车。孙老师的报道无疑给了我们一个信号:男孩危机。

2. 男孩危机越来越严重。校园里,男孩不论是在体育、学习还是管理方面,几乎都失去了话语权。并且,男孩的心灵越来越脆弱,性格越来越阴柔。

3. 本堂班会课运用平等的对话,以及一些古代少年英雄的例子,专为给男孩打造一个强大的内心世界而设计,很有借鉴意义。

【适用时间】初一第一学期

【班会背景】

"奋进班"这学期本来有18名男生,中途韩图蒙转学去了内蒙古,剩下17名男生。这17名男生从总体上评价:上进、团结、活泼、善良。不过,这17个孩子中又存在着一些不得不重视的小毛病,比如,做事冲动,不计后果;懒散,学习兴趣不足;乱说话,不顾别人感受;冷热病,做事缺乏坚持性;缺乏责任感,做事拖拉；对女生开始产生好感，但又借着说怪话来掩盖自己的喜欢。

【班会目的】

曾经看到过这样一个故事——

一位哲学家带着他的弟子漫游世界，十年后回来，个个都满腹经纶。在进城之前，哲学家在郊外一片长满杂草的地上坐了下来，对他的弟子说："学业就要结束了，现在我们来上最后一课吧。我想知道的是，如何除掉这些杂草？"弟子们非常惊愕，他们都没有想到，一直在探讨人生奥妙的哲学家，最后一课问的竟是这么简单的一个问题。

一个弟子说："老师，只要有铲子就够了。"

另一个弟子说："用火烧也是一种很好的办法。"

第三个弟子回答更干脆："斩草除根，只要把根挖出来就行了。"

等弟子们都讲完了，哲学家站了起来，说："课就上到这里了，你们回去后按照各自的办法除去一片杂草，一年后再来相聚。"

一年后，弟子们都来了，不过原来相聚的地方已不再是杂草丛生，它变成了一片长满谷子的庄稼地。弟子们傍着谷地坐下，等待哲学家的到来，可是哲学家始终没有来。

几十年后，哲学家去世。弟子们在整理他的言论笔记时，在最后补了一章：要想除掉旷野里的杂草，最好的方法就是在上面种上庄稼。同样，要想让灵魂无纷扰，最好的方法就是用美德去占领它。

这个故事给我的启示是，与其去责备孩子，用成人的道德标准去要求他们，还不如悄悄地拔去孩子心灵的杂草，然后再种上庄稼，等到庄稼成熟收获的时候，孩子的心灵就丰盈、强大了。我们的孩子均来自物质条件极为优越的家庭，可是他们的心灵并不厚实，相反，却随时可以被窥探到他们心灵的荒芜和空落。

【重点难点】

1. 通过故事引入，讨论并理解"青春的真正含义"。
2. 为自己策划一个积极上进的青春并将其付诸行动。

【课前准备】

1. 收集课堂上需要的相关资料。

2. 做好女生工作,获得女生支持,安排好女生的课外活动。

3. 让男生明白,这是一堂老师与男生的平等交流活动,不必紧张,不必像上课那样正襟危坐,可以敞开心扉,自由畅谈。

【设计思路】

1. 针对男生好奇、好胜的性格,采用欲擒故纵的开头,接着用故事引起孩子的兴趣。

2. 用课件打出历代少年英雄,激发出男孩的雄心壮志,最后在自己的青春画卷上涂鸦。

3. 鼓励孩子说真话,说实话,哪怕说得不对,老师也不点评,而是由他们自己来判断正误。

【班会实录】

第一环节:说个故事给你听

师(故作愁绪):唉,我这几天有点郁闷啊,听说有些同学想给我升级了。我也不老嘛,我测了我的心理年龄,才18岁呢,生理年龄吧,也不到40岁。大家猜猜我这心里在犯什么嘀咕呢?

(众生一片茫然,摸不着头脑)

任志勤:是因为我们屡犯错误,让你变啰唆、唠叨了,你觉得自己老了。

(众生笑声一片)

师:好了,我也不自怨自艾了,弄得云山雾罩的,我实话说了吧。听说班上有男生喜欢女孩子了,恭喜恭喜,我的孩子大了呀。

(众生大笑,然后拱手抱拳互相取笑,说,有人想让你当奶奶了,哈哈)

师:打个比方,如果你买了一样自己最喜欢的东西,你会怎么对待它?

众男生(异口同声):爱护、珍藏。

师:要是打碎了,你心里会怎么样?

众男生:心里很难过。

师：对啊，一件物品，你心里喜欢，就会当宝贝似的，那么，喜欢一个人，你是不是也该好好地珍藏着呢？我希望我的男孩子们都是让女孩子喜欢甚至崇拜的人，而不是厌恶和唾弃的人，不然，我这个老师就太没面子了。

【众生大笑，然后有个别男孩子笑闹着说，那我今后去帮女生接货（我们学校没有小卖部，并且还严禁学生吃零食，但总有个别胆大且嘴馋的孩子与外面的小卖部联系，于是卖方把零食送到墙外，买方则鬼鬼祟祟地在墙内接应）】

师：现在听我给大家讲一个故事，好不好？

有一个男孩，叫奥罕·帕慕克。他是一所私立学校最优秀的男生。他俊秀儒雅，与伶俐可爱的依丝米慈——伊斯坦布尔皮草大王的女儿陷入了情网。奥罕的异常举止，让父亲察觉儿子一定有心上人了。

"奥罕，告诉爸爸那个入你法眼的女孩叫什么？"奥罕怔了片刻，如实相告。

父亲说："还是到此为止吧，听爸爸的话。""爸爸，是她主动……"奥罕辩解。"你还太小。""太小？爸爸，我是19岁的男子汉了，你当年17岁就和妈妈好上了。""你说得没错。可是你知道吗？我17岁的时候已经在葡萄酒作坊当酿酒师，每月能拿两万里拉。我是说，我当时已经能够为爱情埋单。你呢，一个里拉都挣不到，凭什么心安理得地钟爱自己心仪的女孩？"

奥罕被说动了，一声不吭。父亲继续语重心长地说："奥罕，不是爸爸古董封建，你想想看，一个男人如果没有经济基础，不能为爱人提供必要的物质保障，如果你是女子，你会怎么看？儿子，我一直认为，一个男人如果不能自食其力，哪怕他40岁甚至50岁，都不配谈恋爱，谈了就是早恋……"

奥罕·帕慕克被一语惊醒，从依丝米慈身边安静地走开了，尽管他为此承受了半年的痛苦。经过努力，他考上土耳其最好的国立大学——伊斯坦布尔科技大学。后来，奥罕·帕慕克经过努力，获得了诺贝尔文学奖。

（众男生听完故事，很吃惊，唏嘘一片）

第二环节：我的青春我做主

师：刚才我们听了别人的青春，现在请大家看看别人的青春——

(课件打出)

无敌战神——霍去病

西汉元朔六年（公元前 123 年），年仅 17 岁的霍去病随舅舅卫青出击匈奴于漠南（今蒙古高原大沙漠以南）。首次出征，霍去病凭着一腔血气骁勇及八百骑兵，在茫茫大漠里奔驰数百里，结果斩敌二千余人。匈奴单于的两个叔父一个毙命，一个被活捉，而霍去病等人全身而返。

生子当如孙仲谋——孙权

建安五年（公元 200 年），孙策遇刺身亡。当时江东初定，民心惶恐，孙权就是在这样的环境下在"哭及未息"中登上了王位，年仅 19 岁。他遵从兄长孙策的遗言"以保江东"，在短短数年间，纵横捭阖，先后平定了李术叛乱，诛杀黄祖，同时广纳贤才以图霸业。

马上得天下的一代英主——李世民

615 年，隋炀帝被突厥十万骑围困于雁门（今山西省代县），当时年仅 16 岁的李世民应募从屯卫将军云定兴前往救援，提出疑兵计，迫使突厥始毕可汗解围而去。

618 年，唐朝建立，李世民以功被拜为尚书令、右武侯大将军，进封秦王，年仅 19 岁。

石敢当——翼王石达开

1847 年，石达开 16 岁，洪秀全、冯云山至贵县邀请他共图大事。1850 年 8 月，石达开在蚂蟥冲竖旗誓师，率部向金田开拔。在六合、卷蓬等村遭团练截击，大破之。9 月，率部 4000 人抵金田，与杨秀清、萧朝贵共同主持团营军务，负责训练士兵，兼管财务。

少年英雄——夏完淳

少年时即胸怀大志，至十一二岁，已"博极群书，为文千言立就，如风发泉涌；谈军国事，凿凿其中"。1645年，清兵下江南，完淳年15岁，随父、师在松江起义抗清。后被捕，被押出处斩。临刑，立而不跪，神色不变。死年17岁。

少年才子——王勃

字子安，绛州龙门人。6岁善文辞，未冠，应举及第。14岁作《滕王阁序》而名满天下。

少年宰相——甘罗

战国时期楚国人。12岁在秦相吕不韦手下当食客，曾经自动请求出使赵国，没用一兵一卒，就使秦国得到大片土地。因为功劳大，被秦王封为上卿。

（孩子们看完这些古代少年英雄，纷纷张大嘴巴表示惊异。我顺势说道——）

师：俗话说"有志不在年高"，只要自己想做到，就一定能做到！请大家闭目冥想，然后拿出纸笔，策划自己的青春——

吴经纬：快乐、美好、幸福。

曾德亮：快乐、无拘无束。

谭豪：美好、幸福、快乐。

李岳：希望有个无所顾忌的青春。

卢扬：快乐、美好、幸福无忧。

钟润林：想不学习就可以不学习。

陈奋：自由自在、无拘无束。

许宏宇：玩乐，什么都不做。

李坤定：快乐、努力学习。

韩俊才：充满激情。

欧阳子森：快乐、无忧无虑、幸福。

林铭：自由自在、无忧无虑、快乐。

何宇：自由自在、高兴、快乐、幸福、和谐。

唐诗量：无忧无虑，有钱花。

（每个男孩都闭目沉思，然后拿出纸笔，郑重地写出了自己的青春梦想。其中，许宏宇的青春策划被其他孩子否定了。我问他们否定的理由，男孩纷纷举手各抒己见）

吴经纬：青春不能没有责任感，什么都不做，这是没有责任感的体现，所以，我不赞同许宏宇的青春策划。

李坤定：其实，我也很懒，但我还是认同玩归玩，玩了之后一定要努力学习。

卢扬：什么都不做，显然是不现实的。有些事我们不喜欢，但必须要做，那我们就尽最大努力做好。当然，我更喜欢做自己喜欢的事。

曾德亮：我对李岳的青春策划也有点看法，他说他渴望有个无所顾忌的青春。无所顾忌不恰当，你可以让自己的青春快乐，但快乐也是有限制的，不可能什么都不顾，最起码不能伤害其他人。

……

师（惊讶状）：真是让我大开眼界啊，平时看你们长不大似的，其实思想蛮深刻的。刚才几个同学的发言，让我对"奋进班"的男生充满信心，同时也非常欣慰：你们真的长大了！

（众男生听了我对他们的肯定后，非常得意，虽然大家反对许宏宇和李岳的青春策划，但反对有理，我也没加指责和点评，所以两个男孩虽然面有惭色，但心态很好，笑眯眯地跟着大家一起乐）

师：在同学们看来，"快乐""自由"，是青春的代名词，那么，怎样才能拥有快乐的青春呢？有人说，青春，是黎明的曙光，是早晨的清露，是灿烂的阳光,是芬芳的鲜花,是搏浪的飞鱼,是高飞的雄鹰,是实现理想的阶梯……青春,是属于我们自己的,我的青春我做主!

众男生(异口同声):好!

第三环节:在青春的画卷上涂鸦

师:每个人,都有自己的青春梦想;每个人,都希望成为瞩目的焦点;每个人,都希望自己的青春能够熊熊燃烧;每个人,都希望自己的青春无悔……那么,亲爱的同学们,面对着青春的长卷,你想在上面如何涂鸦呢?请先用文字表达,然后再口头交流。

李岳:学习,学习,再学习。

谭豪:用心认真对待每一件事。

吴经纬:努力学习、锻炼身体、合理安排好自己的时间。

卢扬:做自己喜欢的事,把事情做好,做到完美,做到极致。

任志勤:锻炼身体,好好学习。

曾德亮:把自己想做的事情做到最好。

何宇:身体第一,学习第二,玩耍第三。

欧阳子森:什么事都力争第一。

李坤定:身体第一,学习第二。

钟润林:学中玩,玩中学。

王俊鸿:订好一个生活计划。

陈奋:做一些事情,让自己的爸爸妈妈了解我。

许宏宇:身体第一,学习第二。

唐诗量:学的时候踏踏实实学,玩的时候快快乐乐玩。

林铭:锻炼身体,努力学习。

朱耀辉:把学习搞好。

韩俊才:努力学习,珍惜一切。

第四环节：永远不跟青春说再见

师：有一天，我们会长大；有一天，我们会老去。但是，长大的、老去的只是我们的躯体，只要我们的心灵保持着青春的活力，那么，我们就永远不会跟青春说再见！

【班会总结】

交流是在一种非常轻松、愉快的氛围中进行的，孩子们笑声不断，虽然没谁说出宏伟大气的话，但我觉得只要真实就是最好的。还有什么比得上学生敞开心扉跟老师说真话更令人感动呢？或许，今天的交流并没有起到多大的作用，但至少，我在悄悄地给孩子们的心灵播种了，只要种子撒下，我就相信种子的力量，然后，就可以等待着种子长成茁壮的庄稼。今天，有两个孩子的话让我很感动。其一，早晨的时候，卢扬对我说，老师，昨晚我们寝室里全都在议论你，大家都说你是最好的老师。其二，下午第三节课我走进教室后，陈奋对我说，老师，我们好多同学都想认你做干妈。我当时笑着说，你们认不认，我也把你们当儿女看待。

（广东省深圳市光明新区光明中学　钟杰　邮编：518107）

操作提示

1. 不管孩子们在他的青春长卷上画什么，老师都没有必要急着去修改或否定。因为，孩子具有很大的可变性。今天，这个时候，他或许是这样来看待他的青春的；明天，或许就已经改变了。再说，老师的观点就一定是对的吗？没有经过时间的淘洗，谁也不敢说自己就一定是对的。因此，我们要承认孩子们的想法，重视孩子们的做法。如果方向对了，鼓励他；如果方向错了，悄悄帮他扶正。

2. 少批评，并不等于一定要多表扬；少责怪，并不等于一定要多吹捧。孩子心里明镜似的，不论你怎么转弯抹角地批评他，他都能读得懂。因此，与其费尽心机去斩草除根，等待来年再生，不如悄悄地给孩子的心灵种上庄稼。

四、习惯养成型主题班会

让读书成为一种习惯

【推荐理由】

"我们深信,一张张书页就是一双双翅膀,通过阅读,每个孩子都能成为飞翔的小天使。"在教育、引导学生爱上阅读、爱上学习的过程中,用主题班会进行引导,是老师们有效的法宝。

【适用时间】 初一第一学期

【班会背景】

朱永新教授说:"每个孩子都是失去翅膀、落入凡间的天使。阅读,将让书籍成为心灵的双翼,让孩子们重新变成我们身边的天使。"

中小学语文新课标明确提出,中小学生的课外阅读要"培养学生广泛的阅读兴趣,扩大阅读面,增加阅读量,提倡少做题、多读书、好读书、读好书、读整本的书",并指出小学和初中九年的课外阅读总量要达到400万字以上。在这种背景下,作为一线老师,作为一名班主任,理应积极组织孩子们多读书,让孩子们养成爱读书的好习惯,为他们的一生打下精神的底色。

【班会目的】

1. 认识读书的意义。
2. 激发学生的读书热情。
3. 引导学生养成读书的好习惯。

【重点难点】

读书的重要性其实不说大家也知道,关键是心动的人多,行动的人少,成人是这样,学生也是这样。如何调动学生阅读的积极性,激发学生参与的兴趣,让整个班会课气氛活跃起来,让学生在快乐中受教育,是需要我们认真思考的,也是组织读书主题班会课要突破的一个重难点。

寓教于乐,让学生自己教育自己,是上好这类班会课的突破口。

【课前准备】

1. 让学生收集古今中外有关读书的名言，用于展示。收集的过程，其实就是一个思想浸润的过程。这个过程一定要让学生去做。

2. 收集有关读书的歌曲、视频。

3. 查阅世界各国有关读书的相关资料。

4. 收集有关当今读书的案例。

【设计思路】

首先，用歌舞《书香中国》引入，让学生展示他们收集的关于读书的名言、格言和警句，讨论世界各国对读书现象的认识，对比中国阅读量，增强紧迫感。然后，连线学生调查，了解学生阅读的真实情况。最后，用网络热点文字，激励和引导学生交流读书情况，掀起读书热潮。

【班会实录】

一、欣赏视频《书香中国》，享受优雅的读书生活

师：如果说阳光能够带给人温暖，那么我希望这个世界上还有一样东西是恒温的——摸着她的温度，仿佛能听到历史的心跳，那就是"书"！当我们捧起书的时候，我们会感到生命的厚重与内心的空灵。

可是，现在读书的人越来越少了，少到需要我们不停地唤醒，少到需要我们来一场拯救。今天，我们班会的主题是"让读书成为一种习惯"，就是想唤醒那些和书走远的同学，重新拾回优雅的日子。

有书读是美丽的，书香浸润的生活是优雅的，下面我们先请大家欣赏歌舞《书香中国》，让我们的心灵来一次神奇的旅行吧。

（学生欣赏视频）

师："来读书吧，开卷有益；来读书吧，让我们共同营造一个书香中国。"在这热切的呼唤声中，我们也需要营造一个书香班级，让我们每一位同学在这小小的教室里接受书香的濡养，让我们这些小小的种子都在书香的浸润下茁壮成长！让读书成为我们的一种习惯。

现在，我想邀请同学们一起来谈谈刚才欣赏歌舞《书香中国》的感受。大家

一起来分享一下，怎么样？

（学生谈感受，略）

二、展示读书格言警句，接受书香思想熏陶

师：刚才大家畅谈了观看视频的感受，你们的发言很让我感动，大家用自己的肺腑之言，畅谈着对书香中国的理解。现在，我们回到课堂上来，我想询问一下，我让大家收集的古今中外关于读书的格言、名言和警句，大家都准备得怎么样了？

生（齐）：全收集好了。

师：行，下面就请大家展示一下你所收集的读书名言。注意每个人只说一句，关键是要说你从这句名言中悟出了什么。没有准备的，可看老师大屏幕上的名言，选其中一句来谈一谈。

（学生展示自己收集的名言、格言、警句）

（教师在大屏幕上显示如下内容）

> 书籍是人类进步的阶梯。——高尔基
>
> 读书补天然之不足，经验又补读书之不足，盖天生才干犹如自然花草，读书然后知如何修剪移接；而书中所示，如不以经验范之，则又大而无当。狡黠者鄙读书，无知者羡读书，唯明智之士用读书，然书并不能用处告人，用书之智不在书中，而在书外，全凭观察得之。——培根
>
> 书是传播智慧的工具。——夸美纽斯
>
> 好的书籍是最贵重的珍宝。——别林斯基
>
> 书是我们时代的生命。——别林斯基
>
> 理想的书籍是智慧的钥匙。——托尔斯泰
>
> 书籍是青年人不可分离的生命伴侣和导师。——高尔基
>
> 读书使人心明眼亮。——伏尔泰

(学生发言)

刘静文：我积累的名言是托尔斯泰的"理想的书籍是智慧的钥匙"。托尔斯泰的这句话告诉我们，健康向上的书籍就像是一把金钥匙，开启我们智慧的殿堂，增长我们的知识，开阔我们的眼界，升华我们的灵魂，所以书籍是我们必不可少的伙伴。

高琪炎：我积累的格言是"书读百遍，其义自见"。这句话告诉我们，书只有多读，才能明白其中所蕴含的道理。

薛佳华：我积累的名言警句是"书山有路勤为径，学海无涯苦作舟"。这句话告诉我们，要想攀登到书山的顶峰，必须勤奋。学习的海洋虽然是无边无际的，但是唯有刻苦这叶小舟才能征服大海。这句话也让我明白了学习不能偷懒，偷懒是不能到达目的地的。

李庆瑜：我积累的名言是高尔基的"我读书越多，书籍就使我和世界越接近，生活对我也变得越加光明和有意义"。这句话告诉我们，只要多读书，生活就会变得精彩。

曹妍然：我积累的名言是"读书忌死读，死读钻牛角"。我感悟到了读书要讲究方法，要学会把自己的感悟都写下来，而不是单纯地读完就可以。

……

师：大家说得很好，通过这些名言让我们充分认识到了读书的重要性。下面我建议大家一起把大屏幕上的这些名言读一次。好吗？

（学生齐读）

三、讨论中国阅读量和先进国家的差距，增强紧迫感

师：书对人如此有益，但是人们的读书情况又如何呢？我们先来看一下联合国教科文组织的一项调查报告。

（课件显示调查报告内容摘要）

> 全世界每年阅读书籍排名第一的是犹太人,一年平均每人读书64本。
>
> 英国人一年平均每人读书55本。
>
> 美国人一年平均每人读书50本。
>
> 法国人一年平均每人读书11本。
>
> 韩国人一年平均每人读书7本。
>
> 日本人一年平均每人读书4本。
>
> 中国13亿人口,扣除教科书,平均每人一年读书0.7本。

师:有一句话是这么说的,看一个人优秀不优秀,就看他业余休息时间在做什么。先进的发达国家的人们,他们的生活条件那么好了,可是他们依然在积极阅读。前任国务院总理温家宝说,他最愿意看到的,就是在乘地铁的时候,我们国民每人拿着一本书在阅读。他认为,学习能够给人带来安全感,学习能够让人快乐。

但是,从这个课件上展示的内容来看,我们中国人和发达国家的人们相比,阅读量确实少多了,这要引起大家的重视。中国要强大,首先要科学技术强大,国家文化强大。一个不读书的民族,一个不读书的国家,怎么能强大呢?实现中国梦,必须每个中国人都要加强阅读。我们应该把阅读当成吃饭一样的需要,当成生活的小习惯。

四、现场连线学生,调查读书情况

师:现在,我想了解一下你们读书的情况。我们来一个现场连线调查,怎么样?

请大家围绕下面一些问题进行认真思考,并如实回答:

连线调查问题设计

1. 你每天读书吗?

2. 你在什么时间读书？

3. 你读的是什么书？

4. 你会读多久？

师：下面请我们访谈组的韩颖同学对大家进行访谈。

韩颖：大家好！我是访谈组的韩颖，现在由我来对大家进行访谈，希望大家能够配合。好，下面我们先请我们班的网络高手贾博德同学来谈一谈。

贾博德同学，你好！首先感谢你接受我的采访，我想请你谈一下你的读书情况。你每天能坚持读书吗？

贾博德：你好！我读的书不是很多，有时候晚上读，有时候不读，一般一次能读半个小时。

韩颖：谢谢！下面我想问一下马晨赫同学。你的读书情况如何？

马晨赫：我一般也是晚上读书，差不多半个小时，读的多是名著什么的，有时也读学习辅导书。

韩颖：谢谢！高琪炎，你呢？希望你能如实回答。

高琪炎：我一般是写完作业比较早的时候读，一般读半个小时或一个小时。

韩颖：能坚持吗？

高琪炎：差不多吧。反正如果作业写到十点以后就不能读了。只要作业写得快点，就能坚持。

韩颖：我们来问问班长的读书情况吧。

刘静文：说实话，我的读书情况不是太好，一般是星期天做完作业才读书。

……

韩颖：哦，薛佳华举手了，那最后由你来谈谈你的读书情况吧？

薛佳华：我每天基本上是半夜睡不着后就起来读书。放假一般是去书店蹭书读，周边都是书，拿起来就可以看。读书的时间一般是读到尽兴为止。

师：好，感谢韩颖同学的精彩访谈，也谢谢同学们的积极发言。从大家的发言来看，我们的阅读情况还是令人欣慰的。总的来说，我们大家还是喜欢阅读的，有些同学读得多一点，有的读得少一点，有的读得深一点，有的读得浅一点。不管怎样，我们一直在读，这种状态是好的。为我们坚持读书，鼓掌、加油！

（师生一起鼓掌）

五、参加读书活动，评选智慧小组

师：下面我们来放松一下，做一个小小的智力比赛——对号入座，看看我们大家的实际读书情况如何。比赛以小组为单位进行，胜出者被评为"智慧小组"。

（活动规则：根据学生提供的书目，把相关书名及书中相关人物写上，书名与人物能准确对应的就是胜出方）

（各小组准备，活动进行，气氛活跃）

师：接下来我们再进行一个环节，请同学们任选一本名著中你最熟悉的情节，然后错改情节让同学指出错在哪里。答对者有奖，奖品是老师为大家准备的《居里夫人传》《名人传》《童年》。

（学生各显神通，故事改得五花八门，不过最后只有薛佳华得到了奖品，自选了一本《居里夫人传》）

六、从数据里看发达国家的读书情况

师：从这个比赛中可以看出，尽管同学们读书的情况很不错，但是与一些做得好的民族和国家相比言，我们的差距还很大。下面我们来看一个真正读书厉害的民族吧，相信你会有新的发现。

课前我们已经安排资料组的同学收集有关犹太人的读书情况，我们来看看他们会给我们带来怎样的震撼。

李瀚彤：大家好！我是资料组的负责人李瀚彤，下面由我们资料组为大家展示犹太人的读书情况。

这是一个让人仰视的民族，全世界1300万犹太人仅占世界人口的0.3%，而诺贝尔奖获得者中犹太人占总获奖人数的近30%，按其获奖数与人口的比例计算是其他民族的100倍。

犹太人不仅在科学领域出现了众多的顶级人才，在经济、学术、艺术、文

化、思想等领域出现的全球领袖人物也是比比皆是：马克思、列宁、弗洛伊德、歌德、黑格尔、卓别林、达尔文、爱因斯坦、毕加索、肖邦、比尔·盖茨……就经济界而言，占世界人口0.3%的犹太人控制着全世界一半的财富。

乔诗媛：在犹太人的家庭里，充满着浓郁的读书和求知氛围。当孩子稍微懂事的时候，母亲便会翻开一本书，在上面滴一滴蜂蜜，然后让孩子去吻它。这种传统仪式意味深长：让孩子幼小的心灵懂得书本是甜的，日后要爱不释手。据说，古时候，犹太人的墓园里也摆放着书本，理由是夜深人静时，死者也会出来看书。这种做法告诉人们：一个人的生命会有结束的时候，而求知却是永无止境的。时至今日，犹太人还保留着一个沿袭下来的传统——把书橱放置在床头，以表示对书本的顶礼膜拜。

师：谢谢几位同学！这是犹太人的读书情况，书彻底改变了他们的民族，也改变了他们每一个人。下面我们再来阅读一篇文章《数据日本》中的选段。读完《数据日本》后，请说说你有什么感想。如果让你给我们的民族开一个救济的"良方"，你会如何做？

（大屏幕显示所选内容，《数据日本》全文课前已发给学生）

数 据 日 本

1. 让我们先来看基本数据。中国的国土面积是960万平方公里，人口13亿。日本的国土面积是37.8万平方公里，人口1.3亿。中国国土面积是日本的25倍，人口是日本的10倍。从版图和人口数量而言，中国的确是大国，日本的确是小国。

2. 中国劳工多，是中国在全球分工中的一大优势，可是中国却不能高效地利用其劳力，从而大大抵消了这方面的优势。因此，同样是高速增长时期，1960—1975年，日本劳动生产率年均增长11.07%；1980—2000年，中国的劳动生产率年均增长只有5.19%，按美元计，年均增长2.59%。劳动生产率指标的对比充分表明，中国的高速增长靠的是人海战术，日本靠的却是劳动效率的提高。

3. 中国人还必须时时记住的一个数字就是：日本人中获诺贝尔奖的人数已达到12人，中国只有一人。一位伟人说得好："中国应当对人类做出更大的贡献。"可是，做比说要难得多！

4. 教育：中国人一向自认为最重视教育，并且一再强调"再苦不能苦孩子，再穷不能穷教育"。中国的父母也的确是对孩子不惜一切，可是，由于国家教育经费的缺乏，由于普通教育制度的缺陷，在今天的中国人中，成人识字率才81.5%，文盲半文盲人数约占人口的15%以上，离教育现代化的起限相差8.5%；大学毛入学率为5%，离教育现代化起限30%相差25%。

相比之下，日本才不愧重视教育的美名。日本早已达到了100%的小学教育和100%的初中教育；大学毛入学率为40.3%，受过大学教育的人数占总人口的比例高达48%；成人识字率近100%。

（学生思考，积极发言）

薛佳华：中国已经在飞速发展了，但是和日本的差距还是很大的。对于前段时间的钓鱼岛事件，中国人向世界展示了自己的骨气和决心，但是什么时候才会向世界展示我们的聪明和卓越呢？那份数据明明只是数据，却像一把刀子深深地刺痛了我的心。那份数据上的数字什么时候可以调换一下呢？中国需要各种人才。作为祖国的栋梁，我们不能只去想为什么我们会比日本差，而应该把这一份爱国的情感转化为实际行动。我们要做的还有很多，比如，努力学习，努力读书，在集体中发光发亮。

宋婷枝：通过这个资料，我看出，中国除了国土面积比日本大之外，其他都比日本小很多。我们一定要努力读书，充实自己，提升我们的能力。

刘静文：读完《数据日本》后，我觉得我们应该感谢日本，日本虽然面积小，但其工业、专利教育却比中国强，我们要想进步、要想提高，就应该好好读书，读书是唯一的出路。

薛宏伟：进入正题，中国虽然很大，可经济、教育等远远比不上日本。日本靠工作效率，中国靠人海战术。中国人口是日本的10倍，经济也应该是日本的10倍，可事实并非如此，中国的经济远远比不上日本。我们现在是小孩子，但我们可以努力读书，强大自己，长大后赶超他们。

师：大家说得都非常精彩！但是有的同学说，其实我们也一直在阅读。看电视、上网，这难道不是学习吗？大家怎么看这件事？

（学生畅所欲言）

李通：我觉得读书和网络阅读各有千秋。

魏锦鑫：无论怎么读，我觉得关键是要健康阅读，读那些积极向上、健康的东西。

……

师：李敖说"电视是批量生产傻瓜的机器"。虽然网络、电视都可以给予我们知识，但眼睛永远没有心走得远。而且，网络阅读和纸质阅读相比，由于网络更新速度快，信息发布仓促，很多知识缺乏必要的考证和校对，错误很多。一般会读书的人，是不太提倡网络阅读的。相反，纸质阅读给人带来了无限的想象空间，这是单纯的视觉享受无法提供的。所以，我们大家还是应该多阅读一些纸质书籍。

七、欣赏美文，提升阅读境界

师：下面我们来看一段视频。

（播放视频）

"90后"女生：我家没有宝马车，只有藏书数千卷

文 / 重庆苇子

18岁生日那天，家里人很郑重地对我说，他们决定把我家书橱内那几千册藏书全都送给我。我又惊又喜！要知道那几千册书可不是闹着玩的，它们中大部分的年龄比我爸妈还大呢！

这些书到底有多么来之不易，我是十分清楚的。很多书都是老一辈在当时那个非得靠节衣缩食才能存活下来的年代买的。妈妈告诉我，有一次，某大学图书馆异想天开处理陈年旧书，他们一口气买了上千块钱的。要知道，那时还是20世纪80年代末期，据说这么多钱差不多相当于一个成年人半年的工资了。

后来几次搬家，这些书前前后后丢失了不少，但仍然有很大一部分幸运地保存下来了。说到每次搬家，它们就像太上皇，非得让请来的工人把它们舒服地塞进几十个麻袋里伺候着，座驾还得选用长安车拉走，可让人费了不少心思。

我家在沙坪坝至今还有一处闲置的老房子，因为那儿长期没人住，就拿来出租贴补家用。有一次住进来两个不守信用的家伙，自称是某大学的学生。他们拖欠租金是常有的事儿，更让人不能容忍的是，当他们悄悄溜掉的时候，还动了天大的坏脑筋，将那柜子内装着的书一口气全部偷走了，辛辛苦苦为咱守书的锁也被无辜地撬得体无完肤、四分五裂。老妈至今提起这事来还非常生气。

2012年过年前的那几天，市内专业联考结束，我在19000名考生中夺得了第23名的好成绩，终于有享受宅女高档生活的闲暇了，于是乎搬来一架人字梯，穿着维尼拖鞋站在高高的书柜上，晃悠着将这些宝贝逐一清点了一遍。当时好生兴奋来着，哦耶！我终于也有像模像样的私有财产了。那些书很多都采用古旧的繁体排版格式，让我找到了一种全新的感觉。它们看上去很有秋天落叶的味道，黄灿灿的，像是做了一个长长的日光SPA。唉，看那些枯燥乏味的教科书时间长了，可累人了，早就该换换口味了。

在那拥挤的书堆里，我再次发现了那本熟悉又陌生的书籍，名为"重放的鲜花"。其中第一篇是刘宾雁写的"在桥梁工地上"。几个月前，为了按照《当代》杂志社周昌义老师的严格要求，修改我那篇纪实作品"一个高中女生的社会调查"，我曾将刘宾雁那篇文章认真读过一遍，不由得好生钦佩作者的文采。后来上网一查，才知道刘宾雁原来是一个很有名的记者，还上过美国的《时代周刊》呢！那时我把这本书带到《新女报》组织的一个读书活动上，一些长辈们见了，都觉得挺有意思，还感到特别欣喜，因为他们想不到"90后"中学生也有人热爱这些好书。

我的这些宝贝们很多都经历了半个世纪以上，其中有一本还是1936年出版的。它们的外衣破了，内衣也发脆发黄，就像日薄西山、气息奄奄的老婆婆，一不小心就会受到致命的损伤。我每次清点完毕，都必须得用肥皂洗手，虽然很麻烦，但我抑制不住好奇，忍不住常去翻翻它们。在我看来，书不是食品，哪怕搁得再久，只要内容还在，都不会变质。

我已经安排好了，等我考进大学，终于有足够的时间做自己喜欢的事儿的时候，我必须每周阅读一两本书。我想，也只有这样，才算是对它们最大的爱惜和尊重吧。

我家没有爱马仕,也没有宝马车。家有藏书数千卷,在我看来,这是一笔最大的财富。

我是"90后",也有和我的同龄人一样的喜好。唯一不同的是,他们也许没有我这么多的精神食粮。

网上说得好,岁月是把杀猪刀!无论是"90后""00后",都会逐渐长大,融入社会。当我们这一代老去的时候,我们给下一代人留下的是什么?难道就只有后宫、穿越、玄幻、BL……

突然飓风般想起了一句名言,鲁迅先生说得太好了:"快救救孩子……"嘿嘿!

这些书很多我都看不太懂,有些字也不认识,而且我很不习惯竖排的格式。忽然想到,我要是将它们用相机拍成照片发上来,也许会受到大家的欢迎吧?当年写这些书的作者早就不在了,他们可都是名家哟!这些都是以前没有公开出版过的,在书店里买不到,那时没有互联网,所以网上也完全找不到。网上有的书我就不拍了。希望爱看书的人留言支持一下吧。

这是2012年网上一个很火的帖子,是网名"重庆苇子"的重庆高三女孩发出的《我家没有宝马车,只有藏书数千卷》,贴出后就引起了媒体的关注。现在,老师把这篇文章发给大家,也请大家火热跟帖,谈谈你对这一事件的看法。署名可直接用你的网名。

(学生阅读重庆苇子的《我家没有宝马车,只有藏书数千卷》,并积极跟帖)

"雪景·阳":现在的人们在享受物质生活的同时,心灵却很空虚,殊不知,只有精神食粮才能填满你精神的空虚,而这些精神食粮就是书。苇子你把书视作珍宝,书就是你的一切,我知道炫书的同时就是炫你拥有的知识,我想我们也可以这样,但必须经过丰富的阅读。

"好好学习 天天向上":炫书是非常正常的一件事情,苇子,我强烈支持你。今天早上我也在网上炫了一本书。现在的学生大部分喜欢在网上炫财物,炫书和夸赞书的寥寥无几。书是知识的根本来源,没有书,人类也不可能发明这些高科技产品,也不会有过高的经济收入,所以说炫书非常正常,是值得发扬的。

一炫书，大家就都喜欢上书了。我有一本，他就想要两本；我有两本，他就想要四本，我有四本，他就想要八本……无形中总会影响一些人，这样大家就都会爱上读书了。

……

师：回去后，大家可以把跟帖直接发在苇子的帖子下面。教育专家林格先生在推荐此帖时说了这样一句话："可以说，教育是一种文化场，教育做到最高境界实质上就是一种养人养心的书房文化、藏书文化。"

八、学生滚动推荐自己读到的好书

师：这学期大家也或多或少读了一些书，下面我们进入图书滚动环节。请大家拿出自己喜欢或要推荐给大家的书，并说明你的理由。然后，我们将按学号给书进行编号，由大家抽签决定你要读的书，若抽到自己的书，再和同学进行交换，让我们的滚动图书角的书真正滚动起来。

（学生兴致高涨，踊跃发言）

刘锦峰：我最喜欢的一本书是《爱的教育》，因为这本书是被公认最富有爱心和教育性的读物。

郭俊伶：我最喜欢的一本书是《窗边的小豆豆》，因为它让人们知道童心是纯洁无瑕的。

高琪炎：我最喜欢的一本书是《三国演义》，因为作者对三国中的人物进行了非常详细的描述，使人很快就能想象出他们的样子，而且我也非常喜欢了解三国那段历史。

曹妍然：我推荐的一本书是沈石溪的《第七条猎狗》，这本书讲述了许多动物感人肺腑的故事，催人泪下。所以我想把这本书介绍给同学们。

王相丁：我喜欢的书是《钢铁是怎样炼成的》，因为它是苏联社会主义文学中一部最辉煌的著作，被视为生活教科书、人生的目标和精神的补品，被一代代读者传承着。它反映了保尔极不平凡的生活经历，是他对生活的真实体验，对人生价值和意义的思考和感悟，所以我推荐这本书。

……

（由班长把学生带来推荐给大家的书全部收回并按学号编号，然后学生在座位上按顺序说出自己要选的号，由班长把相应编号的书发给这位同学，这样，滚动图书制度就建立起来了）

九、仿写读书格言，表达阅读情感

师：莎士比亚说："书籍是全世界的营养品。生活里没有书籍，就好像没有阳光；智慧里没有书籍，就好像鸟儿没有翅膀。"那么，你觉得书籍是什么呢？请你也仿照上面的话写几句。

刘静文：书籍是汇聚思想的宝库，书籍是生命成长的沃土，书籍是知识绽放的鲜花，书籍是滋润心田的清泉。

那晨曦：书籍是翅膀，带我遨游知识的天空；书籍是链条，串联着人类的思想和文明。

马晨赫：书籍是人类进步的阶梯。

郭俊伶：书籍是人生的良师益友。

薛佳华：书籍是什么？书籍是你手里的读物，但它绝不仅仅是读物，它是你智慧的来源，是你生命中永不消失的璀璨。

武婷婷：书籍是朋友，虽然没有热情，但非常的忠实。

田智斌：书籍是一架梯子，它能引导我们登上知识的殿堂；书籍是一把金钥匙，它能帮助我们开启心灵的智慧窗户。

高琪炎：书籍是人生路上的指南针。

……

师（朗诵语气）：

> 书，是人生最重要的里程碑
> 让我们从这里出发
> 去穿越那些伟大的灵魂
> 去拥抱生命中每一次的绽放
> 让我们真正地爱上读书，让我们拥有读书的好习惯

十、向学生发出读书倡议

师：著名教育专家朱永新教授说："一个不重视阅读的学生，是一个没有发展的学生；一个不重视阅读的家庭，是一个平庸的家庭；一个不重视阅读的学校，是一个乏味的学校；一个不重视阅读的民族，是一个没有希望的民族。"为了让读书之风吹遍整个校园，我们班班委会成员向同学们发出以下倡议：

> **读 书 倡 议**
>
> 1. 每天至少读书半小时。
> 2. 养成不动笔墨不读书的习惯。"劳于读书，逸于作文。"多积累，多感悟，这样才能更好地提高自身的文化修养。
> 3. 掌握科学的读书方法。
> 4. 树立"读书好，好读书，读好书；活读书，读活书"的理念，共同营造书香校园、书香班级，让书滋养我们的心灵。

师：蹉跎莫遣韶光老，人生唯有读书好。让我们真正爱上读书，养成读书的好习惯，从中体会无尽的乐趣吧！

感谢大家的精彩参与，下面让我们在歌曲《云在青天书在手》中结束这次班会。

（播放歌曲《云在青天书在手》）

【班会总结】

我不能说这是一次极成功的班会，但我还是被孩子们的认真劲儿感动了。课前，我和孩子们准备了很多资料，我还把自己准备的课件及初稿给孩子们看过，结果被几个孩子否定了。比如在谈电视、网络与阅读书籍对人的影响环节，本来我选了一些专家的话语，结果孩子们说这样太深了，还是我们自己谈认识更深刻，更贴近我们。

在这之前，我曾做过两次自认为比较好的读书班会，当然不是在这个班里，但孩子们看过后说："这些东西需要整合，形成适合我们班学生的东西。"还有原来的设计环节中学生的活动较少,孩子们说:"这样我们提不起兴趣来,加点活动会好一些。有了气氛,大家才会更有兴致。"

本来我也选了一张哈佛大学图书馆凌晨4点半景象的图片,学生看过后在QQ上给我留言:"我觉得可以把哈佛大学的读书情况删掉,直接以我们为例子,反衬犹太人的良好读书情况。应该再增加一些趣味性活动,例如知识竞赛,规则如下:先把一些书的书名写在纸条上以及书中主人公的名字;之后抽出一个小组,要求该小组在一分钟之内,把对应的书的名字以及书中主人公的名字放一起;对一个加10分。分数多者被评为智慧小组。"

在和孩子们的一次次交流中,我深深体会到,其实真正的教育智慧就在孩子们中间,他们最知道自己需要什么。

这一学年来,我强调最多的一点就是读书,所以在学生看来,组织一次这样的班会对他们来说应该是很有意义的。首先,我的手不释卷给他们起到了榜样作用,不少孩子受我的影响对书有了一种亲近感;其次,我们班已有一部分学生爱上了读书,这对其他学生来说也是一种触动。在这样的基础上,唤起全班学生的读书积极性,通过音乐、活动、名言,让学生养成读书的好习惯,全员参与到读书活动中来。我觉得这次班会起到了这样的效果。

(山西省孝义市六中教育集团八中校区　张文芬　邮编:032300)

【操作提示】

1. 切忌把班会课开成说教课。读书本是一件快乐的事情,老师说多了,反让孩子们失去了兴趣。

2. 无论什么样的班会都一定要关照孩子们的心灵,多让他们参与进来。孩子们对读书这个话题是有话可说的,是有感受的,应多让孩子们说。

3. 无论是活动设计还是文字性的东西,多问问孩子们的意见,贴近他们生活的东西才能真正达到教育的效果。

五、公开竞赛型主题班会

心灵与生态共美

【推荐理由】

1. 生态环境进一步恶化。我们的居住环境进一步被破坏，寻找人类和居住环境之间的和谐，是我们数代人的事情。因此，生态环境教育，应该被引入到主题班会中来。这个题材，在相当长的一段时间内，应该具有参考和借鉴意义。

2. 在这个主题班会上，老师重引导而不亲自代替学生发言，在引导学生谈话的技巧方面，给我们一线班主任提供了有益参考。

3. 这是一次借班上的公开课，在成都市2012年中小学主题班会赛课市决赛（市直属学校片）中获得一等奖。这次班会课对教师的临场应变能力、驾驭能力都是一个考验，值得推荐。

【适用时间】初一第一学期

【班会背景】

我们对生态环境建设重视不够，我们的生存环境越来越艰难。爱护生态环境，保持可持续发展，这是功在当代、利及千秋的好事情，应该在学校的主题班会中得到关注。党的十八大高举"生态文明建设"旗帜，对"美丽中国"加以阐述、强调和谋划，昭示了党和国家领导人加强生态文明建设的意志和决心，这也给我们中学的"生态德育"注入了强劲的推动力。因此，我设计和召开了这样一个主题班会。

【班会目的】

本次班会课旨在培养学生的生态道德意识，让学生树立热爱生态、善待生态、建设生态的信念。

1. 欣赏和谐生态的美，激发学生热爱生态、善待生态的意识，养成"对万物友善"的美德。

2. 感受目前生态所受到的伤害，遵守呵护生态的日常行为规范，养成"勤俭节约""无私奉献"等美德。

3. 让学生畅想美丽中国，树立为祖国美好生态而努力的信念。

【重点难点】

1. 班会重点：让学生欣赏生态美，懂得用心灵美去呵护、建设生态美。

2. 班会难点：引导学生学会建设生态美，畅想美丽中国。

【课前准备】

1. 拼图。教师将小草、大树、学校、医院、动物、小孩扶老人过马路等图画分成"自然类""社会类""人类心灵类"等发给学生，让学生通过小组合作自由拼图并命名。教师则将所有材料拼成一幅和谐画面。

2. 多媒体课件。

3. 给学生分好课堂讨论小组，并确定每组组长。

【设计思路】

首先，通过人与自然、社会和谐的画面和名言佳句来培养学生热爱生态、善待生态的情感，着力培养学生对生态"友善"的美德。

其次，针对生态受到破坏的现状，让学生学会呵护我们的生态，让他们认识到生态道德在呵护生态过程中的重要性。

最后，通过榜样人物的解读让学生学会主动建设和优化生态，着力培养学生以建设生态为美的意识。

【班会实录】

时间：2012年12月13日上午第二节课

地点：成都市树德实验中学阶梯教室

教学对象：初一（14）班全体学生

一、课前预热，分享环保小礼物

师：同学们好！

生：老师好！

师：很高兴来到树德实验中学和大家一起来上一节有意思的主题班会课。首先，我来自我介绍一下，我是来自成都石室中学的奉柳老师。今天，我要来和大家一起分享一节有意思的班会课，特意准备了一些我亲手制作的小礼物送给大家。（拿起摆放在讲桌上的花瓶）这个花瓶好看吗？这是用哪种饮料的空瓶制作的呢？

生：果粒橙。

师：答对啦！（拿起一个相框）这个相框精美别致吧，大家喜欢吗？

生：喜欢。

师：那大家再看看，这个相框是用什么做的？

生（伸长了脖子看）：笔芯。

师：是的，这是废旧笔芯再利用。（拿起一架草稿纸做成的飞机）这个特别霸气，歼-20，咱们成都制造的呢。（拿起一个存钱罐）这个漂亮的存钱罐，猜猜是用什么做的？

生：牛奶盒。

生：饮料盒。

师：大家说得八九不离十了。这个呢，是用一个装杯子的包装盒做成的。（拿起一条龙）这里还有许多小礼物，这个就是用废弃的一次性纸杯做成的中国龙，希望同学们在课堂上积极思考，龙马精神。

师：大家发现没有，这些小礼物有什么共同特点？

生：有趣。

师：很多东西都很有趣，呵呵。还有什么吗？

生：都是利用废品、废物制作的。

师：废物利用，好不好？

生：好。

师：对，这就是我今天送你们礼物的原因。这世界上的物品是有生命的、有感情的，一次旅途结束，还可以开始一段新的旅程。我们完全可以把有用的东西再次利用。

（上课铃响）

二、展示拼图，引入主题

师：同学们，上课！

生：老师好。

师：同学们好，请坐。今天我们课的第一个正式环节是交流展示拼图情况。现在，展示美的时间到了，请小组长们拿出昨天合作完成的拼图。首先有请第一小组。

生（拿着拼图走上讲台）：这是我们小组的成果。这幅画中，有医院，有学校，有工厂，这些都为人类带来了便利，我们为它起名为"社会之美"。

师：很好，请将这幅"社会之美"贴在黑板上。有请第二小组。

生（拿着拼图走上讲台）：在我们这幅画中，有小企鹅相依相偎，有天鹅互相亲昵，有老虎对海豚示好，于是我们给它起名"友谊之美"。

师：你们小组还将标题写在了画板上，这几个字也特别美呢，请贴在黑板上。有请第三小组。

生（拿着拼图走上讲台）：在我们这幅拼图中，一位戴红领巾的小朋友正在扶起摔倒在地的行人；人行横道上，两位学生也正搀扶着一位老人过马路，所以，我们这幅图名为"心灵之美"。

师：小小善行也能感人至深，好一个心灵之美！请贴在黑板上。有请最后一个小组。

生（拿着拼图走上讲台）：我们这幅图画中，有茂密的大树，有盛开的鲜花，勤劳的小蜜蜂正在采蜜，小草嫩嫩的、绿绿的，一片生机勃勃的景象，因此，我们为它命名为"自然之美"。

师：请贴在黑板上。感谢四个小组的同学们为大家呈现出不同的美。老师用和大家一模一样的材料，也拼出了一幅图画，请欣赏。（将事先拼好的图画贴黑板上）老师的这幅图画美吗？

生：美。

师：给老师的图起个名字吧，并说说理由。

生：世界之美。因为图画里的一切组成了世界。

生：人类之美。因为这些美都是人类创造出来的。

师：同学们都言之有理。老师的作品和大家的作品材料完全一样，可是其效果和同学们的这四幅图拼在一起的效果一样吗？哪个更美？

生：老师的更美。

师：为什么呢？

生：老师的图画是一个整体，是和谐的，而大家的这些美单独看都很美，可是拼在一起就不和谐了。

师：真是善于观察和发现的孩子！那这种和谐之美应该起一个什么名字来与之相配啊？老师觉得，这种人与自然、人与社会、社会与自然和谐共生的美可以叫作生态之美。今天，老师就要和大家一起来分享一节关于生态之美的班会课。

在良性循环的生态系统中，我们才能找到安顿生命的家园，才能获得真正美的体验。生态对于我们如此重要，那我们应该和生态保持一种什么样的关系呢？

生：相互依赖。

生：和谐。

三、看图及视频资料，感受生态问题

师：宋代的儒学大师张载有过一个著名论断。（出示张载名言）他认为，天下的人民都是我的同胞，其他的万物都是我的同类，我们都是以天地为父母的一家人。既然万物和我们都是一家人，那我们要怎样对待"家人"呢？

生：要友好。

生：要爱家人。

生：要珍惜家人对我们的好。

师：同学们说得很棒。的确，我们应该视生态为家园，视万物为友朋。热爱生态，善待万物。现在，我们就一起去我们的生态家园看一看。（PPT出示冰川图片）同学们，这张冰川的照片美吗？

生：美。

师：可是冰川却在流泪。目前，由于全球变暖，大量冰川融化，冰川在哭泣啊！（出示一张山花烂漫却有羚羊头骨的图片）这幅山花烂漫的图景美吗？

生：美。

生：不美。

师：说不美的同学说说为什么。

生：因为花丛中有个死了的牛的骨头。

师：这不是牛，这是被捕杀的藏羚羊的尸骨。刚才大家都说要珍爱我们的生态家园，善待周围的万物，可是，目前，我们的生态家园正在遭受着前所未有的破坏。再来看一则视频。（播放纽约碳排放量模拟视频）巨大的碳排放给我们的生态带来了巨大的灾难。同学们知道的都有哪些？

生：温室效应。

生：全球变暖。

生：酸雨。

生：冰川融化。

生：沙漠化更严重。

四、引导学生思考现实问题

师：同学们知道得真不少呢。在我们的生态系统中，一个环节出了问题，会引起一系列的连锁反应，就拿刚才的冰川融化来说吧，冰川融化的直接后果是什么？

生：海平面上升。

师：海平面上升的直接后果呢？

生：一些海拔低的地方会被海水淹没。

师：那这些地方的人们怎么办？

生：迁移到其他地方去。

师：非常好，现在请同学们顺着这条线索一步步往下想。

生：这些人们逃到其他地方去之后，会和当地人发生冲突，因为资源是有限的，当地人不会愿意陌生人分享自己的资源。

师：冲突严重了就可能引起战争。

生：打仗的话，生态就进一步恶化了，碳排放就更多了。

师：是呀，这样，我们的生态系统就陷入了一个恶性循环，我们的生态家园就会越来越不美丽。为了留住我们的生态之美，我们应该怎么做来呵护生态之美呢？

生：少开车，减少尾气排放。

生：不用一次性塑料袋。

生：不用一次性餐具。

生：不浪费纸张，不用新本子当草稿纸。

生：少买衣服，节约资源。

……

师：同学们刚才说了很多，我发现，在大家为呵护生态之美想办法时，大家的心灵也开出了美丽的花朵。比如，刚才那位说不要浪费纸张的同学就体现出了节约的美德。同学们，你们从大家的回答中还发现了什么样的心灵之美呢？

生：大家都在为保护生态积极想办法，我觉得这是一种体现公德体现意识的美德。

师：赞成，还有呢？

生：不用一次性餐具和一次性塑料袋有时候会很不方便，所以我觉得不用这些一次性产品是一种舍己为人的品质。

师：舍自己的方便为所有人的家园。在呵护生态的过程中，我们的心灵之美也在悄然绽放。这是一件多么美妙的事情！

（出示PPT：呵护生态，勿以善小而不为；心灵之花，因为道德而更美）

五、学习环保榜样，培养生态意识

师：生态之美需要我们去呵护，心灵之美需要我们去灌溉。有这样一位老人，在他的身上，心灵之美与生态之美同时绽放出最美的花朵。我们来认识一下他。

（播放种树老人杨善洲的视频）

师：同学们，在杨善洲这位老共产党员身上，你们发现了哪些美？

生：他把这么巨额的财产和心血无偿捐给国家，这是一种无私奉献的精神美。

师：他为谁奉献呢？

生：为国家。

师：中国有句话叫作"前人栽树……"

生：后人乘凉。

师：所以，杨善洲老人种树也是为了……

生：后人。

师：这说明杨善洲老人还具有……

生：可持续发展的眼光。

师：具有长远的眼光也是一种美德呢。在视频中，老人花了很长时间才将荒山变成森林，中途又碰到了许多困难，可是他最后都克服了，这说明老人还具有……

生：吃苦耐劳、坚持不懈的精神。

师：老人奉献出了20年的安逸生活，坚持不懈，创造出了家乡的生态之美，他的心灵之美也感动了整个中国。我们是新一代的中学生，我们有义务学习榜样人物的高尚品德，为建设祖国的生态之美出力。

六、"梦工厂"，为生态问题出谋划策

师：大家正是爱做梦的年龄，一个学校就是一座梦工厂。今天，我们就生态问题，一起来说一说自己心中的梦想，为建设我们美丽的校园、家乡和祖国出谋划策吧。

我把这个梦工厂定义为"生态梦工厂"，同学们可以这样设想一下，假如你是中学生，是成都市市长，是祖国的国家元首……你该如何践行你的生态之梦呢？这个活动，以小组为单位，我们一起来交流、分享一下，好不好？

（出示PPT：生态梦工厂·美丽中国，我们在行动）

（同时发给学生表格，请学生开展小组合作，说说应该怎样为建设生态之美出力。填表时间为5分钟）

师：时间到。首先有请第一小组展示成果，其他小组成员可以补充和提出意见。

生：我们小组的角色是中学生。我们绝大部分时间都是待在学校。学校存在的生态问题主要是乱丢垃圾现象和食堂浪费粮食现象。所以，我们拟向全校同

学发起倡议，倡议全体同学将垃圾分类后丢进垃圾箱，在食堂吃饭时不要浪费饭菜。

师：如果每一位同学都能做好这两件小事，那么积少成多，我们就可以为生态建设出很大的力。有请第二小组的代表。

生：我们小组的角色是"成都市市长"。我们成都市目前的污染比较严重，比如，府南河脏水，空气污染等。因此，我们打算把成都市建设成为一个"生态田园城市"。而且，我打算每周用一天的时间带头骑自行车上班，呼吁大家少开车，减少尾气排放。

师：请留步。同学们觉得这个"市长"怎么样？老师听到你的规划真是太开心了。因为上周末老师逛街的时候在武侯区真的看见了"建设生态田园城市"的标语。看来你和咱们成都市的领导真是不谋而合呀。老师在你的身上发现了高瞻远瞩之美。此外，还有身先士卒之美。同学们刚才都听到了，她每周都要用一天的时间……

生：骑自行车。

师：市长带头骑车，肯定会为整个城市带来积极的榜样力量。英国首相就曾经和妻子骑车上班，带动大家为生态之美出力呢。现在有请第三小组的代表，我们的"国家主席"。

生：我们小组的角色是"国家主席"。我们国家目前环境污染比较严重，水土流失也很严重。因此，我要求国家制定相关的法律法规，对于那些乱砍滥伐被发现的人，就一定要严惩，比如判刑、罚款等。对于那些建设生态有功的人，就要奖励。同时，我要求工业部门取缔那些污染特别严重的企业。

师：其他同学对"主席"的见解有什么看法吗？我有一个问题（有学生举手），请你先说。

生（问"国家主席"）：你刚才说要处罚那些乱砍滥伐被发现的人，那没被发现的呢？

师：太棒了，老师也想问这个问题。所以，"国家主席"们，你们的考虑似乎不够周全哦，怎么改进？

生：不应该只是处罚，应该从源头抓起。

师：很好，那源头在哪里呢？请全班同学都想一想。是先污染后治理吗？像刚才那位同学说的，先让森林被砍伐了再处罚乱砍的人？

（学生思考）

师：对于那些破坏生态之美的人，我们固然应该惩罚他们，可要解决破坏生态的根本，还是要让人们认识到根本不应该去乱砍滥伐乱破坏。可是，仅仅用物质上的诱惑行吗？中国有句古话叫"教人……"

生：教心。

师：对。所以，建设生态之美的源头应该是……

生：让人们意识到应该呵护、建设生态之美，发自内心地主动去建设生态之美。

师：对，也就是说，要树立人们的生态道德意识！生态道德才是建设生态之美的灵魂所在！不积跬步，无以至千里；不积小流，无以成江海。只要我们每一个人充满对生态的大爱，磨砺心灵的大美，那么我们的美丽中国将不是一个遥远的梦，我们的人生也会因为美丽心灵而完美绽放。最后，送大家一首小诗，与大家共勉。

（课件展示，全班齐诵）

> 生态文明大旗扬，
> 美好道德来护航。
> 人人时时勤恪守，
> 美丽和谐共分享。

师：同学们今天的表现太棒了。现在我就来将这些小礼物全部送给你们。喜欢的同学请依次排队来取，千万不要哄抢哦，哄抢的行为一点都不美。每一份小礼物里面还有我们石室学子对树德学子的祝福与悄悄话哦。再次感谢同学们这节课带给我的惊喜和感动！

【班会总结】

　　本次班会课为成都市 2012 年中小学主题班会赛课决赛（市直属学校片）的参赛课，荣获了本次赛课的一等奖。庆幸之余，认真而严谨地反思本课才是一个教师应有的正确态度。总之，有以下几点：

　　首先，反思本课教学与教学设计的契合关系。本堂课基本上是严格按照教学设计进行的。虽然我做了很多预设，但是在教学过程中，我充分尊重学生主体性的发展，引导他们发挥自己的主观能动性，杜绝了"走教案"的恶习。而且，在与学生的互动过程中，我扮演的是一个引导者的角色而不是将学生朝教案方向驱赶的"牧羊人"。因此，课堂教学与教学设计的契合程度较高，且没有生硬地完成任务之感，说明本课的教学设计充分考虑到了学生的接受能力和认知水平，是一份比较好的教学设计。

　　其次，反思本课对学生发展的促进作用。学生永远是课堂上的主体，班会课上，学生更应该是课堂的主人。因此，一堂好的班会课应该有学生的充分参与。上课之前，我就设计了一个小组合作拼图的游戏，供学生体验参与。没有体验的空洞说教对学生来说通常是无效的。初一的学生年龄较小，抽象思维不发达，因此，五颜六色的图片等更能激活他们的思维和创造力。大家齐心协力拼出美丽的图画，锻炼了合作意识，为课堂上的小组合作做了准备；为拼图起名也锻炼了学生的概括力。在本堂课的第三环节，有一个小组活动，让他们分别担任"学生""市长"和"国家主席"的角色，这也激发了他们的兴趣和创造力。学生的答案出人意料的精彩。因此，用体验式的活动激发学生的兴趣和创造力应该说是本课的一个亮点。

　　遗憾的是，由于时间不足，最精彩的小组活动未能充分展开。原定的六个小组发言也临时变成了四个，课堂上，学生焦急地说："我们还没发言呢。"学生的焦急让我非常自责。这也在提醒着我，学生最喜欢的自主、创新活动是否可以提前呢？在简单的热身之后，就应该是学生大展身手的好时机了，可是，为了教学环节的层层深入，为了教学环节的完整性，我将这个最受欢迎的活动环节放在了最后，导致活动开展不充分，给整堂课留下了莫大的遗憾。

　　小组活动开展不充分还导致了另一后果，就是在促进全体学生充分发展的方面不尽如人意。因为这个能刺激绝大部分学生兴奋点的活动是在课堂的最后十分钟才展开的。在之前传统的问答环节中，部分表现积极的学生总是举手，占据了多数的表现机会。

这让我深刻认识到，在教学中，该出手时就出手，比如，发现某些环节学生有些冷场，就应该及时调整自己的思路，删掉一些自己原以为会出彩的部分，将时间还给学生。因为教学设计只能"看上去很美"，而课堂才是促进学生发展的"实际很美"的地方，一定要时刻关注学生的发展，且要关注全体学生的发展。

此外，本课在引导学生热爱生态美、珍惜生态美、建设生态美的过程中，注重细节，对学生的思维能力应该有一定的促进作用。比如，在讲到过量的碳排放对地球的伤害之时，学生仅仅停留在罗列害处的层面，而我通过一个圆形的生态反应链鼓励学生一环扣一环地思考，让他们认识到所有的害处不是单独存在，而是息息相关的。

最后，反思教师在课堂的表现。第一，我在课前展示的废物利用作品极大地吸引了学生的兴趣，创设了一个好的情景，设计别出心裁。第二，我制作的多媒体课件颜色亮丽且颇具动感，吸引了学生的注意力，给学生以美的感受和熏陶。第三，从教态方面来讲，我亲切温和，亲和力较强，这些初一的学生虽然是与我初次见面，也愿意和我接近。第四，从教学机智来说，在小组活动环节，有个学生发言之后，我立刻说："我有一个问题。"话音未落，另一个学生将手举得高高的，我说："请你先说。"结果学生提的问题与我的问题不谋而合，我就说："太棒了，老师也想问这个问题。"这样一下子就拉近了我和学生的关系，也引出了更有价值的问题。

总的来说，本堂课有失有得，不过，教学是一门遗憾的艺术，教师如果能在遗憾中反思前行，亦是莫大的收获了。

（四川省成都市武侯区成都石室中学　奉柳　邮编：610041）

> **操作提示**
>
> 1. 借班上课，要事先和学生沟通好，尽管不是提前排练，但是适当的交流和沟通是必要的，这样既有利于学生和老师相互了解，增进感情，也可以让老师备课的时候多考虑学生的因素，课堂效果才会生动有效。
>
> 2. 一定要在课前详细周密地考虑可能出现的问题，现场借班上课，没有预设，就没有全局的把握。
>
> 3. 要善于抓住生成的机会对学生进行引导，离开了对生成机会的把握，课堂就不会精彩。

六、专题教育型主题班会

珍 爱 生 命

【推荐理由】

1. 对学生加强生命教育，让他们认识生命、了解活着的意义，培养他们健康、开朗、乐观、积极的心态。对任何时期的老师来说，这堂课都不落伍。

2. 这个班会活动层次清晰，说理形象生动，对学生的引导和追问很有艺术性，具有很强的借鉴意义。

3. 这个主题班会避免使用一些极端的重口味材料，而是采用生活中平常小事进行教育，更具有亲和力。

【适用时间】初一第二学期

【班会背景】

生命教育是引导学生认识生命、珍惜生命、尊重生命和热爱生命的教育活动。社会环境变化对于青少年学生思想道德教育提出了新的挑战。初一学生年龄较小，面临日益复杂的外部世界，有部分学生对生命的认识产生了偏差，无法正视自己生活中遇到的生命困惑。轻视生命的存在，失去生命的方向，这些真实的学情,急切呼唤生命教育的开展。在当前,进一步加强未成年人生命教育的意义更为重大。

通过以上对生命教育的理解和初中学生现状的认识,本课以"珍爱生命"为主题遵循"知生命、惜生命、悟生命"的思路,引导学生感受生命的美好,感悟生命的宝贵,激发学生珍爱生命的情怀,让学生活出生命的精彩。

【班会目的】

1. 体验生命的多姿多彩,感受生命的美好。
2. 挖掘生命的各种特征,感知生命的宝贵。
3. 感悟珍爱生命的内涵,珍惜所有的生命。
4. 激发珍爱生命的情怀,活出生命的精彩。

【重点难点】

重点:挖掘生命的各种特征,感知生命的宝贵。

难点:感悟珍爱生命的内涵,珍惜所有的生命。

【课前准备】

收集班级学生小时候的照片,准备小纸片、蜡笔,制作多媒体课件。

【设计思路】

因为"生命的脆弱"而珍惜生命,客观地说,这应该是一个顺理成章的教学思路。那么能不能换个角度,从"生命的美好"这一层面切入,去唤醒学生珍爱生命呢?基于这种辩证性的思考,我想立足学生感受和体验"生命之美",带领学生去寻找和捍卫"生命之光",在教学中张扬青春的精神,渲染生命的亮色,进而点燃学生对生命思考的火花和智慧。

在反复斟酌之后,本课由"知生命""惜生命""悟生命"组成。第一环节,知生命。通过学生为自己的生命赋予色彩,在白纸片上涂抹生命的色彩,挖掘出生命的特征:独特、不可逆、有限,从而让学生感知生命的珍贵。然后通过为成果图取名的活动,引导学生明白生命还因为不仅仅属于我们自己而珍贵。第二环节,惜生命。通过播放"勇敢少年——子尤"的视频,引导学生认识珍惜自己的生命就是要乐观、向上,敢于直面生命的挫折,丰富人生,让自己的生命有意义;通过播放"无私奉献的子尤母亲"的视频,引导孩子在珍惜自己生命的同时珍惜他人的生命,珍惜自然的生命。第三环节,悟生命。通过让学生用自己的独特方式表达对生命的感悟的活动,引导学生联系自我实际,活出生命的精彩。

本课遵循"知生命、惜生命、悟生命"的思路,唤起学生对自己生命状态的感受和体验,激发学生珍爱生命、捍卫生命、享受生命、耕耘生命的情怀,不仅让其有意义地生,有价值地活,而且让其智慧地生,幸福地活!

【班会实录】

一、导入,欣赏生命的瞬间

师:让我们一同乘坐时光的快车,追寻着成长的足迹,欣赏同学们生命中精彩的瞬间。如果你认出他,就大声地叫出他的名字。瞧,这是谁?

(播放孩子儿时的照片)

生(齐答):张瑞鑫……毛采奕……沙睿……

师:从这些灿烂的笑脸中,你感受到了什么?

生1:美好。

生2:幸福。

生3:快乐。

……

师:生命如此美好。孩子们,要知道,这一切的一切都源于生命的存在。早在几千年前,我们的先哲们就已发出这样的感慨:"天地之大德曰生"。《周易》这句话向我们传达出什么样的信息呢?

生(齐答):生命宝贵。

二、知生命

(一)赋予生命颜色

师:如果让你为你宝贵的生命赋予色彩,你觉得哪种颜色最能代表你生命的色彩,为什么?

生4:红色。我觉得红色象征着热情,我的生命是充满热情的。

师:这是一个充满热情的生命。你呢?

生5：我的生命是绿色的。我喜欢绿色，绿色象征着生机勃勃。

师：真好，你让我看到了一个生机勃勃的生命。还有谁愿意来分享你生命的颜色？

生6：我觉得我的生命是紫色的。未来是未知的，紫色是那样的神秘，我希望我的生命是神秘的，让我不断去探索、去追逐。

生7：我觉得我的生命是黑色的。黑色可以包裹一切忧伤，在黑色的夜空下，我也看不到我的忧伤了。

师：孩子，可以拥抱你一下吗？黑夜已经来临，黎明还会远吗？漫漫长路，有喜有忧，没有谁的生命是一帆风顺的。当面临生命的低谷期，我们依旧要笑对生命，笑对生活，因为它们就像一面镜子，你对它微笑，它也会报以唇角的优美弧度。

（二）涂抹生命的色彩

师：同学们的生命真是多姿多彩，五彩斑斓。红色也好，黑色也罢，正是这些不同的颜色构成了生命的千姿百态！接下来，我们做个小游戏，听清楚要求，这个游戏只做一次，每位同学只能拿到一张白纸，将能代表你生命的颜色涂抹上去，涂好后将纸片粘贴到黑板上，游戏时间只有1分钟。涂好的同学请互相欣赏成果。

（三）发掘生命的特征

1. 感受生命的个体特征。

师：请同学们仔细观察涂抹的小纸片有什么特点，并说说你从中获得了哪些与生命相关的感受。

生8：真神奇，这么多人来涂抹居然都没有一样的。每个人的想法如此不同。

生9：老师，我有不同的意见。有一样的，你看有三个绿色的。

生8：你再仔细观察一下，它们的图案一样吗？

生9：哦，确实不一样。

生8：我从幼儿园到小学到初中，没有见过完全相同的两个人，虽然有双胞胎，但是他们的兴趣爱好还是有不同，我觉得每个人的生命都是独特的。

师：观察非常仔细，老师非常佩服你敏锐的洞察力。还有人有新的发现吗？

想想游戏规则呢？

生10：想起来了，老师刚才说游戏时间有限，这不就像生命吗，每个人的生命也是有限的。

（学生鼓掌）

师：是啊，人生像一辆列车，总有开到终点的时候。还有其他发现吗？

（学生沉默）

师：有没有同学有这样的想法，看到同学涂抹的纸片后，发现原来可以这样来涂抹，要是可以再涂一次我一定涂得更好？

（学生点头）

师：但是我们可以再来一次吗？

生11：不可以，因为刚才老师在说游戏规则的时候强调了，这个游戏只做一次，生命也是一样不可以重新来过。就像我上次月考，因为粗心数学没有得满分，我考完就后悔了，怎么就不仔细一点儿呢，要是可以重新再考一次该多好，但是时间是不能倒流的。

师（小结）：生命是不可重来的，生命是独特的，生命也是有限的，正因如此，我们应珍爱生命。在几千年前，我们的先哲先贤们如是说生命，我们一起诵读：《太平经》——人人得一生，不得再生。《论语》——逝者如斯夫，不舍昼夜。

2. 感受生命的群体特征。

师：一张普通的黑板，用我们生命的色彩去粘贴，竟然变得缤纷斑斓！给我们的成果图取个名字吧。

生12：我取的名字是"初一（2）班的生命"。

师：为什么想到这样一个名字呢？

生12：这是我们初一（2）班所有同学共同完成的，能代表我们整个班级。

师：这个名字很恰当，还有吗？

生13：我取的名字是"一个不能少"。黑板上的每一个纸片都是独特的，代表我们班级的每一个人，少了其中一张都不能代表我们的班级。我们初一（2）班一个人也不能少。

师：是啊，因为有你，同学们多了一个真诚的朋友，老师多了一个可爱的学生。因为有你们，你们的家庭有变化吗？

生（齐答）：有，多了一个孩子。

师：爷爷奶奶呢，有变化吗？

生（齐答）：多了一个孙儿。

师（小结）：每个人的生命不是单独存在的，我们的生命与身边的每一个人都息息相关。每一张纸片构成了集体生命的五彩缤纷，生命还因其不仅仅属于自己而珍贵。

三、惜生命

（一）珍惜自己的生命

师：刚才同学们用彩笔涂抹了自己生命的颜色，有一个跟你们年龄相仿的男孩说："很多人用天空主宰自己的颜色，而我用自己的颜色画天。"我们一起走近这个男孩——子尤，看看子尤是如何对待自己的生命的。

（观看视频1。视频1内容介绍：子尤在13岁的时候，正好是孩子们现在的年龄，被查出有恶性肿瘤，可他却依然保持乐观的心态。他在病中坚持写下了15万字的书稿，并结集出版。他给自己的书取名为"谁的青春有我狂"。他希望能用他的乐观除去跟他有相似遭遇的孩子们的阴霾。他在序中写道："当命运之神不停地将烟花爆炸在我的头顶时，我却每日高歌着朋友的名字，青春，我向你宣战。"在子尤的世界里，是疾病蔓延的黑暗，他却用年轻的光芒把过于匆忙的生命照得雪亮，他用自己的乐观和顽强诠释了生命的真谛）

师：看看子尤的生命，再想想我们的生命。我们，风华正茂的我们，四肢健全的我们，应该如何珍惜自己的生命呢？

生14：每年有很多人在车祸中丧生，我觉得我们要注意出行安全。

师：你珍爱生命的方式是注意交通安全，很实在的方式。

生15：我以前很喜欢吃肯德基、麦当劳，后来看到电视报道说这些油炸食品不利于身体健康，现在我都不吃了。

师：你珍爱生命的方式是注意饮食，很好的方式。

生16：我觉得我们还应该多运动，保持身体健康。

师：确实，生命在于运动。

生17：生命是有限的，我们还要珍惜时间，让每一分每一秒都过得有意义。

师：我也认同你珍爱生命的方式，这让我想到奥斯特洛夫斯基的一句话：人的生命只有一次，这仅有一次的生命应当怎样度过？当你回忆往事的时候，不因虚度年华而悔恨，不因碌碌无为而羞愧。

生18：报纸上经常会有一些自杀的报道，这些人极度不珍惜生命。每人的一生都会遇到大大小小的挫折，我们应该让内心更强大，敢于直面挫折。只要坚持下去，定能获得最后的成功，这是我珍爱生命的方式。

师：说得太好了。生命多数时候是一种前行的姿态，既然我们选择了远方，就只顾风雨兼程，义无反顾。因为我们坚信，总有一天，我们会站在终点，笑望来时的路！

（二）珍惜他人的生命，珍惜自然的生命

师：在子尤和他母亲发出生命誓言的同时，他们也因自己独特的心境，关注着身边人的生活，珍爱着身边人的生命。我们一起来看看子尤妈妈的做法。

（观看视频2。视频2内容介绍：子尤的妈妈在儿子生病期间，从儿子的开心、快乐、痛苦、挣扎中一次次晕过去，又一次次醒来。在这个过程中，她逐渐懂得了生命的真谛。生命的价值在于让自己的生命有意义，有意义的人生则是尽自己所能做有意义的事。她开始热心公益事业，对癌症患者总有一种感同身受的理解，总想为他们做一些事情。她成立了一个"癌症少年俱乐部"，把这些孩子组织在一起相互打气，而家属们，也可以相互交流一些治疗的心得和信息。她每周都会去医院看望那些癌症患者，很多孩子的家不是在北京，做饭不方便，她每次去，都要给他们炖一锅汤带上。现在，很多孩子在她的精心照顾下出院了，这些孩子都亲切地叫她"妈妈"）

师：这个视频，我看了很多次，每看一次，都情不自禁地泪流满面。了解了子尤妈妈的故事后，你对珍惜生命又有什么感悟呢？

生19：在那样的困境下，子尤妈妈不仅要勇敢地活着，还要照顾病重的儿子，并且竭尽自己所能帮助身边的人。她身上彰显的是大爱。我们很健康，更应该做一些力所能及的事情帮助身边需要帮助的人。

师：芸芸众生，孰不爱生，爱生之极，进而爱群。他人的生命也是独特的、有限的、不可重来的，我们在珍爱自己生命的同时，还应爱护我们的同类。

生20：除了爱护，除了帮助，在生活当中，尊重身边的同学，尊重老师，尊重每一个陌生人，这难道不是珍爱生命吗？

师：爱人者，人恒爱之；敬人者，人恒敬之。相信你也会得到他人的尊敬。

生21：除了尊敬，还要有一颗宽广的心，宽容他人。

师：恭则不悔，宽则得众。

生22：我们应该珍惜人类的生命，也应该珍惜大自然的生命。每年有无数的动物被猎杀。没有买卖，就没有杀害，我们是可以保护身边的动物的。

生23：不仅是动物的生命，植物的生命也应该得到保护，比如，我们平时节约用纸就保护了大自然的树木，我们不践踏草坪就是对小草的关爱。

师：说得太好了！珍爱自然的生命，才能让整个社会更加和谐、美好。这样，我们的生命才能因彼此的存在而更加精彩。

四、悟生命

师：刚才我们一起了解了生命的特征，畅谈了珍爱生命的方式，下面请结合你的生活实际用你独特的方式表达你对生命的全新感悟。可以用一个字、一个词、一句话、一首诗、一幅画、一首歌来表达……

生24：我画了一幅画，是一个男孩，他抬头仰望天空，我应该像他一样做一个有远大梦想的人。我把他的脚画得很大，是希望自己能跟他一样脚踏实地。这幅画的名字是——仰望星空，脚踏实地。

师：一步一步往前走，这是走向成功的唯一道路。

生25：我画的也是一幅画，在雨中一个人撑着伞，她的伞下还有一个陌生人。我想表达的是，生活中，在关注自己的同时，我们还应关爱他人，很多时候仅仅是举手之劳，却能带给人无尽的温暖。

师：赠人玫瑰，手留余香。我相信，在帮助他人的同时，我们自己也能收获快乐。

生26：我想用一个动作来表达，这个动作的意思是奋斗。我们仅有一次生命，应该朝着自己的梦想奋斗，活得丰富精彩。

师：有质感的人生一定不能缺少梦想，追梦的人是幸福的人。

生27：我选择的是一首歌，是我们的班歌《倔强》。希望我们全班同学都拥有这份倔强，继续这份坚持。

师：我还想送给同学们四个字——勇者无敌。

生28：我想用我之前作文中的一句话来表达——得意者弹《十面》，失意者奏《霸王》，春风后便是秋风，得意后便是失意。这是我对待人生的态度。

师：得意坦然，失意淡然，喜而不狂，哀而不伤，我们应该拥有这样一种人生态度。

五、收束，回放生命的瞬间

师：这堂课即将接近尾声，感谢同学们让我从这堂课中再一次感悟生命。现在，让我们一同重温刚才的精彩瞬间，铭记这生命的存在。

（播放课堂上拍下的照片并配上诗歌）

> 我们通常认为，人生如台历，撕去旧页，新页展开
> 每天如彩排，今天过去还有明天，一遍不满意，还可以再来
> 其实，昨天已成为过去，明天尚且未知，当下稍纵即逝，不复重来
> 人生没有彩排，每一刻都是现场直播，而此刻现场直播又开始了……

师：或许我们曾跌倒在路上，曾经多少次折断过翅膀，但从同学们的感悟中，老师读到了如今的你们已不再彷徨。同学们，珍爱生命，学会坚强，超越平凡，勇敢飞翔！

【班会总结】

生命教育对孩子们来说，已经做了好多次了，稍不注意，就会使生命教育走向教条和空洞。而空洞的生命教育，孩子们是不喜欢的。为了使这次生命教育的

主题班会达到预期的目标,我仔细思考了这次班会的设计方案和组织细节,最后确定了用涂色彩小活动、看视频和聊天的方式进行。孩子们从动手做,逐步过渡到思考,注意力容易集中,说起来也会有内容一些。事实证明,这种做法是正确的。正如生命没有彩排一样,真正有意义的班会,我觉得重在真实,重在实用,它也不需要彩排。无论完美不完美,都曾经客观地发生过。

(四川省成都市武侯区成都石室中学　方媛　邮编:610041)

操作提示

1. 生命教育的主题班会,选材一定要符合学生的心理认知水平,尽量地让学生能够理解,能够激发他们的感悟,能够让他们有话可说。这样,主题班会才会收到预期的效果。

2. 在做生命教育的时候,不能简单地停留在喊口号上,还应该把珍惜生命、提高生命质量作为重要的组成部分,把认识变成实在的行动。因此,我们要联系实际,力求突出可操作性。

七、思想教育型主题班会

绿色上网,快乐生活

【推荐理由】

1. 网络成瘾、手机成瘾现象已经越来越严重,越来越普遍。不仅仅是学生,就是教师,也存在着需要合理使用网络、手机的引导。因此,从题材上说,这个主题班会具有长期性、很强的现实需要性,基本上不会落伍。

2. 这个主题班会内容生动,不同于一般的死板说教,而且其中的案例和一些活动,可以脱离具体班级而普遍适用,对很多老师来说,都可以直接照搬过去,具有很强的推广价值。

3. 本班会的时间也比较紧凑,操作上比较方便。

【适用时间】初一第二学期

【班会背景】

网络成瘾现象，已经越来越普遍，好些学生每天沉浸在网络中不能自拔。不吃饭，不睡觉，不学习，成了十足的"网虫"。针对这种情况，很有必要指导学生正确地认识网络。

【班会目的】

1. 正确地认识、了解计算机网络的用途。

2. 学会利用计算机网络学习、生活和交友。

3. 学会自控，学会生活。

【课前准备】

1. 分组排练好小品等文娱节目。

2. 每个学生写好两篇作文，一篇是《我眼中的网络》，另一篇是《明天的网络》。

3. 提前摄制电视小品《"网虫"张三》，因为该小品的时间、空间跨度较大。

【设计思路】

1. 学生讨论网络对现实生活的影响。

2. 表演小品《"网虫"张三》，让学生认识到不控制上网的危害。

3. 积极探讨正确的网络使用方法。

4. 小品表演《全体教师辞职的理由》。

5. 发出绿色上网的倡议。

【班会实录】

班主任：同学们，随着计算机的普及、网络的逐步延伸，网络社会已经悄然而至，被称为第四媒体的计算机网络在许多方面都发挥着作用。现在，我校设有信息技术课程，每个班都有多媒体设施，好些学生都有智能手机。网络在方便我们生活的同时，也带来了一些问题，如网络成瘾、手机依赖症等。如何科学有效地使用网络，成为我们今天讨论的话题。现在，我把这个课堂交给同学们。有请我们的班会主持人上场。

（主持人甲、乙上场）

甲、乙（合）：今天，我们班会的主题是——远离网吧，健康成长。

一、问题调查：众说纷纭话网络

甲：下面，就让我们从自身说起，进入第一个环节——问题调查。

乙：有请我们的资深采访记者——侯静。

侯静（说出自己的调查结果）：我调查了学校40名外班的学生，有32人上网。12人是在网吧上网，20人是在家里上网。很少一部分同学是为了查阅资料而上网，绝大多数同学上网的主要目的是为了玩游戏、上QQ。来听几句学生中的流行语就知道上网有多大的吸引力了："现在学生真是狂，为了上网就翻墙！""现在学生真是坏，鼠标一点就'偷菜'！""现在学生真时尚，一拿手机Q就上！""现在学生真能干，网上游戏把'钱'赚！"现在我来现场采访一下我们班同学。为了让我们找到正确的上网方法，希望同学们能说实话。采访开始！

问题：你主要在哪里上网？上网主要做什么？

学生1：我一般在家里上网，查资料，听音乐，看电影，玩游戏，可以让自己放松、愉快。

学生2：我在网吧上网，学习，玩游戏，玩游戏的时间长一些。

学生3：我在家里上网，查阅资料，学习，增加我的阅读量。

学生4：我主要在网吧上网，主要是上QQ，和好友聊天，有时候还用手机上QQ。

……

侯静（总结发言）：同学们很诚实，谢谢大家的支持和参与。可以看出，很多同学都上网，一小部分在家里上网，绝大多数是在网吧上网，学习的少，玩游戏的多，看来如何科学合理地上网是急需解决的问题。

乙：有请网络调查组组长刘涛。

刘涛（出示调查资料）：我们调查了500名上网的中学生。其中，高中生302名，初中生198名；比例最高的是在公共网吧（49%）上网，其次是在家里（29%）和学校（22%）上网。这说明现在上网的主要地点还是公共网吧，很多中学生上网并不为家长或者学校老师所知。据调查，上网对身体和学习的影响主要有：在身体方面，500 人当中有 181 人曾经由于上网导致眼睛视力下降、体力差、心情郁闷、反应迟钝、头晕等；在学习方面，有 49% 的人因为上网导致学习成绩下降，而只有 15% 的人成绩提高了。而且很多青少年因为上网，走上了下坡路，甚至走向了犯罪。这样的案例很多，调查启示我们不要迷恋网络哦。

甲：下面我们进入第二个环节。

二、如何正确认识和使用网络

乙：让我们以小组为单位进行交流，最后每个小组汇报自己的讨论结果。

1. 你认为网络有哪些好处，哪些坏处？
2. 能否上网呢？

（学生以小组为单位展开讨论）甲：同学们讨论得很热烈，相信每个人一定都有自己的观点，下面我们就进入汇报环节——网络利弊谈。

小组 1：网络给我们带来了很多的便利，上网可以很容易地获得自己需要的信息，可以方便、快捷、廉价地进行通信联络，可以进行网上购物等。可是也有一些同学自控力差，有了网瘾，耽误了自己，耽误了家庭。

小组 2：优点是可以在网上结识许多朋友，增长见识，大开眼界；可以在网上获取许多的免费资料等。缺点是有些同学自控力差，很容易对游戏上瘾。

小组 3：很多同学想拥有手机的主要目的是上 QQ，其实这就是网络惹的祸。一些同学自制力差，很容易上瘾，控制不了自己，所以最好的方法就是不上网。

小组 4：现在是网络时代，不会上网就是新时代的文盲，必须要学会上网，但要合理上网，控制自己不要上瘾，使用好网络这把双刃剑。别忘了，网络只是工具，工具无罪。

小组 5：上网可以提高我们的信息化素养，只要学会了正确的上网方法，有甄别地上网，我们就可以更好地适应社会。

甲：看来是众说纷纭，各有各的道理，我们先来读一首诗，看看感受如何。有请我们的"朗读大王"周梦来朗读。

周梦:"字字辛酸泪,句句母子情;漫漫十五载,凄凄至此景;呼天天不应,叫地地不灵;双双割心去,子在天上行,母在地域生;生比死的好,死胜生万分;谁能悟此意,唯有地狱人;茫茫人生路,款款骨肉亲,遥遥不相认!"

乙:谢谢周梦的朗读,饱含沧桑的一字字和凄惨悲凉的一句句带给我们心灵的震撼。

三、案例分析:不当上网给我们带来的痛苦

甲:也许,有的同学认为去网吧没什么,但是一幕幕触目惊心的恶性事件层出不穷,宛如一个个噩梦围绕在我们青少年成长的蓝天下。还是让我们来看看班主任给我们精心准备的央视节目《今日说法——网住的花季》吧。

(视频内容简介)

一位恨铁不成钢的母亲,为教训15岁的网瘾儿,绑其在仓库一夜,过失致其死亡。在痛失爱子后,她产生了发自灵魂深处的悔恨与愧疚……

2010年8月10日凌晨1点,河南省光山县一居民小区。一位下夜班的女工听见其家附近的一扇门里传来动静。她很好奇,上前查看,发现邻居张宽英15岁的儿子张棋被关在里面,那是他家的小仓库。看到张棋痛苦的样子,好心的邻居就上楼去叫张棋妈妈。看到张宽英走下楼去,邻居松了一口气,就回家了。

没想到早上6点传出了一个可怕的消息:张棋死了!就死在他家小仓库的地上。

警方赶到现场,经过现场勘察和多年的办案经验,认定是伤害致死,孩子的手臂伤痕累累,并且有被绳子反绑的痕迹。

张棋的妈妈抚尸大哭,情绪失控,警方一时问不出线索。于是,警察走访了街坊邻居,从中了解情况。

邻居们纷纷反映,张棋只要一犯错误就会被他妈妈打骂并关在小仓库作为惩罚,昨天关进去也有好几个人看到。凌晨1点,张宽英还到仓库去过。

所有迹象表明,张宽英有重大嫌疑。警方审讯了张宽英。没想到,刚问了几个问题,张宽英就声泪俱下,承认了儿子的死是她一手造成的!

起因是张棋从8岁起就迷上网络,大大小小的网吧总能见到他的身影,37

家网吧的老板都认识张棋的母亲张宽英。不论是酷暑还是严寒,张宽英不知道走破了几双鞋、脚磨出了多少泡,也不知道跌过多少跤,任何困难都阻挡不了张宽英找儿子回家的决心。这一个去、一个寻,就过了7年。

她要给他一次最深刻的教训,最终发生了这样的悲剧。

接受央视《今日说法》栏目记者采访的北京市青少年法律与心理咨询服务中心主任宗春山教授说,我们要对网络有一个客观的认识,应该让孩子去面对网络,而不是去回避它,鼓励父母跟孩子共同在网上冲浪,去交流,去学习,发挥好孩子和网络之间过渡、引导、桥梁的作用。学校、老师需要给孩子更多的自信和空间,而全社会也需要给孩子更多、更好的上网环境。

乙:看完这段久久不能让人平静的视频,我想同学们都有一种冲动。你们是不是也想反省自己,对爸妈说点什么?

四、师生畅谈真心话

甲:请同学们说出自己的真心话吧。

学生1:爸妈,我明白你们为什么总是限制我的上网时间了,我以后不再和你们怄气了,一定要有计划地上网。

学生2:爸妈,我明白你们为什么不买电脑了,是为了我更专心地学习,害得你们加班写东西只能到办公室,影响了你们的工作和休息。爸妈,我错了,以后我一定听你们的话,学会科学上网。

学生3:爸妈,我再也不逼着你们买电脑了,即使以后买了,我也一定限制自己的上网时间。

学生4:爸妈,我明白你们为何不去维修坏了的电脑了,你们是不想让你们的儿子误入歧途啊。爸妈,我当着全班同学的面向你们保证:我上网就是查查资料,看看新闻,绝不涉及游戏。

学生5:爸妈,过去你们老怕我控制不住自己,迷恋上网络,以后我一定合理安排上网时间,健康上网。

学生6:爸妈,以前我经常偷着上网吧,以后我再也不去了。

甲：好，下面请大家欣赏小品《"网虫"张三》。

五、小品欣赏:《"网虫"张三》

"网虫"张三（脚本）

（人物：张三、张三妈妈、张三爸爸等）

（地点：张三家）

张三妈妈、爸爸（下班回来，齐声喊）："张三，开门。"

（没人应，然后齐掏钥匙开门，只听见敲电脑的啪啪声，时而夹着一阵狂笑）

爸妈（一齐说）："孩子学习压力太大了，让他在网络上休息一会儿吧。"

（晚饭时候）

妈妈（喊）："张三，吃饭啦。"

（无人应）

爸爸："让他去吧，别喊了。"

（睡觉时候）

爸爸喊："张三，睡觉了。"

（无人应）妈妈："唉，孩子入迷了，让他玩吧。"

（午夜了，爸爸起来上厕所，仍然听见电脑的啪啪声）

爸爸："这孩子太累了，干脆就让他好好放松放松吧。"

（两个月后）

张三爸爸（怒发冲冠地说）："这个娃儿，学习成绩坐直升机了，急速下降。"

妈妈（气极了）："他一天到晚都关在房间里干什么呀？"

（说完，冲开门，只见一阵阴风吹来，夹杂着魔鬼般的狂笑）

妈妈（受惊了，立即后退）："咱们商量一下。"

（然后，对着张三爸爸耳语一阵。几秒钟后，两人背着电筒，手拿长棍，手拉手做鬼子进村状，轻轻推门。突然，飞来一只无敌臭袜。二人躲闪，定睛一看）爸爸："这不是张三五个月前失踪的袜子吗？"

（然后，他们穿过臭衣服堆，来到房内，张三正在上网聊天呢）

爸爸（脸色苍白，嘴唇干裂，赶紧关掉电脑，失声大叫）："撤！"

（家庭法庭上，张三是被告，妈妈是原告，爸爸是法官）

"法官"："被告张三，你知罪吗？"

张三（无奈地）："我，何罪之有？"

"原告"（用手绢擦眼泪）："他天天上网，导致学习成绩直线下降，家里电话费严重超支，严重影响了家庭的和睦。"

张三（叹息道）："判吧。"

"法官"（面无表情，用锤子一敲）："不说了，判你考上大学之前不准碰电脑。"

张三（泪眼问苍天）："我的世界没有阳光，神啊，救救我吧，我不能留，我要去找我的知心朋友。"（说罢，突然起身，扬长而去）

（在人来人往的大街上，张三没有目的地游荡着。他一边哼着小曲，一边自言自语）

张三："我终于有了自由了。我渴望自由，但没有朋友怎谈自由？对，我的网友名单就在袋子里。拿出来吧。"

张三（拿出一张纸，左看看，右瞧瞧，突然大声地说）："对，就找铁公鸡去，他与我最谈得来。"

（"铁公鸡"家门口）

张三（深情地）："我的好朋友，我为电脑付出了一切，你能收留我吗？"

"铁公鸡"（冷冷地、绝情地）："我铁公鸡一毛不拔，你最好立即消失。"

（张三做痛苦状，几乎跌倒在地）

（老李家门口）

张三（动情地）："我亲爱的恋人莎丽，你一定美丽善良。"

（然后按门铃，接着屋内走出一彪形大汉）

张三（傻眼）："你，你不就是卖烧饼的老李吗？"

老李（憨笑）："是呀，你今天跑到我家来，要买几个啊？"

张三（无语，彻底绝望了。他呆呆地望着天空，无力地）："唉，还是回家吧。"

（张三家门口。张三使劲地按门铃）

爸爸（把门打开了）："是谁啊？"

张三（咚地跪在地上，泪流满面）："爸，我……我知错了。"

（全剧终）

甲：张三在与父母发生争执后，愤然出走。然而，网友的冷漠、网络世界的无情，让他开始思考：网络的魅力究竟在哪里？我们究竟该如何利用网络呢？孩子变坏了，有人怪罪于电脑，怪罪于网络，其实网络有什么罪过呢？它不过只是一种工具。

乙：下面请同学们围绕这个问题进行热烈的讨论，分组整理讨论意见，然后选出代表发言。

六、学生代表谈不当上网的危害

甲：网络，可以让我们真正做到"秀才不出门，能知天下事"，而且还可以让我们做到"秀才不出门，告知天下事，遥谈天下事，完成天下事"。

乙：还有人说，网络经济被称为"眼球经济"。谁掌握了用户，谁就掌握了经济利益的优势地位和舆论导向的主动权，"点击率"就是生命。因此，一些网站为了吸引用户的注意力，提高网站的"点击率"，不惜传播一些不健康的内容，如色情、暴力信息等。有的出于商业目的，甚至传播一些虚假信息。所以，在复杂的网络社会中探索的同时，我们也要注意提高自身的素质。

甲：下面请欣赏我们班彭军对网络的独特见解——《网络，你让我好尴尬》。

网络，你让我好尴尬

有的网友说"电脑是船，网络是海，我是水手""在网络里航行的感觉真好"云云。我却不敢苟同。要是让我说，"电脑是船，网络是海，我就是在海里翻船的人"——网络带给我的只有尴尬和无奈。

（1）网络消磨了我的上进心。我认为，网络的诱惑力不亚于海洛因，一旦上了瘾，饭可以不吃，觉可以不睡，家务活可以不干，学习可以不问，总之，天塌下来都不去管。痴迷到了如此程度，当然无心看书，无心学习，我犹如一个幽灵整天在网上游荡，付出的精力太多，仅有的那点上进心也遗失殆尽，而真正收获的除了消遣，其他一无所有。

（2）网络累垮了我的身体。我连续上网最长的时间是在一个周末，从晚上七点，一直到第二天早上七点，时针整整转了一圈，次日睡了整整一天。饭吃不好伤胃，在显示器前时间长了伤眼，坐的时间长了伤腰，生物钟紊乱了四肢发软、浑身无力。如今，我的视力严重下降，还落下个坐骨神经痛。

（3）网络掏空了我本就不鼓的腰包。我是个典型的无产阶级，每个月的生活费全靠老爸报销。因为上网，我常常入不敷出。买电脑的钱先不说，单单每个月的上网费用就高达50多元。每次回家都好累。因为我要先在脑海里设想一个骗钱的计谋，然后再昧着良心去爸妈面前演戏。唉，那滋味实在不好受呀。

（4）网络使我无端地付出了一些感情。网络是虚拟的，有时候，和网友聊天也好，发邮件也罢，交往的时间长了，很难说这里面没有一些感情因素。其实，现在想想，网络是虚拟的，什么都不能当真才对。但是我有个同学特羡慕网恋，便想从网上找个女朋友，可是见了几个都是大失所望。据上海一家网络公司调查显示，网上恋爱成功的比率是千分之一，网恋故事虽好，可谁又能保证自己能幸运地成为那个千里挑一的人呢。

（5）网络使我疏远了与家人、朋友之间的关系。整日沉迷在网海中，放了学便泡在电脑前，亲人、朋友、家人等都被置之度外了。与一些看不着、摸不到，是男是女、是美是丑、是好是坏都不知道的虚幻人在一起聊天，为一个无聊的问题在BBS上没命地发帖子，现在想来也太不值得了。虽说在网上也交了几个"红颜知已"或"铁哥儿们"，但谁知道他的真姓名，谁知道他是干什么的。

（6）网络使我变得越来越另类，有时竟被当成了精神病人。整天，满口都是"网语"，什么"9494"（就是就是）"7456"（气死我了）"886"（拜拜了），以致同学都觉得我阴阳怪气的，像是换了个人似的。回到家，老妈心疼得很，以为我受了刺激，拉着我就往医院的神经科跑。医生说，这种病人今天来了好几拨了，都是上网闹的！

看看我在海里"翻船"的经历，你让我怎么说"感谢网络"？只能学学外国人，两手一摊，两肩一耸：嗯哼，网络叫我好尴尬呀！

甲：是啊，网络对我们的影响真是太深了，我们现在还是初中生，辨别能力还不是很强，很容易就会受到网络上那些不良风气的影响，结果与我们使用网络受益的目的背道而驰。

乙：是啊，这不，有些同学不分网络上下，把网络上的东西拿到现实生活中了，甚至带进了教室，害得我们的老师也哭笑不得，这不，老师要辞职了呢！

甲：好，下面请欣赏小品《全体教师辞职的理由》。

七、小品欣赏：《全体教师辞职的理由》

全体教师辞职的理由

4月1日，人才中学初一（5）班的所有老师集体向教务处提出了辞职申请。理由如下。

语文老师：上课的时候，有个同学在看杂志，我没收了他的杂志，敲了敲他的脑袋。

可是，在我转身准备继续上课的时候，他的同桌竟然哈哈大笑了起来，搞得课都上不下去了。我问他为什么笑。你知道他是怎么答我的？那小子从抽屉里掏出一本《辞海》，竟然这样对我说："老师，还好你没发现我看的书，要不我就被你砸死了……"

数学老师：一个单元考从来不及格的同学竟然能在交上来的作业里用到高中的知识……我问他这作业是不是他自己做的，那个同学竟然回答我说不知道。你说说看，这像话吗？我就继续问他，要他老实交代，到底是谁帮他做的。嘿，他还倒有理由，回答我说："老师，我真不知道这作业是谁帮我做的，说实话，昨天晚上我在电脑网络上看到了这个题目，也不知道是谁做的，就下载下来了，谁知道还用了高中的知识呢？"

物理老师：你知不知道单单一个顺时针和一个逆时针我就教了几节课？五节课啊！

是，我也是这么对他们说的，我告诉他们，如果还不明白就看看手表，时针往哪儿走哪儿就是顺时针，反过来就是逆时针。可是，全班数过去，不是手机就是电子表。有的同学搬来了电脑，可是那东西，一输入数据进去，根本看不到变化效果，直接就是数据。我不辞职我就一学期都教他们这两个词语啊？

体育老师：我为什么辞职？那帮小子竟然给我送礼物！！不，送礼物没错，我的意思不是说他们送礼物给我就错了，可是他们送礼物给我就是不对。

我怎么越说越糊涂了，这样说吧，虽然我苗条了点，皮肤白了点，可好歹我也是个男教师对吧？可是前几天三八妇女节的时候，那帮小子竟然送了一盒去毛霜给我……还，还，还对我说以后夏天别穿毛裤了。那是我的腿毛！现在的学生啊，把网络上调侃人的行为，都搬来对付我们老师了！可悲啊，可悲。

生物老师：我真的不想走啊，可是……你是知道的，我有心脏病，不能激动，但我能不激动吗？昨天单元考试，根据教学大纲的要求，我让学生看着教学图片上的鸟腿写出鸟的名称、生活习性。可是，我才刚说完考试的内容，就有个学生站起来往门外走，嘴里嚷嚷着——"这种题目也有，老子不考了。"你说这样的学生要不要教育？我叫住他，问他叫什么名字，他竟然把裤管一拉，把腿露出来对我说："来啊，看着我的腿写出我的名字啊！"

这样做了他还不解气，还在网站上发了一个什么帖子，专门出我洋相。唉，我们怎么沦落到这等地步了。有了网络，这些孩子们真是太聪明了。我怕聪明反被聪明误啊！

美术老师：你是知道的，我才刚被分配教这个班。昨天上课的时候，我刚进门，就听到几个同学大叫"美女"，你说气不气人？我是老师，他们怎么可以这么不尊重老师呢？我问他们为什么叫我"美女"，他们说是上网聊天习惯了，都使用简称，美术女老师就简称"美女"了。

是，如果只是因为他们喊我"美女"我就辞职是我不对，可是在我寻找是谁喊我"美女"的时候，那几个同学又对我喊了一句："看什么看，不是喊你！"

历史老师：那群学生真的没办法教了，上课的时候，我提了一个问题："你们知道武则天是什么人吗？"第一个同学回答说他和她不熟，第二个同学回答说是他的一个网友，第三个同学说他有她的QQ号码，等下课了上QQ问一下……还有一个同学竟然掏出手机后说要马上问她！

地理老师：你自己看看这次他们的试卷吧，我国五大名山之首是赵本山，最著名的狐是搜狐，最大的浪是新浪，最大的湖泊是灌水，我国的煤都是（黑的），我国的铁都是（硬的），珠穆朗玛的高度是3721搜索器！全都变成了网络术语，你说我还怎么上课？

英语老师：讲到独立结构的时候，按照教科书的要求，我特意教了他们这么一个例句："Our teacher comes into the classroom, book under arm."（我们老师夹着本书走进了教室）可是，在考试的时候，全班学生都把它翻译成了"老师进了教室，胯下夹着一本书"。我要求他们不要乱说。他们却告诉我，不要着急，反正在网络上，没有人知道你是一条狗。胳膊和胯下有什么关系？我真晕啊！

音乐老师：我在上课，示范演唱一首歌……唱完后学生们全部鼓掌。我很高兴，我想，其他老师可能都是教学方法不对……可是，我还没想完，他们就给了我否定的答案。他们大喊着："老师，太棒了，你是所有老师里口技最好的，我们第一次听到这么像的鸭叫！"

我问他们，难道你们就不听音乐吗？他们哈哈哈地大笑，听啊，MP3呢！网络上的Windows Media Player也不错。还有建议我去打开163音乐网的，说上面什么都有。

化学老师：我？你在问我？我还没上课呢，不过其他老师都被逼得辞职了，我不辞职我等着去承担他们的痛苦啊？

甲：谢谢同学们的精彩表演，把我们的陋习都展示在这里了。我想，这也是一件好事情，让同学们思索一下，我们究竟该如何利用网络这个现代化工具来学习、生活和交朋友。

八、班委会绿色上网倡议

乙：网络也不是一坏百坏的，前面已经说过，网络毕竟是一种工具，关键在于使用工具的这个人。人还是起关键作用的。现在，让我们学会绿色上网吧！班委会向大家发出了绿色上网的倡议。

绿色上网倡议

（1）不进服务业性质的网吧。法律规定，18岁以下未成年人禁止进入服务业性质的网吧。

（2）自觉文明上网。尊重网友，评论要用文明用语和以鼓励为主，不骂人，不说脏话，倡议文明发帖，当一名文明网友。

（3）不浏览违规网站。自觉浏览健康网站，多查看学习网站，不浏览色情、暴力、吸毒等不良网站。不发布黑客信息，不做危害网络安全的事情。

（4）管理好上网时间。正常学习生活日上网时间应该以每星期六晚上写完作业后1小时为准，假期可升至每晚学习结束后浏览半小时。爱护眼睛，不常看网络。

（5）健康上网。可使用百度、谷歌、搜搜、雅虎、有道等搜索引擎搜索适合青少年浏览的网站。

（6）不沉迷网络游戏。网络游戏可以作为我们学习生活的调味品，但是不可以当作我们主要的生活内容。每个月玩四次左右，适可而止。

（7）在网上开创一片天地。有能力的同学可以自己动手做网站，不会的同学也可以在网上、QQ空间、百度空间、网易草根博客网等网站申请博客。

（8）提倡关机一天或者断网一周，加强体育锻炼，多做户外活动，以保持身体和精神健康。

甲：是啊，我们做学生的，应该正确利用网络，浏览一些诸如学习方法辅导、心理咨询、智力开发训练等网站；利用网络中的声音、动画等多媒体技术，创造设计现实生活中不存在的东西。这样，网络不仅是娱乐工具，还是充实我们头脑的武器，更是培养我们的创新精神和综合素质的重要手段。只要掌握好尺度，安排好作息时间，网络将会成为我们学习的好帮手，而不是前进的绊脚石。

【班会总结】

网络已经不是一个新事物了，关于网络的文字随处可见，但大都是科学性、理论性的研究或论述。通过这次班会，我们把无形无声的网络搬了出来，好好地认识了它的庐山真面目。我们要学会用辩证的眼光看问题,既要认识到网络带给我们的好处,又要看到网络信息的复杂多变与虚假的一面;既要利用网络帮助我们学习,又不能一味地沉浸在其中。短短的班会不足以展示中学生与网络的形形色色,但至少在不同程度上挽救了像张三一类的"网虫"。这次班会带给学生的不仅仅是对网络的认识,更多的是让学生学会了思考,学会了自己管理自己。

（山东省淄博市沂源县实验中学　杜爱华　邮编:256100；

山东省淄博市沂源县南麻中学　刘霄　邮编:256100）

【操作提示】

1. 网络问题、手机问题是一个敏感的社会问题,要尽量做到把教育目的隐藏起来,让学生在活动中自己去辨别。目的太明显,就会引起学生的反感和抵制。

2. 要事先在班上做好舆论导向引导,形成客观、科学、正确的上网舆论氛围,这样学生在谈论网络的时候,才能够有一个正确的讨论方向。

八、伦理道德型主题班会

爱,不要等待

【推荐理由】

1. 爱是一个亘古不变的话题,但爱又是一种很需要进修的艺术。交流不当、理解不当,常常让爱成为一把伤人的利剑。如何正确理解爱,是一个很需要对学生进行教育的话题。因此,从选材上说,这个话题具有借鉴意义。

2. 这个主题班会非常具有操作性,教师的引导和学生的参与都很积极。详细的文字实录,能够让我们触摸到相关主题班会设计和组织的技巧。

3. 以前,爱的教育,主题多是感恩父母,而这个主题班会,关心在隔代教育题材上有创新和延伸,值得借鉴。

【适用时间】初一第一学期

【班会背景】

　　隔代教养已经成为当今社会一个新的社会现象，不少年轻父母因为必须工作的原因，不得不将子女托付给爷爷奶奶或外公外婆带，祖孙关系逐渐成为家庭关系中的一个重要部分。我在学生中做过调查，发现我们班有近一半的学生与祖辈生活在一起，甚至有的学生从小就是与爷爷奶奶或者外公外婆一起生活的。但随着孩子年龄的增长，自我意识的增强，他们的独立意识越来越强烈，情感表达的方式越来越隐蔽，与爷爷奶奶、外公外婆的关系不再像以前一样亲密，祖孙之间逐渐变得淡漠，甚至发生了比较严重的家庭冲突，给两代人都带来了伤害。

　　如何协调青春期孩子和祖父母的关系，如何让孩子学会爱，就成为我策划的这个班会的主题。

【班会目的】

1. 认知目标：使学生认识到爱要积极表达。
2. 情感目标：使学生充分品味祖辈对他们浓浓的爱和全心全力的付出。
3. 行为目标：及时、主动地通过多种方式积极表达爱。

【重点难点】

1. 把握课堂情感气氛，实现情感引导的自然性与流畅性。
2. 最大限度地激发学生的主动意识，促使他们自觉地表达情感。

【课前准备】

　　多媒体课件、游戏道具、问卷调查、录制微电影，准备视频材料、音乐、信纸、信封等。

【设计思路】

　　根据初中生的认知结构和心理特点，我设计了"体验—感知—内化—表达"的教学模式。首先，由穿针的小游戏导入此次班会课，让学生在戴着特殊眼镜、绑着沙袋的穿针游戏中亲身参与体验，感受老人的不易。接着播放我校学生拍摄的微电影《自行车上的背影》，使学生产生心灵的触动。然后，深入挖掘视频资源，通过一系列的追问，从浅层次的感受到深层次的感知，明确爷爷与孙女爱的不同。再由他及己，呈现两组相对问题，让学生通过手势回答，在无声的回答中发现自我的不足。最后的行动落实为给爷爷奶奶、外公外婆写信。在写信之前，教师讲述自己和爷爷诀别的瞬间，通过自我情感披露，拉近与学生的心理距离，巩固课堂的安全氛围，鼓励爱的实践。

【班会实录】

一、设置情景，理解老人行动的不便

师：同学们，很高兴又到了我们的班会活动时间。今天，我想和大家一起做个游戏——穿针，谁愿意来尝试？请三位同学来比比看谁更快。

（三位同学上台）

师：请我的小助手帮我把针和线发给三位同学。

（学生助手分发针和线）

师：准备好了吗？我们一起倒数。

生（同教师一起）：三、二、一！

（学生进行第一轮游戏，决出第一名。全班鼓掌）

师：接下来，我们要给获胜者增加一点难度，要给他戴上老师特制的眼镜给他手上绑上沙袋。我们再来比比看谁更快。再次请我的小助手上台。

（学生助手为第一轮获胜者戴上蒙有纱布的眼镜，手上绑上沙袋）

师：准备好了吗？三、二、一，开始。

（再次比赛）

师：同学们，第二轮比赛的结果发生了什么变化呢？

生（齐）：第一名变成了第三名。

师：好，谢谢其他两位参赛选手，请我们×××同学留下，老师有问题想问你。两轮比赛你有什么不一样的感受吗？

生：因为戴上了这个特殊的眼镜，感觉眼前有点模糊，手上因为绑了沙袋感觉很沉重，穿针的时候有点发抖。

师：好的，谢谢你的分享，请回座位。同学们，×××同学刚才感觉手有点抖，眼睛也有点花。在我们的身边，谁的眼睛开始模糊，谁的身体变得更容易累呢？

生：老人。

生：我们的爷爷奶奶、外公外婆。

二、播放微电影，聆听爱的故事

师：的确，刚才我们的特制道具，就是让我们真实地感受一下我们的爷爷奶奶、外公外婆等，我们的祖辈的生活状态和感受。我们的爷爷奶奶、外爷外婆一直陪伴着我们、一直关爱着我们。我们在一天天长大，他们在一天天衰老。岁月记录着我们的点点滴滴，记录着我们的一颦一笑。我们学校高二年级的一位姐姐，则用镜头记录了这一切，让我们一起来欣赏这部微电影。

（播放微电影《自行车上的背影》。微电影结束后，背景音乐一直延续）

自行车上的背影
（场景式剧本）

场景一：花园亭台

小雯镁拖着爷爷在给她讲故事，爷爷答应再给她讲一个《西游记》里的故事。爷爷娓娓道来。镜头变虚，成了一张照片。

场景二：街道上

车轮旋转，爷爷吃力地蹬着自行车，小雯镁靠在他背后，吃着糖。自行车远去。

小雯镁独白："爷爷爱孙孙，孙孙爱爷爷，孙孙不爱爷爷了，爷爷还是会爱孙孙。"

场景三：王雯镁家楼下花园

爷爷在看报纸。王雯镁告诉爷爷要交200元钱和照片。爷爷问她要那么多钱干什么，王雯镁很不耐烦，嫌爷爷啰唆。

场景四：石室中学（北湖校区）走廊

二人跑过来，遇见一个同学。同学告诉王雯镁，那边有一个老头说是她爷爷,大家都在那里起哄。

三人跑过去。

场景五:石室中学(北湖校区)校园内

一大群人在一起在七嘴八舌地议论着。

王雯镁挤进人群,往那边一看,一个人穿着西装外套,戴了一个大墨镜,西裤很短,穿着凉鞋,并且袜子破了一个洞,侧对大家站着(特写)。

同学嘲笑爷爷,王雯镁将爷爷拉到一边,问他来干什么。爷爷说给她送照片。王雯镁质问爷爷为什么穿成这样。

远处,同学都在笑着。

王雯镁和同学争论了几句跑开了。

场景六:石室中学(北湖校区)小道

爷爷去拉王雯镁的手,王雯镁叫爷爷回去,以后再也不要来了。

场景七:石室中学(北湖校区)高处长廊

王雯镁看见爷爷远去的背影,眼睛渐渐红了。

场景八:石室中学(北湖校区)外路上

爷爷吃力地骑着自行车(特写)。

场景九:石室中学(北湖校区)校门口

王雯镁跑进镜头,爷爷在门外。王雯镁满眼复杂地望着爷爷。爷爷告诉王雯镁他要去趟北京,叮嘱她要照顾好自己,并仔细地安排了她的生活,并告诉她要理解自己的父母等。爷爷笑了笑,并未提及自己要去北京治病的事情。

王雯镁点点头,转身走了。

爷爷说着:"镁镁,记住我的话。"

王雯镁停下脚步,但没有回头,眼里含着泪花,因为她其实已经知道爷爷是要去治病。

爷爷依依不舍地推着自行车走了。

场景十：石室中学（北湖校区）

王雯镁在台阶上望着爷爷的背影，突然一边追车，一边挥手，哭着叫爷爷。

场景十一：花园亭台

王雯镁拿着爷爷照片，眼泪滴落在照片上，给爷爷讲《西游记》的故事。

场景十二：街道

车轮旋转，爷爷吃力地蹬着自行车，长大的王雯镁靠在爷爷背后，吃着糖。自行车远去。

小雯镁独白："爷爷爱孙孙，孙孙爱爷爷，孙孙不爱爷爷了，爷爷还是会爱孙孙。"

（全剧终）

三、分享观后感，明白爱的真谛

师：孩子们，看完这部微电影你有什么感受？能不能用几个关键词来总结？

生（七嘴八舌）：难过、珍惜、感动、遗憾、愧疚……

师：老师看完这部微电影，最大的感受是——遗憾。这种遗憾不仅仅是因为最后爷爷去世了，还因为爷爷活着的时候，孙女和爷爷之间似乎也出了一点问题。我想问问大家，影片中的爷爷爱孙女吗？

生（异口同声）：爱。

师：你们从哪里看出来的？

生1：爷爷去治病之前叮咛孙女，对孙女的生活安排得仔仔细细。

师：哦，是从爷爷的言语之中看出来的。好的，请坐。

生2：他一心想着孙女，给王雯镁送照片和钱，想到要来学校不能给她丢脸，大热天的穿着西装外套。

师：你观察得很仔细，居然从爷爷的衣着就看出来了，真棒！

生3：还有，当孙女面对同学的嘲笑生气时，爷爷只是落寞地离开，并未责怪孙女，我觉得爷爷对孙女十分的包容。

师：爷爷落寞地离开？你居然能够感受到爷爷的落寞！真是一个心灵敏感的孩子，有你这样的孩子，真是大人的贴心棉袄！

孩子们，我们都看得出来爷爷是很爱孙女的，那孙女爱爷爷吗？

生1：我觉得不很爱。在视频中，王雯镁面对同学的嘲笑，叫爷爷不要再来了，态度很不耐烦。

生2：还有她和同学争论后，丢下爷爷跑开了，我觉得那个时候的爷爷也很尴尬，需要孙女的陪伴，但是她没有。

师：嗯，听了你们的分析，老师觉得从这些表现来看她似乎又不那么爱爷爷，是这样吗？

生3：不是，我觉得王雯镁是爱爷爷的，她从小就和爷爷生活在一起，很依赖爷爷。

生4：影片最后，她从石梯上跑下来，对着爷爷的背影一直挥手，很舍不得。爷爷离开的时候，她很难过，不停地哭。

师：孩子们，爷爷爱孙女，孙女也爱爷爷，这两种爱究竟有何不同呢？给大家3分钟时间，分小组讨论一下。

（教师到各小组参与学生的讨论）

师（拍手，示意学生讨论时间到）：有结果了吗？谁来跟我们分享一下你们小组的讨论结果？

生1：我们小组觉得王雯镁对爷爷的爱，还顾及自己的面子。

师：哦，顾及自己的面子，那么这种爱就表现得……

生1：表现得不真实。

师（反问）：不真实？

生1：她顾及自己的面子，没有表现出对爷爷的爱。

师：好的，请坐。讨论得很深入，我们猜想王雯镁把自己的爱藏起来了。还有吗？你们小组讨论的结果是什么？

生2：我觉得小时候的孙女是很孝顺爷爷的，长大后他们的关系就疏远了，所以表现爱就不突出了。

师：好的，探讨到了原因层面，觉得爱的不同是由于孙女年龄的增长。

生3：作为长辈，爷爷的爱更加无私。因为父母常年不在身边，爷爷对孙女就更加关爱，孙女是他生命的重心，而慢慢长大的王雯镁接触的世界更广，有自己的朋友、同学，所以对爷爷爱的程度没有那么深。

师：好的，提出了爱的程度不一样，并且分析了原因。

生3：我觉得是受成长环境的影响。现在一般都是独生子女，觉得爷爷对自己的关心照顾是理所应当的，所以就不觉得应该回报爷爷。

师：嗯，不懂得回报，那这两种爱的区别在哪里呢？

生3：爷爷的爱是伟大无私的，孙女的爱是比较虚荣的，比较假的。

师：王雯镁的爱是假的吗？

生4：不是，我们觉得王雯镁的爱并非不真实，而是有条件的爱。只有爷爷对她付出了，她才会有所感触。

师：第四小组指出，王雯镁也不是不爱爷爷，而是一种有条件的爱。孩子们，影片中的王雯镁是站在谁的角度考虑问题的？

生：自己。

师：爷爷呢？

生：一直都是为孙女着想、付出。

师：爷爷处处为孙女着想，他的爱是无私的，而王雯镁更多的是顾及自己，她的爱是不完全的，甚至是有条件的。

四、捡拾自己生活中的爱

师：老师有一组问题，希望你们用手势回答是或否。如果你的答案是"是"，就将你的双手高高地举过头顶；如果你的答案是"否"，就在胸前轻轻地画一个叉。回答的同时用心记住你们的答案，也可以看看其他同学的答案。

(PPT 展示问题)

> 你知道爷爷奶奶、外公外婆每个人的名字吗?
> 你知道爷爷奶奶、外公外婆每个人的生日吗?
> 你知道爷爷奶奶、外公外婆喜欢吃什么吗?
> 你经常主动提醒爷爷奶奶、外公外婆天气变化要加减衣服吗?
> 爷爷奶奶、外公外婆知道你的名字吗?
> 爷爷奶奶、外公外婆知道你的生日吗?
> 爷爷奶奶、外公外婆知道你喜欢吃什么吗?
> 爷爷奶奶、外公外婆经常提醒你天气变化要加减衣服吗?

(学生用手势回答)

师:发现什么了?

生1:爷爷奶奶对我们的关心比我们对他们的要多。

生2:爷爷奶奶很了解我们,而我们做得很不够。

师:是的,正如我们的回答,我们也像王雯镁一样有来自爷爷奶奶或外公外婆的关爱,但我们似乎在有的方面忽略了对爷爷奶奶、外爷外婆的爱。影片中,王雯镁最后的心情是怎样的?

生(七嘴八舌):难受、痛苦、后悔。

师:影片最后,王雯镁像小时候爷爷给她讲故事一样,坐在同一个地方给爷爷讲故事,她对自己的某些行为感到了后悔,想用这样的方式来怀念爷爷。她为什么会后悔?

生:因为她没有及时、主动地表达爱。

师:你说得棒极了。这世界上,有很多事情缓一缓还可以再来,但是,对父母的爱,对长辈的爱,很多时候,缓一缓就来不及了。我们应该学会主动、及时地表达自己的爱。

五、创设情境，践行自己的爱

师：孩子们，在老师的心中，也一直有这样一种永不可再弥补的遗憾。

（教师讲述自己爷爷的故事）

爱一旦失去，就无法弥补

我的爷爷是那个年代难得的知识分子，清高、傲气，但唯独对我总是笑着。

爷爷年纪大了，身体越发不好。去年春节，老人家坚持上街买菜做饭，他说我工作后回家时间少，要给我做顿好的。当时的他已经生病了，吃不下什么，却做了一大桌饭菜。他默默地坐着，笑着看我们吃。

随着病情的加重，爷爷住院了，而我因为学校要开学了，不得不走。那天，星期二，我告诉他，周末我就回来看他，他笑着说"好"。他叫着我的小名，说："你要当个模范教师。"我一边答应着，一边向外走。他突然又在病床上叫我，又说了一遍"当一个模范教师"。想着周末就回来的我丝毫也没在意爷爷为什么这样反复地叮咛。

刚到成都，我就接到了家里的电话，说爷爷走了，永远地走了。那一瞬间，我才清晰地意识到爷爷的叮咛只是为多看我一眼，多看看他最疼爱的孙女一眼。

爷爷，我多想告诉您我有多爱您，可我从来没有说过，现在我已经没有这样的机会了。

师：孩子们，我们都心存有爱，但时间不等人，岁月不饶人，我们的爱需要及时地说出来，主动地表达出来。让我们不像王雯镁，不像老师一样心存遗憾，心怀愧疚。爱真的不能等待，爱也不需要等待。

老师为大家准备了信纸和信封。我有这样一个主意——以前我们总是羞于表达爱，羞于把爱说出口，今天，我们不妨做一个这样的游戏——给自己的爷爷奶奶、外公外婆写一封信，让我们把以前想说的话、想说的感动，全部写在信里，好不好？

生：好！

师（指导语）："树欲静而风不止，子欲养而亲不待。"在丘吾子给孔子说的这句话里，亲，乃父母也，但老师觉得，亲，乃亲人也。无论严寒酷暑，无论疲惫与否，爷爷奶奶、外公外婆曾牵着我们的手送我们上学，曾戴着老花镜为我们讲故事。时光流逝，我们无法阻止他们的老去，甚至是离开，我们习惯了接受和付出，忘记了要及时去爱，主动去爱。也许有一天我们会想，如果当时……但，爱没有如果。也许只是一幅简笔画，也许只是只言片语，小小的纸片，却是老人家最需要的温暖。孩子们，向我们伟大的爷爷奶奶、外公外婆主动地表达自己的爱吧。

此刻就把我们的爱化作文字、化作图画，让它们来传递我们的爱。在完成之后，我们把爱装进信封里，寄给我们的爷爷奶奶、外公外婆，好吗？

（教师发信纸、信封。学生领取信纸、信封，写信……）

（教师在教室里走动，安慰情绪比较激动的学生，引导学生勇敢地表达自己的爱。观察到学生们基本都已写好，教师收信）

【班会总结】

在爱的教育中，我们较多涉及的是父母，而忽略了日渐衰老、更需要我们关爱的祖辈。本次班会课以"爱"为主题，采用了游戏、调查、自我暴露等手段，以爷爷奶奶、外公外婆作为切入点，以学生为主体，通过讨论、手势问答、课堂分享、书面表达等形式引导学生获得流畅的情感体验，充分享受属于自己的课堂，形成自觉的情感表达。这是对传统爱的教育的一种突破和尝试，对中国逐步进入老龄化社会，是一种有益的舆论宣传和必要的社会心理准备。我想这项工作是很有意义和价值的。

这个班会之所以成功，主要是因为以下三个方面：第一，充分地把握了课堂情感气氛。通过讲述自己的故事，和学生一起完全融入了课堂，我们用自身富有感情的语言、表情、动作，加之有效的音乐等创设了良好的课堂氛围。第二，及时调整和引导了班会活动的开展。尤其在课堂游戏和自我表达环节，出现不少课前我并未设想到的状况。这些生成的东西，既是财富，也是挑战。我恰当地肯定和引导了学生的情感需要，充分尊重和肯学生的自我体验，课堂气氛不错。第三，把活动引向了深入。正如我告诉学生的一样，这只是一个开始。在处理与祖辈的关系上，在主动爱的路上，我们还需要进一步落实"从课堂感受到生活延续"这一要求。

当然，任何一个主题班会，都有不完美的地方，我期待下一次的精彩和完美。

（四川省成都市成华区成都石室中学北湖校区　柏铭蔓　邮编：610052）

操作提示

1. 爱的教育很容易流于形式，要让学生诉真情、有真收获，就要在环境创设上多下工夫，尽量先让人感动。让人感动是做好这类主题班会的前提条件。

2. 关于感恩教育、爱的教育主题班会，从小学到中学，已经有不少老师尝试过了，因此，老调重弹就需要新意，创新形式、丰富内容、贴近生活实际，是我们开好这类主题班会的关键。千万别偷懒，偷一时之懒，后面的具体操作就会让我们为难。

3. 现在的媒体这么发达，学生对相关活动了解得也比较多，视野比较开阔。我们要学会发动学生，让他们来出谋划策，这样班会将更加精彩。

第二辑
初二：抓住成长转型的契机

初二是学生成长最关键的一年。大多数孩子在这一年进入了青春期，他们的生理成长和心理成长开始发生明显的变化。好多孩子自己也不明白，为什么突然变得敏感、多疑，突然不知道怎么控制自己的情绪，也突然发现周围的女生变得成熟、可爱，男生变得英俊、帅气，男孩子和女孩子之间，多了很多说不清的话题……

用一句诗意的语言说，"初二的学生，每天都能够听到骨头拔节的声音"。在这生理和心理成长的关键期，他们实现了由少年向青年的人生转型。抓住这一个关键时期，巧妙地利用班会，帮助他们正确认识自己，帮助他们理解周围的人际关系和社会环境，帮助他们优化成长环境，是我们主题班会的神圣职责。

这一年，我们将从男女生悄悄话、亲子交流、团队合作等多方面，全方位切入学生的心灵空间，为他们的成长把脉，为他们的青春加油，为他们的幸福人生奠基……

一、问题处理型主题班会

"班戏" ABC

【推荐理由】

1. 用戏剧的形式把学生之间的矛盾冲突演给学生看，直观、形象，能够引起学生的共鸣，让学生在观看同伴表演的过程中愉快地掌握人际交往技巧。

2. 整个活动紧凑，需要的特殊器材不多，而且题材广泛，具有较强的推广性。如果读者愿意，可以很方便地借鉴和使用。

【适用时间】初二第一学期

【班会背景】

初中是孩子一生心理和生理变化最大的一个学龄阶段，生理发展与心理的成熟并不是同步的，发展的不平衡性带来成长中的好多困惑和矛盾。比如，一些孩子不知道怎么处理自己和同学的矛盾，不知道怎么建立和谐的人际关系，面对一些同伴冲突往往束手无策，甚至小问题酿成大矛盾，引发各种不必要的冲突……

如何让学生掌握一定的人际交流技巧，形成和谐的人际关系，就成为我设计这个班会的动机。

【班会目的】

1. 把学生成长中遇到的问题搬上"舞台"，让班会教育案例化、情景化。

2. 给学生提供一个仔细体验生活、观察生活的舞台，给学生成长以更多思考、选择的空间，不论编剧、演员，还是观众，都是积极的参与者。

3. 引导学生在交流碰撞中学会正确处理自身与周边环境的矛盾，学会一些基本的处事方法。

【重点难点】

剧本《一口水的风波》的创作、排演是整个班会的关键所在，也是整个班会的亮点。情景剧表演后的评戏部分是班会的重头戏，主持人事先要做好充分的引导设计，以保证班会目的的顺利实现。

【课前准备】

1. 组织学生查阅资料，收集与主题班会相关的素材。

2. 编委根据资料创作剧本《一口水的风波》，制作好小组讨论幻灯片。

3. 准备好班会所需物品：一杯水、两包纸巾和奖励优秀演员、小组及个人的奖品。

4. 组织学生事先排练好"班戏"。

【设计思路】

观"班戏"—评"班戏"—说"班戏"，最后，班主任总结提升。这样的程序显得十分清楚，操作简单。

【班会实录】

一、观"班戏"

主持人：各位观众朋友，大家下午好！俗语说"人生如戏"，反过来就是"戏如人生"。今天，我们班筹划已久的班戏终于上演了，现在就让我们一起来欣赏我们班的"班戏"——《一口水的风波》。

大家在看的时候要注意一点，那就是所有的人都要参与——参与看，参与说，参与评。这些活动结束后，最后我们还要评选出优秀的演员、小组和参与个人。获奖者都会得到一份有意义的奖品。大家注意哦！

话剧 ABC：一口水的风波

旁白：现在是课间休息时分。同学们三三五五聚一块儿，真是各有各的范儿，玩得不亦乐乎。有的在拼歌，有的在"重播"昨晚的球赛，有的在开"百家讲坛"，有的……最热闹的是教室东北角，活宝阿林正在兜售他的原创小品。

场景：阿林边讲边表演，一帮哥儿们笑得前仰后合，其中张鹏笑得最灿烂。这时，张鹏的同桌王磊端了一杯水从前面边喝边走过来，站在张鹏的对面。小品正表演到高潮处，王磊口中的水来不及下咽，"噗"的一声，一股"喷泉"直射张鹏那如花的笑脸。

A 剧

张鹏（满头满脸的水珠。脸上的笑容慢慢僵化，怒气聚拢来）：你，你，你欠扁！

王磊：啊。（似乎还没反应过来）

（张鹏的拳头已经冲过来了，王磊脸上结结实实地挨了一拳）

王磊：××（脏话），你凭什么打老子？（王磊被打火了，脏话伴着拳脚也冲向张鹏）

（两个人扭打在一块儿。最后，同学们费了好大劲儿才把他们分开。下场）

（再上场。两个人同桌而坐已是衣衫不整，鼻青脸肿。依然是怒目相向！）

B 剧

（第二组演员上场）

张鹏（满头满脸的水珠。脸上的笑容慢慢僵化，怒气聚拢来）：你，你，你欠扁！

王磊：啊！（如梦方醒，满脸紧张）对不起，对不起！（并赶紧用袖子去给张鹏擦）

（张鹏脸露惊讶，握起的拳头悄悄松开了）

张鹏（有些尴尬）：没事儿，没事儿，我自己擦吧。

（王磊三两步跑回座位，拿来两包纸巾，要帮张鹏擦拭衣服上的水渍）

张鹏（忍不住笑了，用手去挡王磊）：去去，别小姑娘似的，擦什么擦，一会儿就干了！

（旁边的同学们也都笑了）

C 剧

（第三组演员上场）

张鹏（满头满脸的水珠。嗔怒）：你搞什么，你？今天不是泼水节吧？

王磊（不好意思）：嘿嘿嘿。对不起，对不起！（并赶紧用袖子去给张鹏擦）

张鹏：你说你傻帽儿不？给我擦干了，你衣服不就湿了？让它自然干吧。

王磊（回头向阿林，拿拳头故意吓唬他）：都是你的错，谁叫你惹人笑！

阿林（故作惊恐状）：哟哟哟，怎么跑了媳妇怨邻居呢！

（旁边的同学们哈哈大笑）

二、评"班戏"

主持人：同学们，我们的"班戏"怎么样，大家看得过瘾吧？笑声、掌声都震破天花板了！

"戏曲小天地，人生大舞台。"你可知道，这些"生活剧"的素材都来自我们班，它的主人公就是坐在座位上的你，就是站在舞台上的我，就是我们旁边的他。同学们，你是否从戏剧的这些角色中看到了我们自己的影子？

唐太宗说："以铜为镜，可以正衣冠；以史为镜，可以知兴替；以人为镜，可以明得失。"让我们从快乐中也学会思考，想想自己从剧中角色的身上学到了些什么。请同学们讨论以下几个问题，说说你的高见。一个小组可重点选择一个问题交流。

（大屏幕显示幻灯片）

（1）当自己无意中冒犯了同学（如狠狠踩了人家的脚，碰掉了人家的书，撞痛了人家等），你通常是选择做王磊A、王磊B，还是王磊C？

你认为哪一种选择更利己利人，更为明智？请谈谈你的看法。

（2）当你无意中被同学冒犯了（如被人狠狠踩了脚，被人碰掉了满桌子的书，被人撞得眼冒金星等），你通常是做张鹏A、张鹏B，还是张鹏C？你认为哪个做法更好？请谈谈你的看法。

（3）如果你是事件的旁观者，你会有什么发现？有没有"扭转乾坤"的妙招？

（学生分小组展开讨论，组长做记录）

主持人：大家都知道英国著名作家萧伯纳说过这么一句名言："你有一个苹果，我有一个苹果，我们彼此交换，每人还是一个苹果；你有一种思想，我有一种思想，我们彼此交换，每人可拥有两种思想。"下面有请每个小组的代表展示你们的交流成果。

"三剑客"：我们选的是问题（1）。大多数男同学通常做王磊A，自己惹了事，还拉不下面子，嘴上死不认账，所以经常把事情搞大发了。如果选择做王磊B或王磊C，做了错事就好好认错，再想办法补救，别人就会原谅你的。

"风云组合"：我们选问题（3）。这样的事件，在我们生活中经常发生，有的旁观者跟着瞎起哄，有的落井下石，趁机拉偏仗，甚至有的借机打群架。所谓"当局者迷，旁观者清"，在当事人情绪激动时，我们要做消防队员，帮着救火、灭火。我们认为，刚才劝架的同学就表现得很好。另外，旁观者还可以帮忙拿手绢、纸巾什么的，也许会让两个人的火气小一些。

"刘翔组"：我们谈谈问题（2）。我们认为，张鹏A和张鹏B的表现是正常的，遇到这事谁不恼火呢？但是当别人真心认错时，就不能再计较了，如果再计较就太小气了。张鹏C用幽默解决问题，方法不错，很值得我们学习。

……

三、说"班戏"

主持人：从大家的发言中，我觉得获益匪浅。我们的班级就是一个大家庭，生活就是锅碗瓢盆交响曲，小摩擦、小矛盾、小别扭有时是不可避免的。但这些"鸡毛蒜皮"却不能等闲视之，它就如风和日丽中一朵不祥的阴云，常常影响我们的心情，干扰我们的学习，一旦堆积多了，甚至会酿成大的事端。

（不少学生点头认同）

主持人：大家都动动脑筋，出出主意，怎么才能让这些小摩擦、小矛盾、小别扭尽量少出现，让我们的生活多一些欢声笑语呢？请同学们用笔写出自己的主意，交到讲桌上。

（学生埋头写建议，上交）

（主持人宣读好的建议，让书法优秀的王毅用彩色粉笔写在黑板上）

有一颗宽容的心。——李玲

做错了，要敢于承担责任。——侯群

真心认错会赢得别人的原谅。——王真真

幽默可以化解矛盾。——王立

我觉得，与人交往，要讲究语言礼貌，不能出口伤人。——郑晓鹏

要学习林则徐，学会制怒。——张宇

进一步狭路相逢，退一步海阔天空。——林明

……

主持人：大家的主意真好。待人处世是一门大学问，需要我们不断地学习。曾子曰，"吾日三省吾身"，只要我们多反思、多学习，同样会成为受大家欢迎的人，我们生活的班集体也就会成为一个和谐的大家庭，我们每天的学习和生活就会幸福快乐！

四、奖"班戏"

学生采取举手表决的方式，选出——

优秀演员：郑晓鹏、林明、王毅、刘新超。

积极参与活动的小组："三剑客""风云组合""刘翔组"。

积极参与活动的个人：李玲、侯群、王真真、王立、郑晓鹏、张宇、林明。

主持人：下面请获奖的同学发表获奖感言。

（具体感言略）

主持人：现在有请我们的班主任对这次活动发表重要讲话，大家掌声欢迎！

班主任：感谢主持人给我一个发言的机会，在这个有限的机会中，我谈几点意见——

一是要衷心感谢参与"班戏"表演的同学。是他们生动的表演，为我们提供了一个活生生的反思自己行为的好机会。一口水令两个同桌反目成仇、大打出手、鼻青脸肿、怒目相向！但宽容与幽默却令这场原本不可收拾的冲突瞬间化解于无形。同学们在轻松愉快的氛围中自然就领会到处理同学间矛盾的小窍门了。所以，我要对他们出色的表演致以衷心的感谢。

二是要感谢我们这些做观众的群众。这次我们特别评选出了一些优秀的观众，为什么这样做呢？因为他们在观看的同时，动了脑筋，把我们怎么处理人际关系、怎么解决同学之间的冲突的那些好的方法总结出来了。他们不仅仅是观众，也是我们行为的导师，我们要向他们致以谢意。

三是倡议同学们要学会做生活的有心人。一个人不是天生就很成熟的，也不是天生就有妥善处理矛盾的能力的，这些能力的获得，就是从别人的故事中学来的，就是从观察他人的经验中得到的。很多事情，并非自己亲自经历，才能够掌握其中的一些技巧，观察、学习、思考和交流，都是我们学习的好方法。我们要做生活的有心人，要做自我成长的有心人，从同伴正确的行为中学得经验，从他们失败的行为中获取教训、见贤思齐、见不贤而自省，这样才能够成为一个有魅力的人、受欢迎的人。

【班会总结】

班级是一个大家庭，师生之间、生生之间的小矛盾、小纠纷、小摩擦在所难免。这样的小问题，乍一看来，似乎在班级生活的主旋律中掀不起大的波澜，但日积月累，无疑会成为班级生活中一丝不和谐的音符，影响班级团结，甚至会酿成大的变故，这时候再想亡羊补牢就有点得不偿失了。

一般班主任处理此类问题的常用手法是将发生纠纷的当事双方找来，各打五十大板。也许这样做，当事学生表面上心服口服，骨子里却不以为然，并不能真正化解矛盾。"班戏"跳出了一般班主任的常规思维，为我们提供了一道丰盛的精神大餐。我们巧妙利用生活情景剧的形式，为学生提供了一个观察生活、体验生活的舞台，一个良好的心灵交流沟通渠道。在集体的温暖氛围中，轻轻擦去了残存在彼此心中的小小芥蒂。这里绝少说教的成分，很容易走进学生的内心。这样的教育形式是阳光，化解仇怨、驱散阴霾；是雨露，沾衣欲湿、润物无声；是大海，容污纳垢、开阔心胸。

现代成功学大师卡耐基说过："不论意见多么中肯，被别人强迫接受的意见，总不如自己想出的精辟。"所以，创造情境给学生一次亲身体验胜过老师、家长千万次激烈的说教。我们的"班戏"，不论编委、演员还是观众都是积极的参与者。它给所有学生提供了一个仔细体验生活、观察生活的舞台，给予了学生成长以更多的思考空间，让学生学着选择从不同的角度看问题，选择更好的方式解决问题，并且充分发挥集体的力量，让学生在交流碰撞中提升自己，逐步形成健康向上的人生观。

（山东省寿光市台头一中　刘涛、隋秀芹　邮编：262735）

操作提示

　　1. 选择具有代表性的情景，是本次活动取得成功的关键。教师要做生活和工作中的有心人，恰当地选择好有代表性的、能够引起学生发言兴趣的冲突情景。

　　2. 本班会不仅适用于初二第一个学期，也适用于初三。时间段可以适当地拉开。

二、随机生成型主题班会

别怕，扶她起来——角色与责任主题班会

【推荐理由】

1. 迅速、及时地关注身边或者这个世界上具有普遍意义的热点话题，并组织学生进行多方面的思考和解读，为我们教育学生提供了一个快速反应的案例，教育的时效性强。

2. 本案例没有空洞说教，而是采取情景模拟、现场采访的方式，实话实说，真实感强，体现了德育的生活化教育潮流，值得借鉴。

【适用时间】初二第一学期

【班会背景】

2011年10月13日，2岁的小悦悦（本名王悦）在广东省佛山市南海区黄岐广佛五金城相继被两车碾压。7分钟内，18名路人路过但都视而不见，漠然离去，最后一名拾荒阿姨陈贤妹上前施以援手，引发网友的广泛热议。2011年10月21日，小悦悦经医院全力抢救无效，在零时32分离世。此事被媒体报道之后，在全世界引起广泛关注，也引起了社会伦理和法制领域的讨论。佛山人自发地组织起来，宣誓不做冷漠的佛山人。在小悦悦离世的第二天，我们组织了这个主题班会。

【班会目的】

1. 弘扬中华传统美德，激发学生的责任感，做一个有担当的公民。

2. 教会学生在面对别人需要帮助时，如何有效地保护自己并巧妙地救助他人。

【重点难点】

1. 如何在保护自己和履行社会责任之间做到平衡。

2. 如何让学生明白，面对可能的陷阱，我们为什么要关注。

【课前准备】

1. 收集整理做好事会遭遇到的一些问题案例，注意真实性和材料的可研讨性，便于学生发言。

2. 邀请部分家长、教师参加，使得讨论具有更普遍的社会现实意义。

3. 教师要对预先出现的各类问题有一个基本的掌握和预设。

【设计思路】

1. 用多个老人跌倒、旁人扶起来却发生矛盾纠纷的事例引入话题，提出讨论焦点。

2. 学生讨论：以后还学不学雷锋。

3. 现场采访成年人，让学生听听成年人的意见。

4. 情景游戏：检验好人好事如何做。

5. 引用社论深入讨论扶的意义和价值。

6. 观看小悦悦事件，体验角色与责任。

7. 学生撰写对小悦悦的哀思。

【班会实录】

一、案例引入，提出话题

师：上课！

生：老师好！（向听课老师挥手打招呼）

师：虽然我们相处的时间并不长，但是老师真的喜欢上了咱们这个聪明又热情的班级。我呢，来自深圳，不想像一片浮云，来无影去无踪。今天，我给大家带来一颗种子。这颗种子是什么呢？老师先按下不表，卖个关子。先请大家来听一个故事。

故事发生在2006年11月20日。那天上午9点30分左右，南京市的公交站台车水马龙、人来人往。一辆公车进站，一个年轻的小伙子下车。正当他想往前走的时候，回头发现一个老太太跌倒在地。他没有多想，赶忙扶起了老太太，当时，老太太是千恩万谢。小伙子打电话叫来了她的家属，并与她的家属一起把她送到了医院。医院检查结果出来了，老太太骨折了，要换人造骨头。手术费得好几万元。这时，情势急转，刚刚还满口感激的老太太一口咬定，说："就是你，把我撞倒的!"要求小伙子承担医疗费用。

小伙子喊冤啊,双方协商未果,老太太一家把小伙子告上法庭。一审判决下来,小伙子要承担14多万元的医疗费和诉讼费。判决书上有这样几句话:他自认是第一个下车的人,从常理分析,他与老太太相撞的可能性比较大。如果不是他撞的,他完全不用送老太太去医院,而可以"自行离去",但他并未做此等选择,他的行为显然与"情理相悖"。

这个案件可谓一石激起千层浪,然而,此类事件却像多米诺骨牌一样,纷纷在我国上演。天津一位车主,在驾车途中,看到一位老太太因违章爬马路护栏而摔倒。他把老太太扶了起来,但也被认为是他撞倒了老太太,被判赔十多万元。就在前几天,我还看到一则新闻:有一位女士,在菜市场买菜,回身一看,有个老人跌倒在地上,就扶他起来。老人也说是她撞倒的,并要求她赔偿。

这种"农夫与蛇"的故事,让我们的心灵受到了伤害。是啊,现在做好事不一定有好报了,甚至还可能"惹祸上身"。咱们不禁要问:以后还学不学雷锋,见义勇为了呢?

二、学生讨论:以后还学不学雷锋

师:我想先听听,同学们是怎么想的。我们来表达自己的声音:如果遇到这种情况,你选择扶,还是不扶?这个时候,我们的选择没有正确与否之分,请大家听从自己内心的选择。请选择扶的同学,举起你的右手。

(学生举手,教师进行简单的统计)

师:好,同学们还比较善良。现在我们来深入交流一下,你选择扶或不扶的理由是什么?哪位同学来说说?

生1:我选择扶。因为世界上还是好人居多,再说,你能因为怕噎着就不吃饭了吗?

师:你用了一个生活的常理,坚信世界是温暖的。

生2:我选择不扶。扶了还要说是你绊倒的,如果是我遇到这样的情况,我可能只会说句关心的话,问一下有没有事,然后走开。像这样,扶就好像只是多管闲事,关心一下他有没有事,我觉得是合情合理的。

师：关心一下，然后保护自己。对吧？

生2：对。

师：好，谢谢你的不同意见。

生3：我会选择扶，因为助人为乐是中华民族的传统美德，我们应该传承民族的传统美德，这是一种责任。所以我觉得应该扶老人。

师：嗯，我们肩负着传承民族传统美德的责任。

生4：我觉得应该扶，就像刚才所说，这是一种责任，中华民族自古就有尊老爱幼的传统美德。

师：如果因此遭遇麻烦，怎么办呢？

生4：那还是要保护自己。

师：在保护自己的前提下，扶。是吧？

生4：是。

生5：如果是我，我选择扶。如果每个人都不扶的话，我觉得社会很灰暗。

师：从反面来说，我们要去创造一个温暖的世界。

生6：我选择扶。既然没有做亏心事，为什么要担心呢？如果他冤枉我，我会跟他说事实，合情合理地讲，总有一天会真相大白的。

师：坚信真理只是迟到，而不是缺席。

生7：老人中也有骗子，欺骗人们善良的心灵，在别人帮助他的时候，他可能想从中获利。

师：也就是本来就有人抱着不正当的目的去做这样的事，像老人家的，"碰瓷"，对吧？

生7：对，他们其实是拿身体来谋求金钱。

师：谢谢。你说出了社会的一些阴暗的现象。

生8：我觉得这种特殊情况比较少，可能他们经济上比较困难，才会这样骗取别人的医药费吧。

师：你设身处地地为那些人想了这样做的出发点。可见，我们的同学都比较善良，我们都坚信，真理在人间。有的同学觉得，我们应当承担社会责任，把他扶起来；而有的同学觉得，我要保护个人的权益，选择做旁观者。

三、现场采访成年人,让学生听听成年人的意见

师:当社会的责任和个人的权益有所冲突的时候,我们该怎么办?在黑暗的大海中航行,我们需要一盏指路明灯;在思维陷入困惑、迷茫时,我们需要人生导师的指引。想不想听听老师或家长的建议?

生:想。

师:我们在座的有来自全国各地的优秀班主任和德育专家。我们去采访一下他们,好不好?

生:好。

师:那就请雅婷你们两个随机对老师进行采访,请老师简明扼要地给咱们一些建议吧。

生:老师,您好!如果我是您的学生,您会建议我怎么做?

师1:我建议还是扶。扶起老人是一种责任,如果人人都不扶,这个世界就太冷漠了。

师2:我认为还是扶。有这样一句话:只要人人都献出一点爱,世界将变成美好的人间。

生:老师,我想采访一下您好吗?如果我是您的孩子,遇到这样的情况,您希望我怎么做呢?

师3:孩子,如果你遇到这样的情况,你可以扶老人起来,但是一定要保护好自己。

师4:我觉得你还是应该去扶,但是扶的时候,你要注意周围有没有其他人,一定要注意保护好自己,还可以看看有没有别的办法,如打120报警等。

师:大家听清老师的建议了吗?作为老师,建议大家去扶;作为家长,则建议大家在保护自己的前提下,去帮助别人。是不是这个意思?

生:是。

四、情景游戏:检验好人好事如何做

师:我们已经听了很多不同的声音,但可能有时,要身临其境,才会有更深

切的体会。下面我们来进行一个小游戏。

我们请刚才表现得最坚决的不扶的同学，出来做这个游戏，好吗？请你到这儿来。

（学生布置游戏场景）

师：你是一位赶路的失明老人，无奈天气突变，狂风暴雨急剧而来。偏偏祸不单行，突然脚下一滑，你跌倒在地，手上的拐杖不知跌落何处。你摸索着，想要找回不可或缺的拐杖……其他同学注意保持安静。

（学生体验游戏）

师：好，请你说说，你在黑暗中摸索的时候，没有人帮助，你是怎么想的。

生：刚开始，眼前一片黑暗，不知道该往哪里走。上讲台的时候，脚步有点儿不稳，又不知道拐杖在哪里，心里觉得有点恐惧。

师：觉得恐惧，有点儿手足无措？当同学去帮助你的时候，你的心理发生变化了吗？

生：我很感谢他，但我没把自己当骗子，去敲诈他。当自己身临其境的时候，真的很纠结。但是，真的，不怕一万，就怕万一。

师：所以你希望大家都能像你一样善良，不去敲诈别人？

五、引用社论，深入讨论扶的意义和价值

师：我记得著名的电视节目主持人崔永元说过这样一句话：今天我们不扶起老人，明天我们的孩子将把我们推倒在地。也许我们今天还在犹豫，但是老师要说，勇于承担这样的社会责任，不要害怕，扶她起来。也许会惹来"麻烦"，会受到伤害，别怕，扶她起来！这不仅是老师对大家的呼吁，更是社会的渴望。

（课件显示）

2011年10月18日，《人民日报》发表这样的社论：阻止道德的滑坡、托举向善的力量，正成为今天我们这个社会必须面对的考题。这道考题不仅涉及道德的考问，也关乎文明社会的公民责任。他人有难，伸出援手，这是本分，更是底线……

六、观看小悦悦事件视频，体验角色与责任

师：如果我们人人都能尽到这样的本分，坚守这样的底线，下面的悲剧就不会发生。请看一段视频。

（观看小悦悦事件的视频）

师：短暂而又漫长的 3 分钟，可谓触目惊心，直击我们的心灵。不知同学们看完有何感受？

生 1：我觉得人们应该去扶起她，帮助他人是一种美德。法国也曾经发生过类似的事情。一个司机在开车途中，感觉车震了一下，好像碾了什么。司机及时停下车，发现是个小女孩。他马上打了电话报警，并把小女孩送往医院。小女孩的父母责怪司机，但是司机没有逃避。我觉得我们要向法国人学习。

师：你用了外国的一个例子，表示了自己对这件事的不敢置信。

生 2：看了这个视频，我的心里很痛。我认为人都应该有一双帮助别人的手，在别人需要的时候，给予帮助。

师：我们心痛了，为这些人的冷漠。

生 3：我觉得小悦悦早点被救起来的话，说不定还有救。

师：真是太可怜了，是吗？

生 4：就像刚才那个老师说的：只要人人都献出一点爱，世界将变成美好的人间。这 18 个路人，没有一个人伸出援手，我想谴责他们的冷漠，是他们造成了小悦悦的悲剧。

生 5：人心都是善良的，为什么他们不能本着善良之心，去帮助别人呢？这是一条幼小的生命，多么可惜啊。

生 6：我觉得那 18 个路人看到这则消息后会受到良心的谴责。

生 7：我觉得那 18 个路人都应该像那个捡垃圾的阿姨一样，去帮助小悦悦。

生 8：政府应该重奖这个老人，这样才能弘扬社会的正义。

师：这个悲剧的确让我们备感痛心，同学们有的表达了沉痛，有的表达了对阿婆的赞扬，有的表达了对冷漠路人的谴责。你们的怜悯之心，让老师为你们骄傲。本来，老师准备让大家出谋划策，为小悦悦做点什么。但是，就在昨天，凌

晨零点 32 分，小悦悦最终因伤势过重，不治身亡。

七、学生撰写对小悦悦的哀思

师：悲剧无法挽回。才两岁的小悦悦，就像一朵没来得及开放的鲜花，凋零在寒风中；就像一株刚破土而出的嫩芽，夭折在冷霜里。她该走得多么不甘、多么凄凉！她在人世间没有感受到温暖，那我们能不能让她在通往天堂的路上，不再感到寒冷，给她送去迟到的温暖？

让我们把温暖的话写在卡片上，寄往天国。

（学生在《天堂里没有车来车往》的音乐声中书写）

生 1：亲爱的小悦悦，愿你一路走好。善良的人是大多数的，善良是人的本分。你没有在人间遇到善良的人，愿你在天堂快乐，不再烦恼，拥有自己的幸福。

生 2：愿天堂的路不再灰暗，人们的心灵不再冷漠。悦悦，希望你一路走好，如果有来生，我希望你生活在温暖之中。

生 3：小悦悦，老天对你是多么不公平！让你一个人承受那么大的苦难。在这里，我们谴责那些冷漠的路人和司机。人心本是善良的，如果一个人把利益看得过重，那么就容易肮脏。如果时光能够倒流，我愿意伸出我的双手，扶你起来，助你重生。

师：说得多好，如果时光能够倒流，我愿意扶你起来，助你重生。同学们，我们一起把这句话响亮地说出来！

生（齐）：如果时光能够倒流，我愿意扶你起来，助你重生。

师：大家写得真棒，我想小悦悦在天有灵，一定会感受到同学们的这份温暖！下面，我们把这些——借着烛光写的温情的话，一起装进漂流瓶里。

小悦悦，曾经生活在珠江边上，那是老师的家乡。老师会把这些漂流瓶带回她曾经生活的地方。随着珠江水，漂到天堂。

小悦悦确实让人心痛，作为一个母亲，我痛得简直无法呼吸。我在想，是什么造成了小悦悦的悲剧？是什么冰冻了一个幼小的生命？是什么让我们这些千千万万的人们，心灵受到伤害？是冷漠。

所以，今天老师带来一颗种子，这颗种子就在这节班会的主题里。那就是：别怕，扶她起来。

师（朗诵诗歌）：

别怕，扶她起来 / 或许有他人的误解 / 有受助者的"错爱" / 甚至法律的"追究"

然而，如果你选择放弃 / 或许被放弃的 / 就是一个人的生命 / 一个家庭的和美 / 一个良心的安宁

别怕，扶她起来 / 总要有阳光冲破乌云 / 总要有雨露滋润干涸 / 坚信：人性至善 / 受者自省 / 法律至公

别让悲剧再次上演 / 别让生命之花再次凋零 / 别让美丽的心灵蒙上尘埃

别怕，扶她起来 / 你扶起的 / 不仅是倒下的身躯 / 更是 / 华夏的美德 / 民族的希望

师：让我们一起发出一声呼唤（师生齐诵）——

别怕，扶她起来 / 你扶起的 / 不仅是倒下的身躯 / 更是 / 华夏的美德 / 民族的希望

师：老师希望这颗种子播在同学们的心上，让它生根发芽长大，将来散播出去，我们将生活在满园春色之中。谢谢大家！

【班会总结】

这次主题班会，虽然构思和酝酿的时间较长，但是实际准备和操作的时间却很短。老人们跌倒，我们扶还是不扶？这个社会怎么了？我们要不要关心、救助别人？在南京彭宇案之后，在小悦悦事件之后，这种争论可谓达到了空前。学生离不开现实的生活环境，如果不及时关注热点话题、现实话题，我们的德育就会很空洞、很无力，对学生的影响也就很苍白。因此，我一直想组织一次这样的主题班会，让学生明白自己的责任，了解自己对社会的意义。基于此，在小悦悦事件发生后，在小悦悦离世后的第二天，我就马上组织了这次主题班会。

这次主题班会的组织，尽管是激于义，个人有冲动之情，但是在组织的时

候,我并没有被情绪所影响。我非常冷静地组织材料,非常冷静地邀请家长和老师参加,并就这个话题做了充分的准备,结果班会的实际效果比预期的要好。当时,深圳市光明区的很多老师观摩了此次主题班会。这个主题班会,没有排练,没有预演,全部都是我对课堂上随机生成的问题的引导和延伸,我只做了预先的准备。但是,所有参与观摩的老师、家长和学生都反映效果很好!

这也给我一个启示:德育一定要抓住社会敏感的问题进行,及时关注,及时引导,这是我们班主任工作的一个重要职责。

(广东省深圳市光明新区实验学校　曾春霞　邮编:518107)

操作提示

1. 班主任平时要对学生中存在的一些普遍性问题有所掌握和了解,一旦有了热点话题,才能够及时介入,迅速反应。平时不准备,临时抱佛脚,往往难以一下奏效。

2. 研讨热点问题,班主任一定要周密地思考问题所有的答案,才能够对学生做好有效的引导。自己思考不完全,或者是非观念不清楚,班会就难以达到预期的效果。

三、专题教育型主题班会

传女不传男——如何应对男生的捉弄

【推荐理由】

1. 有些青春期的孩子,由于个性迥异,往往会出现人际交往障碍。尤其是男生,在与女生交往时通常把握不好度。与其责怪男生做错了,还不如开个主题班会,先教会女生如何应对男生的调皮。

2. 如果说教育是一首诗,那么,育人的具体做法就要将其诗化。在很多人眼里,班会课是严肃的,而这堂班会课却让人感到轻松、有趣,值得一线班主任借鉴。

3. 一般来说，班会课都是为了解决班级中的一些不良现象针对全班学生设计，而本堂班会课则是为了解决男生的问题却把男生撇开，专门为女生支着，不能不说是一堂新颖的班会课。

【适用时间】初二第一学期

【班会背景】

学生进入初二，男女生的交往相对以往多了起来，但始终不甚和谐。尤其是一些男生，不懂得如何尊重女生，总是搞一些小动作来吓女生，诸如当着女生的面儿玩毛毛虫，或者将一些可怕的动物藏在女生的书包里等。于是，男女生之间的矛盾愈演愈烈。面对此种情况，我想，与其责备那些不懂事的男生，还不如给女生开个专场班会，教会她们如何与男生相处。

【班会目的】

1. 引导女生认识男女生的差异，从而理解男生的调皮行为是属于青春期的正常行为。

2. 通过这堂班会课，教会女生如何与男生相处，从而营造和谐、温馨的班级氛围。

【重点难点】

1. 认识男女生之间的成长差异。

2. 教会女生与男生友好相处的方法。

【课前准备】

1. 收集男女生身体发育、心理发育存在差异的资料，为班会课提供科学依据。

2. 在女生中展开调查，弄清楚男生通常用哪些方法来捉弄女生以及女生遭到男生捉弄时的感受。

【设计思路】

1. 通过场景回放的方式让学生迅速进入状态，从而放松紧张的情绪，畅所欲言。

2. 让女生"控诉"男生的捉弄行为，然后在适当的时候，将应对策略传授给女生。

3. 本次班会课的成员是清一色的女生。

【班会实录】

师：老师故事讲得不错哦，想不想听啊？

众女生（热烈）：想。

师：那我要听到鼓励的掌声哦。

（全体鼓掌，课还未展开，气氛已经非常热烈）

师：某天，我去上课，刚走到教室的走廊，就看见一个女生，左手一本书，右手一根棍，气势汹汹地从教室里冲出来，朝着一群男生用力把手上的书和棍掷了过去。男孩身子一闪，闪过了横空飞来的"飞镖"。然后就是一阵拍手，一阵"哦，哦"的起哄。女孩呢，打人不着，又被起哄，自是满脸气愤，气咻咻地又徒手冲过去，来了个扫堂腿。男孩身子一跃，女孩一脚踢空，又引起男孩一阵得意的哄笑。女孩彻底失败，气呼呼地只好来个"好女不与男斗"，草草收兵。

众女生（异口同声）：哇，痛快。

师（笑笑）：要不，我们请咱班表演能力最强的同学上来把我刚才讲的故事回放一下，怎么样？

众女生（掌声、喝彩）：好！

【在大家的推荐下：男1号凤哥（女孩反串）、女1号樱子，群众演员A、B、C（三位扮演男孩的群众演员均由女生反串）闪亮登场，以我的故事为剧本，即席演出了一场女孩追打男孩的搞笑剧】

师：我亲眼看见了这个场面，这个女孩真的这么凶悍吗？这里面有没有什么隐情呢？请大家发挥想象力，猜猜故事背后的真相。

生1：那个女生肯定是个火暴脾气。

生2：估计是男生惹着女生了，女生非常气愤，所以就发飙了。

生3：我觉得那个女生的修养还是差了点儿。

生4：打得好，有些男生就是犯贱。

生5：多数情况下，是男生不懂事惹着女生了，女生一生气，没有把握好分寸，才出现了上述场面。

师：说得不无道理。注意一点，今后揭秘真相时，尽可能还原事情本身，不对人的品德做负面评价。

（众女生闻言一脸羞赧之色，低头不语）

师：其实，真正造成这出闹剧的罪魁祸首还是男生。有个女生叫熊英，于是男生就给她取了个绰号叫"秃鹰"，并且还在本子上画了一个没毛的老鹰，只要一看见熊英，他们便高举着那个画了无毛老鹰的本子，齐声叫道"秃鹰、秃鹰"！虽然没有明说，但大家都心知肚明"秃鹰"所指是谁。男孩们的无礼，把女孩气坏了，于是她大发脾气，强悍出手。可是准度不够，打又没打着，倒引起其他男孩在一旁起哄。而女孩呢，面对此情此景，更加生气，一气就变成了刁蛮公主。

（众女生议论纷纷：我们班这种现象可不少。卢扬啊，李坤定啊，韩俊才啊，平时最喜欢惹女生了，真是讨厌啊）

师：熊英的遭遇显然是男生的恶作剧，那么，在你们平时的生活中遭到过男生的捉弄吗？善意的还是恶意的？我们一起交流一下。

生6：有一次，老师让我起来回答问题，我的同桌趁我不注意，悄悄将板凳挪开了。我答完问题，一屁股坐下去，结果坐到地上了，引得全班同学哄堂大笑。

师：与我同病相怜啊，我也曾经遇到过这样的糗事。

生7：有时课间，我们女生从教室过道经过，一些男生就悄悄地把脚伸出来，一不小心就被绊倒了。

师：哦，那你被绊痛没有呢？

生7（笑笑，摇头）：痛倒没有，但是吓了一大跳。

师：这些男生可真调皮啊。

生8：有男生哄我说，老师找我，叫我赶紧到办公室去，结果我胆战心惊地跑到办公室，老师还不知道怎么回事。

师：他们这是"挟天子以令诸侯"啊。

生9：有一次，我的同桌将一只打屁虫藏在我的文具盒里，我打开文具盒，吓得大惊失色，差点儿哭了起来，同桌还在一旁拍手笑。

师：看你吓着了，你的同桌很有成就感吧？这就叫把自己的快乐建立在别人的痛苦之上。

生10：有时吧，我和一个男生顺路一起回家。第二天，就会有我们俩的绯闻传出，而制造绯闻的，多半是男生。

师：啊，现在的男生还喜欢制造绯闻啊？

生11：岂止喜欢制造绯闻！还喜欢乱点鸳鸯呢。

师（满脸笑意）：班上有多少女生被乱点鸳鸯了啊？

生12（左右看看）：六七个吧。

（部分女生点头证实）

师：那我想问问大家，你们觉得这些男生的恶作剧是带着恶意的，还是善意的？

生13：大多数是善意的，个别还是带着恶意。

生14：我觉得吧，也不算恶意，主要是他们不懂得这样做会伤人而已。

师：说得好，要说这些男生的行为确实令人讨厌。但是，他们为什么要这样做呢？

（众女生摇头，露出不解的神色）

师：著名作家王安忆说，这个世界没有男人是不堪设想的。但是，如果我们不了解男生，不懂得如何"对付"那些调皮的男生也是不堪设想的。有句古话叫作"知己知彼，百战不殆"，咱们懂得了男生的心理，今后他们若要欺负咱们时，咱们"对付"他们简直就是易如反掌。那么，男生的心理变化究竟是一个怎样的过程呢？下面，我们从三个方面来探讨。

（课件展示）

师：小学一、二年级，男生女生亲密无间、两小无猜。这个时候，男生女生往往忽略了性别，彼此相处得非常融洽，甚至会依依不舍。

到了小学五、六年级，男生女生长大了，有了较强的性别意识，也懂得了男女有别。这个时候，男生女生彼此疏远，各不相干，往往处于一种井水不犯河水的状态。

到了初中，女生迅速长大，看问题的角度接近成人。而男生还处在青春期的初期，他们懵懂不知，但对女生又充满了好奇，因此，这个阶段的他们会故意捉弄戏耍，进行试探，以满足他们的好奇心以及男子汉的虚荣心。

（众女生"哦"的一声，仿佛所有的不解都找到了真相似的）

师：我要实话告诉你们，从五六年级开始，男女生的心理发育不再同步。一般情况下，男生要比女生晚两年。因此，在心理上，女孩应该是男孩的大姐姐。

（众女生善解人意，个个点头表示同意）

师：那么，面对小弟弟的恶作剧，你一般用哪些办法来解决问题？成功的有哪些？失败的有哪些？大家不妨交流一下，看看有没有值得推广的办法。

（教师在黑板上板书学生的招数，对学生的招数要进行点评，好的推广，不好的劝其抛弃）

生15：他要惹我，我就骂得他钻地缝，哼哼！

师：骂固然可以解决问题，但如果遇到嘴巴同样尖刻的男生，恐怕讨不了好吧。还有，你骂人的时候，有没有底线呢？

生15：嗯，还是有吧，最起码，我不会骂脏话，也不会骂他祖宗十八代。

（"哈哈"，众女生大笑）

师：好，算一招。前提是要遵守底线，不可践踏人格，不可伤人自尊，更不可触及旁人。

生16：以牙还牙，以毒攻毒，也就是以其人之道还治其人之身。

师：孔子说，君子有所为，有所不为。如果对方是一条疯狗，咬了你，你也咬它一口吗？这招副作用太大，咱们还是别用这个损人又损己的招数吧。

（众女生点头表示同意）

生17：一般情况下，遇到这种事，我就当那些男生是空气，不存在，他们自觉无趣，也就自动放弃了。

师：那要是遇到一些脸皮厚的男生，看你不理睬，以为你怕了，更加过分，怎么办呢？

生17（挠挠头）：我好像没有遇到过这种厚脸皮的男生。

生18：我遇到过，你越是让他，他越是过分，你不把他当人，他反而老实了。

师：哦，确实有这么一些低自尊的男生，不懂得进退，那我有空也得开个传男不传女的班会课了。

（众女生大笑，纷纷说"太有必要了"）

生19：我觉得加强自己的修养，做一个善解人意的女生，再调皮的男生也会让你三分。

师：哦，这个高明。班上有没有这样的女生啊？

众女生：有啊，比如唐明静。

（我看向唐明静，端庄贤淑的一个女生，确实是人见人爱）

生20（撸了撸手臂）：谁要是惹我，我就打得他满地找牙！

（"哈哈"，众女生笑得弯腰驼背，纷纷指着发言的小琼，说，她是让男生闻风丧胆的男人婆）

师（大笑）：你是女孩子呢，太强悍了，男孩可不敢喜欢你啊。

生20（豪爽一笑）：不喜欢就算了。其实，我也就是吓吓他们，我一个男生也没打过，我只是跟他们掰手腕，比力气，他们都是我的手下败将。

师：原来你不费吹灰之力就成了大赢家，看来身体壮实是大好事啊。各位女孩啊，今后可要锻炼好身体，身体强壮了，人家要欺负你，也得看成本啊。

（众女生又是一阵大笑）

师：不过，真要打的话，有没有底线？是不是把男生往死里打啊？

生21：那肯定不是了，即使要打，也只是拍打背部，更多的时候是故意吓吓他们。

（附板书）

骂——讨不了好	一般不用
以毒攻毒——副作用太大	舍弃
当男生不存在——男生自觉没趣放弃	可行
加强自身修养——男生自动让三分	非常可行
打——太凶悍的女生不招人喜欢	不具可行性

师：古人说，不战而屈人之兵，也就是说不费一兵一卒就可以打胜仗。刚才

有些同学的招数虽然立竿见影，但那要付出代价。我想说的就是，既要把那些喜欢捉弄人的男生收拾得服服帖帖，又不让自己付出任何代价。那怎么办呢？我这里有一系列的招数，我可是传女不传男的，大家想不想学到手？

众女生（激动，异口同声）：想！

师：第一招——以静制动。男孩本来就比女孩好动，要想他们成为乖乖男，那不是要灭了他吗？你要灭了他，他就会反抗。既然天性如此，为何不顺乎天性呢？老师教你们一招，他们疯狂，你们就安静，静观其变。请问，你们平时用过这样的招数吗？

（众女生有点头的，有摇头的）

生22：有些男生脸皮特别厚，你越是不理他，他越是来劲，怎么办？

师：退避三舍，敬而远之。

第二招——以柔克刚。从古到今，"以柔克刚"都是百战百胜的战术。当男生恃强的时候，女生不妨示弱。除了少数品德败坏的男孩子外，男孩子都有一种天生的怜香惜玉之心，所以，他们看见女孩子示弱了，就会滋生保护之心，绝不会恃强凌弱的。你们有没有使用这种招数成功的呢？

（众女生纷纷点头，均说效果不错）

生23：有些男生不懂得怜香惜玉，你越是柔弱，他越是欺负，怎么办？

师：提出警告，出示王牌。这个王牌，就是你们的班规。请你们记得，用规则来要求别人，是最得当的一种方法。

第三招——保持矜持。在男生面前，越是出格发嗲的女孩，越是容易遭到男生的捉弄。相反，庄重、严肃、大气的女孩，反而会赢得最调皮的男生的尊重。班上有没有从来没有遭到过男生捉弄的同学呢？

众女生：有啊，比如唐明静、彭俊、何美玲、何春梅。

师：第四招——保持距离。有这样一句话，距离产生美。建议女孩子不要和男生走得太近。近距离的接触很容易暴露你的缺点或者说软肋。由于男生的心理发育比女生要晚两年左右，所以，他们还不懂得为别人守护秘密。他很容易把你和他之间的秘密拿去炫耀，到时弄得灰头土脸的就是你了。有一女孩子经常与旁边的男生笔聊，把嘴里说的，心里想的，通通告诉了男生，结果，男生白天在教室里与女生笔聊,晚上回到宿舍就大开卧谈会,把女孩子所有的秘密都倾倒了出来,后来,谣言满天飞,弄得这个女孩子很没面子。

第五招——不闻不睹。左耳进,右耳出;睁一只眼,闭一只眼。请问大家,对男生的调皮行为,你能做到熟视无睹吗?

众女生(摇头):现在还没达到那个境界。

师:第六招——良好心态。别太在意男生的捉弄。也就是我们平常说的,我不理你,看你怎么着。当你不在乎了,他还能拿你怎么样呢?有句名言说"快乐不是拥有得多,而是计较得少"。

扪心自问,你觉得自己心态好吗?当你遭到男生捉弄时,你会不会做出激烈的反应?

生24:我觉得我心态还行吧,尤其是今天听了老师的建议,我觉得我已经懂得如何与男生相处了。

生25:我觉得我心态不好,一旦遭到男生捉弄我就大发脾气,或者是非要弄个是非曲直,结果往往是不欢而散。我想今后我不会再这么冲动了,呵呵。

师:其实,绝大多数男生捉弄女孩子都是由于好奇心作祟,或者是童心使然,没有什么恶意。那么,作为心理上的大姐姐,就应该具有大家风范,以一颗理解、谅解的心来对待男孩的捉弄。或许,换一种心态,你就觉得那些小男生其实是蛮可爱的!

最后有一个温馨提示:请大家抽点时间读读秦文君的小说《男生贾里》。推荐理由是,看了这本书,你就会对初中男生有一个非常透彻的了解。正所谓"知己知彼,百战不殆"也!祝愿所有的女孩都能与男孩和谐相处,从而拥有一个值得回忆的美好青春。

【班会总结】

很多时候,班主任解决问题爱用"头痛医头,脚痛医脚"的办法,其实那只是治标不治本的做法。青春期的男孩与女孩,本来在身体和心理的发育上就不同步。如果我们采取"一刀切"的办法,对男孩的成长是很不利的。因此,我们可以模糊男生的不足,做好女生的思想工作,教会女生理解、包容那些心智未长大的小男孩。这样一来,班级的融洽气氛就形成了。不仅如此,女生也从这种人际交往中学会了宽容、忍让、理解、支持，更把自己炼成了一个善解人意的优雅女孩。

（广东省深圳市光明新区光明中学　钟杰　邮编：518107）

操作提示

1. 当男生和女生之间出现矛盾时，我们千万不能偏袒一方，或者打击一方，而是要找到产生问题的真正原因，然后对症下药。

2. 当男生和女生之间发生矛盾时，与其责怪男生，还不如模糊男生的问题。然后做好女生的思想工作，教会她们如何与男生相处，男生与女生之间的矛盾就迎刃而解了。

四、亲子教育型主题班会

摆平小别扭（微型主题班会）

【推荐理由】

1. 青春期的孩子和父母之间闹矛盾是再正常不过的事情，但是如何处置，却是很多教师和家长需要面对的问题。因此，从题材上说，这个微型主题班会具有广泛的可借鉴性。

2. 一个沙画视频，就可以消除孩子心中的"肿胀"，缓和父女关系，这究竟是怎样的一种力量在起作用？相信很多教师会很好奇，也很想知道。

3. 班主任的任何一种做法都不可随心所欲，而是要在了解学生的前提下来运作，尤其是要反复思考、论证这样的做法是否有效，或者说是否有意义。这节微型班会也许可以给你一个不错的答案。

【适用时间】初二第一学期

【班会背景】

一天晚上，有个家长在QQ上给我留言，说她的丈夫狠狠打了女儿一巴掌，女儿非常委屈，哭了很久，对父亲非常怨恨。这位家长请我劝说一下她的女儿，并且还告诉我，女孩的爸爸其实很爱女儿，就是脾气躁，不懂得如何与女儿沟通，所以父女关系弄得很僵。

——又是一对因交流出了问题的父女！像这样因交流出问题的家庭，不止这个女孩子，面对家长为难的时候，我只好从另外一个侧面，即原谅和理解父母的角度出发来做好这个思想工作。

根据我对这个女孩的了解，她的领悟能力很强，并且情商、智商也很高，再则她也是一个很有思想的孩子。如果我要用什么不诚信的花招，她一眼就看得出来。所以，我必须以一种非常诚实、非常真诚的方式去点拨她。我也相信，她不会排斥我的真诚，相反，她会悄悄地感动，以至于悄悄地走近她的父亲，缓和与父亲的关系。当然，把下面视频播放给孩子看，也是想让那些没有遇到亲子关系问题的孩子事先预习一下。

【班会目的】

通过沙画视频，打动孩子，从而带领他们走进父爱世界，体会父爱的深沉博大。

【重点难点】

通过听觉和视觉的冲击，让孩子深深地体会到父爱如山。

【课前准备】

收集关于父爱的歌曲、音乐视频等。

【设计思路】

1. 为不引起孩子的疑心（孩子很不喜欢老师向家长告状，同时也不喜欢家长向老师告状，所以教师在开展有针对性的活动时一定要做好背景铺垫，尤其是时间上的安排以及措辞，都要恰到好处，不然会适得其反），教师可以先提一提自己的父亲，自然地将孩子引入预设的情境之中。

2. 孩子们欣赏完沙画视频后，可以说说感想。旁人不带目的的交流可以给当事人以参考。

3. 教师做适当点评。

【班会实录】

师（站上讲台，将表情调整到真诚，略显沉重）：我差不多有一年没有回家了，我很久没看到我的父亲了，很想他。我从小没有跟着父亲长大，我心里对父亲一直很抱怨，觉得他不爱我。但是，昨晚，看了一个短片后，我很感动，回想以前的种种，我认为父亲其实是很爱我的。所以，今天，我特地要和你们分享这个短片，以表达我对父亲的感激以及多年的愧疚。

只要不上课，孩子们都很高兴。没等我说完，孩子们热烈地欢呼起来。于是，我赶紧将事先准备好的沙画视频《感恩父爱》调了出来。

短片配有婉转柔美的音乐、有感人至深的演唱和画面。歌词很感人，配合着王菲菲空灵的歌声，孩子们看得很专注，很显然都被歌声和画面深深地吸引住了。

第一声啼哭，在你的双手

你捧着我像捧着地球

你怀里多自由，大得像宇宙

都归我一个人独自享受

爸爸的肩头，最高的山丘

是我挡风遮雨的城楼

好多年以后，长成大家闺秀

你还一直把我放在衣兜

爸爸啊，我们已经分别很久

我已经习惯远走

女儿是 父亲心里面的肉

她是你永远的等候

爸爸啊，光阴已占领你额头

你还勇敢和岁月去战斗

女儿是 父亲心里的暖流

是他一生最大的成就

第一声啼哭，在你的双手

你捧着我像捧着地球

你怀里多自由，大得像宇宙

都归我一个人独自享受

爸爸的肩头，最后的码头

是我后方坚强的港口

我一无所有，他随时收留

我就是他那唯一的领袖

爸爸啊，我们已分别很久

我已经习惯远走

女儿是 父亲心里面的肉

她是你永远的等候

爸爸啊，光阴已占领你额头

你还勇敢和岁月去战斗

女儿是 父亲心里的暖流

是他一生最大的成就

想靠在你肩头

装小的时候

音乐是跨越种族、跨越国界、跨越年龄的一种世界语言，它能够通过旋律，深深地打动我们的心灵。沙画画面变换很快，很多感人的细节，父亲对女儿的呵护，女儿对父亲的依恋，全在一次又一次的画面切换中展现出来。视频播放完了，孩子们还意犹未尽地坐在那里，没有人说话。于是，我开始问孩子们。

师：大家感受怎么样？是不是像我一样，恨不得马上回去，抱着爸爸的肩膀，说一声"我爱您，爸爸"！

生1：确实很感人，生活中原来有很多小细节，但是被我们忽略了。

生2：别人的爸爸总是很好，我们的爸爸要是也有这样好就好了。

师：这位同学说得很好，似乎好的都是别人的，而我们自己的不好，大家说说，这种感觉对不对？或者，这里面的问题出在哪里呢？

生3：不是别人的爸爸好，我们的爸爸其实也很好。只是，每个人都会有不快乐、不高兴的时候，我们也有让爸爸妈妈不高兴的时候，于是，我们就觉得自己的爸爸不好了。

师：你能够感受到你爸爸的爱吗？

生4：爸爸不骂我们的时候，其实很可爱的。

师：爸爸为什么骂你？

生4：我们做错了事情呗。

师：也有你们没有错，但是他们也打你们、骂你们的时候吗？

生4：很少有。

生5：他们自己心烦的时候。

师：他们心烦的时候，我们该怎么做？

生3：我们尽量不惹他们，或者，我们可以多做点事情，和他们说说笑话。我爸爸不高兴的时候，我就唱歌给他听，他很喜欢。

师：为什么爸爸一听到你的歌声就很喜欢，是你唱得很好，像歌唱家一样吗？

生3：我想不是吧，应该是他喜欢我而喜欢我的歌。

师：是的，这才是本质。其实，在每一对父母眼里，他们的孩子都是世界上最棒的孩子。他们总有理由来告诉自己，自己的孩子是最棒的。如果不漂亮，一定是最聪明的；如果不聪明，一定是最可爱的；如果不可爱，也是最有出息的；如果没有出息，也是最听话的……没有一对父母是不爱孩子的。有时候不是不爱，而是我们没有体会到。那么，我们该怎么感受父母的爱呢？

生：用心体会。

师：对！但是我也想问大家一个问题，生活中难免有摩擦，就好像舌头和牙齿配合得那么好，可是有一天，牙齿和舌头也会发生矛盾。那么，当我们和父母发生冲突、矛盾的时候，你们还能够体会到父母的爱吗？

生6：发生矛盾的时候也爱，爱和发生矛盾没有必然关系。

师：对。你说得真好，简直是一位哲学家。

生 7：发生矛盾的时候，我觉得很受伤，感觉父母不爱我。

师：事后你能够感受到父母的爱吗？

生 7：能。

师：那是父母不爱我们，还是我们的情绪和不好的感觉遮盖了这种爱？

生（七嘴八舌）：应该是情绪冲昏了头脑。应该是遮盖了这种爱。有时候打我们也是爱，恨铁不成钢呗……

师：是啊，你们都说得很好。爸爸妈妈情绪不好，或者我们做错了事情，或者他们错了，总之我们闹不愉快，并不是说我们不爱了，而是我们爱的方式有了问题。对此现象，我们该怎么办呢？是生气不理他们，还是和他们对着干？你们有没有好办法来解决这个问题呢？

生 2：打了就打了呗，还能够记着吗？记着不记着，都是一家人。

生 3：我会和爸爸妈妈说，打我，我会很伤心的。

生 4：哪有那么复杂，我回去叫一声爸爸，什么事儿都没有了。

生 7：忘记是最好的办法。忘记对大家都好。

师：大家的方法都不错。不是一家人，不进一家门，既然是一家人，必要的宽容、理解和沟通都是需要的。不管怎样，父母还是爱我们的，我们也爱父母。希望大家用一种更为合理的方式去表达我们的爱。

毕淑敏有一篇文章，叫"我为什么打你"，是写给她儿子的，我建议大家课后去读一下。很有意思的一篇文章，明天大家再来聊这个话题，怎么样？今天，我们的课前插曲就到这儿，我用一句话，总结一下今天的这个微型主题班会。

亲人只有一次的缘分，下辈子，无论爱与不爱，都不会再见。所以，今生相遇，就一定要好好爱！最后切记一句话：父爱肯定如山！

【班会总结】

我及时地结束了这次主题班会，也没有特别说明这个主题班会为什么而开，更没有特意针对那个女孩子说什么话。我相信，在这种集体教育中，她应该会有所感受和感悟。因为像她那么冰雪聪明的孩子，是不需要特别的提醒的。果然，事后，那个女孩的母亲又给我留言，问我是不是找孩子谈了，孩子回家竟然主动跟爸爸打招呼了。以前父女俩闹了矛盾，都是父亲主动和解的，这一次很难得啊，竟然是女儿主动找父亲和解了。我说您女儿长大了，已经用不着说了。既然女儿长大了，您告诉孩子爸爸，以后也不要轻易地就动手打孩子。她母亲很高兴，也很感激。

（广东省深圳市光明新区光明中学　钟杰　邮编：518107）

操作提示

1. 每一次的微型主题班会，都要想清楚是针对什么事、什么人，然后再提前选择好合适的材料。俗话说"一把钥匙开一把锁"，锁挂在那儿，关键是钥匙一定要对，否则便得不偿失。

2. 有些时候需要和学生一起讨论，有些时候只需要点到为止，总之，要看具体的人、事以及情境来决定。

五、班级事务型主题班会

有种美，叫沉静（微型主题班会）

【推荐理由】

1. 在教学时间安排非常紧张的情况下，开展取材方便、针对性强、耗时短的微型主题班会实在是一件利于提高班级风貌的好事。

2. 通过深刻的文字、优美的音乐、赏心悦目的图画来熏陶学生的心灵强过生硬的说教。

【适用时间】初二第一学期

【班会背景】

尽管我在"一心走路"班做了一年的"静文化"，但未完全把学生内心的宁静熏出来。很多时候，他们仍然处于浮躁之中。

一个人，不论多么聪明，只要耽溺于浮躁，思考力就弱化了。为了让学生真正能做到"静如处子，动如脱兔"，我想了很多办法。但是，太过明显的说教，是会让他们产生反感的。加上初二叛逆之心日渐严重，冗长的且教育痕迹太过明显的班会课是没有多大作用的，自以为是、居高临下的训诫更是起不了作用。此种情况下，短小的充满美感的音画熏陶就是最好的教育。

【班会目的】

1. 让学生在深刻的文字、美妙的音乐中感受"宁静"的美好。
2. 让学生在不知不觉中认可"静文化"并用行动将其表达出来。

【重点难点】

1. 聆听、阅读、感悟。
2. 议论、点拨。

【课前准备】

1. 收集相关视频资料并存放在教室电脑的"班务"文件包里。
2. 将相关链接收藏在网页收藏夹里（我们教室的电脑可以上网）。

【设计思路】

1. 利用晨读前5分钟的"养心"时间，与学生分享美文美画。
2. 让学生用心倾听美妙的音乐，然后用心默读美文和美画。
3. 在学生看完这个短短的音乐视频后，请他们起来随意聊聊感受，不做任何要求。学生说完，教师说说自己的看法，仅仅是一种美的分享和平等的交流。

【班会实录】

师：孩子们，今天早晨跟大家分享一个音画视频，我个人感觉很美，看了心灵非常的沉静，迫不及待想要与你们分享，有兴趣吗？

生（集体回答，满脸兴趣盎然）：好啊！

师：那好，咱们就来看看这个美得让人叫绝的音画视频。

（教师赶紧调出事先准备好的《有种美，叫沉静》的音画视频。孩子们渐渐地陶醉在美妙的音乐和优美的文字以及赏心悦目的画面中了。音画视频持续了4分钟时间。完毕，孩子们还沉浸在美好的精神享受之中）

师：正所谓来而不往非礼也，我请大家分享了美乐美文美画，你们总得说几句给我听听吧。来吧，谁来说说自己的感受，可以就音乐、文字、图画来说说你的感悟。

生1：我觉得这个音乐听着非常舒服，我的心不知不觉就安静下来了。虽然我不知道这究竟是什么曲子，但我真的很喜欢它，也希望今后多听到这样的音乐。

生2：我很喜欢这里面的图片，每一张都绚丽夺目，但艳丽之中又不乏宁静。看着看着，我就明白了，很多时候我们看不到美的存在，不是没有美，而是我们的心太躁动了，所以没看到。（这是才女彭思妮的回答，她的回答赢得了大家的掌声）

生3：我很喜欢这段文字："沉静是一种文化积淀，其外化是甘于寂寞，不动声色；她的内核是沉着自信，默默进取，容纳一切又超越一切。"反思我自己，总是不甘寂寞，爱扎堆，爱八卦，爱说小话。如果要找我退步的原因，不愿意静下来是最大的原因！

生4：看了这个音画视频，我觉得我应该静下来了。再不静，我自己都觉得自己很肤浅了。

……

师：呵呵，大家也不要说得那么严肃，不就看个音画视频嘛，重在美的享受。当然，如果能从美的享受中反思自己，那是了不起的；如果能落实到行动上，那就更了不起了。

（孩子们听我这样说，情绪顿时放松了一些，议论的声音大了，杂了。我顺势抬起左手，指着我左边的窗户）

师：请大家大声地朗读咱们窗户上贴的几排句子。

生（齐声朗读）：

静听则明

静心则专

静思则通

静坐则宁

静默则熟

师：我希望我们"一心走路"班的每个同学都是有文化的人。什么叫文化？

非常通俗地讲，就是把一件事或者是一种物用美妙的动作行为表现出来！上述五排文字，你们只有化作了行动，并且坚持不懈，才是属于我们"一心走路"的"静文化"。

【班会总结】

班会时间很短，不超过7分钟。这么短的时间，教师不可能长篇大论地讲述，学生不可能喋喋不休地讨论，也不可能解决很多问题。我只是想让学生感受"沉静"的美，进而让他们浮躁的心能安静下来，唯有这样才能提高他们的思考力。

后来，我又与学生分享了《沉静内敛是一种内在的力量》《沉静是一种内涵》等音画视频以及周国平的文章《丰富的安静》，学生慢慢地沉静了下来。

（广东省深圳市光明新区光明中学　钟杰　邮编：518107）

操作提示

1. 要根据学生平时的表现以及平时可能出现的问题，有针对性地准备各类文字、音乐、图片、视频等素材，最好是集文字、图画、音乐为一身的视频素材。

2. 一定要表明一个分享的平等态度，只有这样，学生才会解除"被教育"的戒心。

3. 最好是在早晨划定一个时间段，将这个时间段称为"养心"时间。

六、心理指导型主题班会

你的事业是父亲

【推荐理由】

1. 很少有教师会让男生提前接受"父亲"这个角色，但这堂班会课做到了。

2. 让男生接受"父亲"这个角色，无非是要培养他们的自信心、责任感以及担当精神。

3. 如果每位教师都这样用心地培养男生的精神品质，强大男生的精神力量。那么，"男孩危机"就是危言耸听了。

【适用时间】初二第二学期

【班会背景】

俗话说"男女各顶半边天"。可是不知何故，现在不仅社会上很多行业阴盛阳衰，连学校里也觉得阴气过重，阳气不足。"意搏班"有19个男生，给人的感觉就是三个字：软、懒、散。

说话细弱蚊声，软绵绵的，听得你想睡觉；做事，只要能抵赖，那简直眼睛都不眨；为人行事也一副散漫、无所谓的样子。当然，这只是部分男生的表现，但就是这部分男生的言行，足以让一个男生群体颓废。

于是，我决定开一个男生主题班会。

【班会目的】

1. 通过这堂班会课，让男生正确地认识自己，了解自己，培养出男子汉的精气神。

2. 培养男生的责任感，培养真正的男子汉。

【重点难点】

1. 让男生明白自己今后的身份——父亲。

2. 让男生正确地认识自己，评价自己，从而提高自己。

【课前准备】

1. 收集与班会课相关的资料以及男生中存在的一些问题。

2. 与男生建立亲密友好的关系，同时也要建立自己在男生中的威信。

【设计思路】

1. 引导男生了解自己的身体，教给他们一些基本的性知识。

2. 引导男生认识自己，知道自己的不足，培养他们的自信和担当精神。

3. 与男生平等地交流，不可让他们产生老师在教育他们的感觉。

【班会实录】

师：调查一下，请问在座同学，有谁今后一定能当科学家、文学家、思想家、教育家？

（男孩们"哗"的一声笑了，纷纷摇头，说"当不了"。看他们天真的模样，我也情不自禁地笑了）

师：那你们会不会当父亲？

（"哈哈、嘿嘿、呵呵。"各种怪笑都有。我也不制止，笑着看他们笑。笑完，就有孩子说话了）

生1（趾高气扬）：那是肯定的。

生2（打趣）：某些人要是当不了，还气得很呢。

师（笑笑）：对了，你们要成不了什么家，没人怄气，但要当不了父亲，可能就有人跳脚了。

（"嗯，嗯"，男孩们彼此心照不宣地笑笑，然后安静下来，聆听我说话）

师：一个优秀的父亲，才能培养出优秀的孩子，比如傅雷、郑渊洁、刘墉等，反之，则会培养出有问题的孩子。有一叫小虎的同学，他与社会混混结交，经常出入网吧，甚至还帮敲诈者收黑钱。人家都说淳朴是农家少年的内质，为何小虎却变成了这样一个人人厌恶的混混呢？我去家访的时候，小虎的奶奶告诉我，小虎的爸爸以前就是一个二流子，怎么教都不改，现在是屋檐水点点滴，报应来了。我并不赞成小虎奶奶所说的报应，但可以肯定的是，小虎的爸爸不优秀，把小虎给教坏了。所以，从现在开始，请你们牢记，你们的事业是父亲！你可以不做科学家、文学家、思想家、教育家，但你一定要做一个优秀的父亲，然后，把你的孩子培养成一个优秀卓越的公民，这样你就是一个了不起的男人！

（男孩们被我说得有点儿激动，仿佛马上就要当父亲似的，神情激昂地应道："好！"）

师：要当一个优秀的父亲，先要做一个优秀的男孩。同学们，你们知道，做一个优秀的男孩要从哪些方面做起吗？

（孩子们摇摇头，神情变得严肃了。看来，父亲这个角色对他们来说，责任重大）

师：我有答案，想听吗？

众男生（异口同声）：想！

师：请问，你们是男的还是女的？

（我的话一出口，孩子们简直笑弯了腰，然后，在笑声中用发颤的声音回答我"这还用怀疑啊？"我也不打断，耐心地等着他们笑完，然后不冷不热地说）

师：那我怎么看你们有些男生不像个男的呢？

生3：啊？不会吧，老师，你是不是对我们男生有偏见啊？

师：听我描述，我是不是有偏见。某些人，走路时弓着个虾公背，眼睑下垂，目光闪烁不定；上课时，目光呆滞，神情呆板，还爱说小话；作业抄袭，默写时眼睛躲躲闪闪；抽答问题时赶紧把头埋着，生怕老师看中；考试时甘居下游，分数一个比一个少。

（我一边说，一边模仿着男孩们的动作行为，竟然把他们逗乐了，然后就互相指着说："说的就是你啊。"）

师（诱惑的语气）：其实，你们完全可以脱胎换骨的，这个世界上的事情，只有想不到，没有做不到，只要你愿意，一切皆有可能！

生4（迫不及待）：怎么做呢？

师：先要明白一些东西，就是作为男生，应该具备哪些精神内核，你们知道吗？先思考，再举手发言，好不好？

（男孩们马上进入沉思状）

生5：勇敢大度。

生6：孝敬父母。

生7：阳光积极。

生8：会学习，会考试，成绩好。

生9：责任感强，肯付出。

生10：不怕吃苦，不怕吃亏。

生11：乐观，大气。

生12：会思考，敢于创新。

……

（我让孩子们讨论，总结出最必需的精神内核。孩子们经过反复的讨论，最后总结出12种他们认为的男孩应具备的精神内核——阳刚之气、心胸开阔、乐观豁达、不服输、有责任感、敢担当、能吃苦、能吃亏、勇敢、有知识素养、会

思考、创新）

师：看看，其实你们自己都知道男子汉应该具备什么素质，你们自己说，你们做到了吗？做到位了吗？先问问自己，然后真正地去践行上述要求，坚持不懈地做，你们就是真正的男子汉了！请记住一个伟大的人说的一句伟大的话，什么话？我曾经说过的。

众男生：知行合一！

师：很好！明白了该如何做一个男子汉，我还想问，你们了解自己的身体吗？

众男生（异口同声）：了解！

（果然不出我所料，男孩子获得的性知识比女孩子多，也比女孩子大胆）

师：知道遗精现象吗？

众男生：知道。

师：哦，你们可真厉害呢，这些都知道了。

众男生：生物书本上说得很清楚嘛，很正常的。

师：那你们害怕吗？

众男生：不害怕，因为是正常的生理现象嘛。

（我和孩子们就这样一问一答地聊着。男孩子比女孩子大胆，也很放得开，在我这个女老师面前，一点也不拘谨）

师：只要有了遗精现象，你们就具备什么功能了？

众男生：生殖。

师：也就是说，你们可以当父亲了。

（这一下可引爆了孩子们的笑神经。所有的孩子都哈哈笑了起来，然后就互相戏说"你能当爸爸了"）

师：你们能当爸爸了，那你们这个时候愿意当爸爸吗？

众男生：啊？这个时候当爸爸？自己还养不活自己呢。

师：可是，你们都知道，男孩的是外生殖器官，很容易受到刺激，产生性冲动，那要产生冲动了怎么办呢？我们是人，又不是动物，有羞耻感，更有道德感，是不可以乱来的，所以我们要怎么样？

众男生：克服啊。

(孩子们非常自然地回答我的话)

师：怎么克服呢？

(孩子们这下摇头了，然后是默不作声)

师：那么还是我这个母亲来告诉自己的孩子吧，愿意听吗？

众男生(踊跃)：很愿意！

(课件打出)

> 第一，不看淫秽文字和图片，以免造成视觉刺激。

师(解说)：20世纪80年代，有个高一的男生，上午看了一本黄色手抄本，下午就到棉花地里奸污了一个小女孩，结果被公安局抓了，还坐牢了，一生名誉尽毁。

(这个小故事引起了孩子们的唏嘘)

> 第二，不看不良的手机视频和网络视频以及黄色光碟。

师(解说)：2005年，附近初中三年级一个15岁男生，不慎看了黄色光碟，受到了刺激，他又不懂得克制和转移，脑子里念念不忘。周末的时候，他到姑妈家去，把小表妹骗到山坡上强奸了。小表妹哭着说要告诉妈妈，叫妈妈打死他。这个男孩听表妹说要告发他，先是害怕，接着就生了歹心，把小表妹给活活掐死了，然后丢在山坡上的水池里，谎说小表妹不小心掉到水池里淹死了。一个是舅舅的儿子，一个是姑妈的女儿，两兄妹，一个死了，一个坐牢，两家大人也成了仇人。

(听到这里，男孩们一阵叹气，有两个男孩还义愤填膺地说："真没人性！")

> 第三，不说粗言秽语，以免造成听觉刺激。

师(解说)：有一对亲兄妹，哥哥非常爱他的妹妹，哥哥读高中，妹妹读初中，他们两个每天一起去读书，一起回家。可是，有一天，哥哥在学校听其他同学说与性有关的粗话，引起了他的好奇，于是，他也参与说一些粗言秽语，说多了，就好奇了，就想试一试。于是回家背着父母劝妹妹与他做游戏，结果，妹妹的肚子大了。

（话声刚落，就有孩子揭发某某经常在寝室里说一些粗言秽语，那个被揭发的孩子脸红筋胀，嘴硬道："就说过几次呢，大不了今后不说了嘛。"）

> 第四，不在脑子里胡思乱想，这也叫意淫。过度的胡思乱想不但会影响自己的学习，还会对身体造成影响，比如得神经衰弱、失眠症等。
>
> 第五，尽量不要手淫。偶尔的手淫跟道德品质无关，但经常手淫有百害无一利。尤其是对身体有伤害，严重者还会导致不育，今后怎么做父亲呢？

师：其实，要克服性冲动最好的办法就是代替。运动、劳动、做笔记、抄写等积极健康的事情可以代替，把注意力进行转移，这样就可以轻而易举克服性冲动了。

（孩子们听得很认真。从他们认真的态度里，我看出很多老师的顾虑其实是没必要的。孩子们需要这些知识，需要善意的提醒。很多事情没必要遮遮掩掩，只要说开了，说清楚了，面纱也就摘除了，免得云山雾罩弄得青春期的孩子心猿意马、胡思乱想）

师：你们的性器官是你们的命根子，是你们做父亲的根，是生命的延续，所以，要像爱护自己的眼睛一样去爱护它。

（课件打出）

> 第一，穿宽松内裤，忌穿化纤三角内裤。
> 第二，长裤最好也穿运动型的，不要穿紧绷的牛仔裤。
> 第三，闲时不要把玩。
> 第四，不要有性接触。

师（解说）：1998年，全球平均每天有8500名儿童及青少年感染艾滋病，每分钟有6人感染，这是一个多么可怕的数据啊！艾滋病有三条传播途径：性传播、血液传播、母婴传播。要是只图解决自己的性冲动，不讲性卫生，一旦感染了艾滋病，一切都免谈了。我不是要以此来吓唬大家。2004年，《三湘都市报》登载：目前我国艾滋病病毒感染者每年以40%的速度递增，流行趋势处于世界第十四位，在亚洲排名第二位。2009年，各省艾滋病疫情也是有增无减。艾滋病人越来越多，而彻底治疗艾滋病还是遥不可及的事情。

（孩子们听到艾滋病又是一阵议论，心里都有几分害怕）

师：清楚了自己的身体之后，男孩就应该开始着力塑造自己了。首先是心态的调整，要相信自己有一天一定会追上那些骄傲的"白天鹅"，所以，要为自己打造一颗阳光灿烂的心。其次是把篮球运动进行到底，通过运动，把多余的精力发泄出来，达到身心平衡，增强身体素质。再次，在动和静中寻求平衡。动的时候，如脱兔；静的时候，似处子。最后，努力地展示自己的长处，保住自己的独特性。与其取长补短，还不如扬长避短。

（虽然是我在长篇大论地讲，但教室里没有任何杂音，所有男孩都听得很认真）

师：大家也不要急，把自己打造成一个男子汉也不是一天两天的事。你只要记住，你的事业是父亲，然后，以一颗父亲的心去打造自己，一定能把自己打造成一个优秀的男子汉。今天，我送你们一份小礼物，每个人都有一份，请你们按照这份礼单去做，我保管我们班的男生个个都是优秀的男子汉！

（课件打出，另外还人手一份）

1. 诚实、正直、勇敢。

男子汉是以力量著称的，因此诚实、正直、勇敢的特征是——有不屈不挠的顽强奋斗精神和自制力，执着地追求生活的目标，这是男子汉性格的"重心"。马克思的夫人燕妮以及他的女儿曾热烈讨论过"男子汉最高尚的品德是什么"，燕妮和三个女儿的答案依次是：坚强、道义、力量、正义感、勇敢。

诚实，表示心胸坦荡，是力量的显示；正直，为人有主心骨，是坚持正义的表现；勇敢，信心的外在形象，是胆量的活化。

2. 坚毅、刚强、果断。

男子汉，有的身材可能并不高大，长相也许并不出众，但他们有气吞山河的气概，有铮铮如铁的傲骨，有流光溢彩的才华。遇事果断但不武断，思考沉着而不呆板，行动敏捷却不鲁莽，在艰险面前不却步，在挫折面前不低头，有一种一往无前的精神和无穷的力量。

坚毅，做事有恒心，有始有终；刚强，百折不挠，勇往直前；果断，干脆利落，说到做到。

3. 理想、事业、追求。

男子汉的立身之本是对社会的贡献，从事的职业可以相当广泛，但完成崇高的使命的基点在于自身的能耐。因此，不懈地追求，追求达到目的的过程，体现了生命的活力。

理想，是男子汉的胸怀；事业，是男子汉永葆青春与魅力的源泉；追求，是男子汉的本色。

4. 善良、涵养、文明。

男子汉的形象既要体面，又要有内涵，儒雅的背后是文明在支撑。优秀的男子汉，刚烈与温存同在，外强与内秀共存。

善良，处处与人为善，相信成事在善；涵养，不急不躁，办事做人有分寸；文明，以优雅的行为举止怡人。

5. 学识、心智、技艺。

男子汉的内秀表现为渊博的学识和终身学习的理念，健康的心理及一手特长，这是立身之源。

学识，不在乎拥有，而在于去学习，掌握未曾有的；心智，平衡并富有弹性的心态，能屈能伸；技艺，有生存的本领，技高一等。

6. 生活、情趣、快乐。

男子汉不仅会做事，而且会生活。做事讲效率，生活求质量，在奉献社会中找到使自己快乐的最佳结合点。

生活，要有滋有味，体验完美；情趣，要兴趣广泛，自找感觉；快乐，永远追求，一生拥有。

【班会总结】

这一切要落到实处，该如何做呢？我的观点和做法就是让男孩做事。记得一句话是这样说的：如果你会干，你就好好干；如果你不会干，你就乱干，干久了，自然就会干了。前提是,一定要干!说得好不如做得好,要培养男生的男子汉精神,最好的办法就是让他们动脑思考、动手做事。近代英国教育家洛克在其《教育漫话》中说道:"儿童不是用规则教育就可以教育好的,规则总是被他们忘掉。你觉得他们有什么必须做的事,你便应该利用一切时机,给他们一种不可缺少的练习,使它们在他们身上固定起来。这就使他们养成一种习惯,这种习惯一旦养成以后,便不用借助记忆,很容易地、很自然地发生作用了。"

(广东省深圳市光明新区光明中学　钟杰　邮编:518107)

操作提示

1. 这样的班会课很容易流于说教,学生也有可能不听。因此,师生关系非常重要。孔子曰:"亲其师,信其道"。

2. 不管什么事情,说了,学生就懂了,但往往会人浮于事,知而不行。因此,班会课结束,最重要的是要与学生一起做到知行合一。

七、卫生健康型主题班会

保护自己是头等大事

【推荐理由】

1. 性侵害是当下最让人担忧的话题。可是,少有教师去教女孩如何认识性,以及教会女孩如何保护自己免遭性侵害。

2. 只要我们用科学的观点教学生正确地看待性,就不会出什么乱子,相反还会减少不少乱子。

3. 在很多教师看来难以启齿的性教育,在这节班会课上,却是关于爱和美的教育。

【适用时间】初二第一学期

【班会背景】

接手"意博班"后,有一天,我去女生寝室查寝,顺便问一个女生"晚上睡觉前,是否用温开水清洗自己的下身"。不承想,一问激起千层浪。那些女生个个捂住嘴巴,好像我是天外来客,说的都是难听的话。

面对此种现象,我略感失望。这么重要的自我保护措施,这些女生竟然不知道,更何况性知识。据调查,在我国青少年中因为性知识的缺乏,而造成女孩未婚先孕和人工流产的情况非常严重,这严重威胁着我国青少年的身心健康。青春期在提前,而初婚年龄在推迟,青春期性教育成为困扰家庭和社会的难题。我不仅是一个老师,还是一个母亲。在这个适当的时候,不教给我的女孩一些必要的性知识,我就是一个不负责任的老师。我必须要送一份温馨的礼物给那些青春萌动的花季少女。

【班会目的】

1. 让女生认识自己的性器官,保护自己的性器官。
2. 让女生学会保护自己免遭性侵害,懂得如何避免怀孕。

【重点难点】

1. 让女生像爱护自己的眼睛一样爱护自己的性器官。
2. 让女生懂得保护自己免遭性侵害,洁身自爱,不要轻易与男人发生性关系,同时懂得如何避孕。

【课前准备】

1. 统计班级女生的月经情况。
2. 调查母亲对女儿的性教育情况。
3. 收集一些关于性器官的图片和文本资料。

【设计思路】

1. 在性教育还没完全放开的情况下,这是一个颇为尴尬的话题,因此,我是把男生赶出教室,单独与女生讨论这个话题的。
2. 这个话题毕竟涉及女孩的隐秘之事,因此,在与学生交流的时候,切记肆意张扬,而是要小心翼翼、严谨认真、态度真诚。
3. 在交流的过程中,一定要让女生觉得老师是最关心她们的人,是值得她们信任的人,老师这样说,是爱她们,是在保护她们。

【班会实录】

师:今天,我把所有的女孩留在教室,是想跟大家聊聊咱们女人的事。这样说吧，这节班会，我是把老师的身份抛开，以一个母亲的身份跟你们交流的，所以大家不必紧张。

我不仅希望我的每个女孩能越来越美丽，更希望我的每个女孩都能有一双翅膀，能让自己的人生飞得更高更远。但是，如果我们的健康不再，我们的生命残损，我们的清誉全毁，那么，我们拿什么去飞呢？所以，每个女孩都要学会保护自己。在我看来，保护自己就是头等大事！

（全体女孩听完后露出释然的微笑，然后就是静静地听我说）

师：根据我私下做的统计，在我们班 25 个女生中，有 5 个女生月经初潮还未到。那么，我先恭喜 20 个月经初潮降临的女孩子，你们在生理上长大了，说得专业一点，就是你们具备生殖功能了。说得通俗一点，只要有精子与你们的卵子相结合，你们就能生小孩了。

（我的话一说完，女孩子们赶紧捂着胸口惊呼道："啊，能生小孩了？"）

师（一脸严肃）：是啊！2009 年 11 月 16 日，我在网上看到一则新闻，一个初一女生，在宿舍生下一名男婴，由于怕父母责骂、同学鄙视，竟然用玻璃和剪刀割破了婴儿的喉咙。然后将死婴用塑料袋装好从五楼丢下去。由于产后虚弱，死婴没有丢出围墙，而是丢在了校园内墙旁，被学校师生发现了。不用我再说，你们都知道该是什么后果了。

（女孩们听得惊叫连连，纷纷睁大眼睛说："好惨哪！"）

师（沉痛地）：是啊，很惨，我看到这则新闻的时候，非常痛心。一个无知的女孩不仅毁了自己，还杀死了自己的亲生孩子，这是多么惨痛的一出悲剧啊。所以，我希望你们懂得保护自己，不要轻易接触男人的性器官。

（女孩们虽然羞涩，但她们还是懂事地点点头）

（图片展示略）

师：大家认识图片上的器官吧？

众女生：认识，生物课本上有。

师：我儿子小的时候，我特别喜欢与他做认器官的游戏。我指着他的头问，"这有什么作用？"他就说想问题。我指着他的耳朵问，"这有什么作用？"他说听话。我指着他的眼睛问，"这有什么作用？"他说看路。我指着他的嘴巴问，"这有什么作用？"他说吃东西……

（女孩们听得又是拍手，又是故作惊讶地大叫。我知道她们故作惊讶的原因，因为很多女孩在幼儿园时与我儿子是同学）

师：你们小时候妈妈有没有与你们玩这样的游戏啊？

生1：玩过，我还记得，好有趣哦。

生2（还没说先笑弯了腰）：一个夏天的晚上，月亮很圆、很亮，我妈妈拉着我的耳朵问，"耳朵拿来干什么的？"我说，"听话用的。"说完，我指着天上的月亮，问我妈妈，"月亮是拿来干什么的？"我妈说，"啊，你指了月亮，今晚你睡着的时候，月亮要来割你的耳朵。"我吓得一个晚上都没睡，一直摸着自己的耳朵。

（"哈哈"，"嘿嘿"，这个女生的话引起了大家的笑声，继而转头讨论小时候的趣事了）

师（也跟着笑了笑）：好像跑题了吧。

（女孩们捂着嘴，开始安静下来）

师：恐怕天下好多母亲都和孩子玩过类似的游戏。那我再问你们，妈妈教你们认性器官没有？告诉你们性器官的作用没有？

（女孩子们摇摇头，"嗯嗯"两声，说"没有"）

师：没事，你们的母亲没告诉你们，我告诉你们也是一样的。其实只有两大功能：一是泌尿，二是生殖。

（全体女孩点头赞同。其实，这些作用她们早就知道了，我再说一遍的目的是为后面要讲的内容做个铺垫）

师：我再问一个多余的问题，有人要抠掉你一只眼睛，你愿意吗？

（女孩们反应一下子激烈了，纷纷说道"不同意！眼睛好重要啊"）

师：我们身上每一个器官都很重要，都是无价之宝，所以，我们一定要好好地爱护它们，尤其是我们的性器官，要像爱护我们的眼睛一样去爱护它。

（全体女生"嗯、嗯"直点头）

师：我做一个现场调查，如果妈妈教过你如何爱护自己的性器官，请举手。

（非常失望，竟然没有一个女孩子举手）

师：那么你们自己平时有没有想过要像爱护自己的眼睛、耳朵一样去爱护自己的性器官?

（女孩们满脸绯红，羞涩地摇摇头）

师：你们每天早上起来洗脸吗？

（这个问题简单，女孩们马上叽叽喳喳说开了："洗啊，不仅洗，还要洗几次呢，还要擦宝宝霜呢。"）

师：洗手吗？

（"洗啊，经常洗，一天洗好多次。"女孩们很骄傲地回答，仿佛她们一个个都是爱清洁讲卫生的好孩子。看着她们那纯真可爱的样子，我忍俊不禁）

师：那你们每天洗你们的性器官、洗你们的屁股吗？

（女孩们"啊"地惊叫起来："这怎么好意思啊？我们从来都不洗。"）

师：我个人认为，性器官比脸、手要脏得多。不怎么脏的，你们反复洗，脏得不得了的，竟然不洗了，怪论啊。

（女孩们羞得互相对望，只是抿嘴悄笑）

师：没事，我以前也不懂，妈妈一样没教过我，我还是同学教我的呢。我现在要告诉你们怎么去爱护自己的性器官，请你们记好，下去一定要落实，因为它是你身上的无价之宝！

（听我这样说，所有的女孩竟然都拿出了自己的笔记本，大有记下来的架势。看来，我们对女生的切身利益关注得太少了。我们都忙着去抓分数了，去抓那些面上的工作了，却忽略了孩子们是多么渴望解决与她们息息相关的问题啊）

（课件打出）

> 第一，每晚睡前要用温开水清洗自己的性器官及屁股，从前往后洗（使用单独的盆与小方巾）。
> 第二，穿宽松的棉质内裤。
> 第三，勤换内裤，条件好的，最好天天换，实在不行，至少两天一换。
> 第四，小便之后一定要用卫生纸将自己的性器官擦干。
> 第五，不与异性的性器官接触。

师：只要你们做到这五点，你们将会是一个健康快乐的阳光女孩。请大家注意，身上的每一个器官都是你的无价之宝，所以要像爱护无价之宝一样去爱护自己的器官。

（女孩们认真地做着笔记，不时点头）

师：懂得爱护自己的性器官之后，还要学会防止性侵害。我先给大家说一个我在网上看到的新闻。一个12岁的女孩，被一个可恶的男人骗到荒僻的山坡上。男人想要对女孩实施强奸，女孩不从。那个禽兽不如的男人竟然将女孩的双手绑起来丢在地上，然后用一个削尖的竹子惨无人道地从女孩的阴道插进去。

（"去"字刚出口，女孩子们吓得尖叫起来，问我那个女孩死了没有）

师：送到医院时没死，后来还是死了。

（女孩们拍着自己的胸口，惊骇地说："真惨啊，吓死我了。"）

师：是啊，很惨。我当时看到那则新闻时，肌肉都痉挛了，我还看到了那根尖竹的照片，肉都麻成了一团。所以，我要告诉你们如何防止自己受到性侵害。

（女孩们听得"嗯、嗯"地猛点头）

（课件打出）

> 第一，不要与陌生男子搭讪，更不要跟他一起离开自己的亲人、朋友、老师。
>
> 第二，不要与异性独处一室。
>
> 第三，夏天不要穿得太裸露。
>
> 第四，不要在晚上到野外溜达，即便有几个朋友一起也最好不去。
>
> 第五，即便是白天，也不要到僻静的荒野之地玩耍。
>
> 第六，周末回家不要到独身男子家串门。
>
> 第七，背心裤衩覆盖的地方不要让人摸。
>
> 第八，即便是熟人，也不要跟他到一个荒僻或者陌生的地方去。

师：只要你们做到以上八点，我相信，你们就能很好地保护自己不受到伤害了。不被伤害，那是多么幸福的事情啊！所以，请你们一定要把这个事情当作大事来对待，不要掉以轻心，要多个心眼，害人之心不可有，防人之心不可无！

（女孩们纷纷点头，说："我们记住了"）

师："天有不测风云，人有旦夕祸福"，尽管我们做了各种防患工作，万一运气实在太差，还是遭到了坏人的侵犯怎么办呢？

（虽然我是女老师，但由于内容涉及女生的隐秘世界，所以课堂气氛有点拘谨。不过，上到这里时，女孩们的心情放松了，开始大胆地打断我的话，并且向我询问一些与性有关的问题）

生3：老师，我想问一个问题，怎么知道自己怀孕了？

师：大家也不要怕，怀孕是需要条件的。有个女孩子，男生摸了她的手，她担惊受怕，总觉得自己要怀孕。

（女孩们闻言呵呵笑了起来）

师：一个女人要怀孕，首先她的生殖功能必须已经具备了，也就是说，她有了月经初潮；其次，她必须要与成熟男人有性的接触，也就是你们课本中说的性交。女人一旦怀孕，月经就会停止，因为受精卵要在子宫着床生长。

（"哦"，女生们舒了一口气）

师：大家记住一句话：不怀孕的最好办法就是不与男性的性器官接触，这比任何避孕药都有效。接着咱们来看，万一遭到坏人的侵犯怎么办？

（课件打出）

> 第一，保命要紧，悄悄记住坏人的特征，想办法脱身。
> 第二，脱身之后立即报警，将坏人绳之以法。
> 第三，告诉母亲或者找医生采取措施进行紧急避孕。

师：孩子们，老师告诉你们这些，就是不想你们受到伤害，希望你们每一个人都是阳光女孩！人活在这个世界上，首先要学会生存，学会保护自己，如果一个人连自己都不懂得保护，又怎么能去保护自己的亲人、朋友呢？

（女孩们听得入了心，又是赞同，又是感叹，都说"以前想都没想过这些问题，今后一定要多个心眼，好好爱护自己"）

【班会总结】

我和女孩们就在这样安静、轻松的氛围里聊了与性有关的初步知识。不要以为孩子们不喜欢这样的引导，其实她们非常喜欢，比任何课都听得认真。出教室下楼梯的时候，女孩们还在议论，说她们听了一堂从前闻所未闻的课，感觉好极了，甚至还有女孩说"老师比我妈都好，我妈从来没教过我，真是个不合格的母亲"。听了这些话，我感到很欣慰作为一个老师、一个母亲，如果不给自己的女孩讲解这些必要的性知识，我认为是不称职的。其实，我正是用这种方式告诉我的女孩们，我像母亲一样爱她们！而我，也正是用这种独特的爱的表达方式赢得了女孩的爱、理解和尊重。

（广东省深圳市光明新区光明中学　钟杰　邮编：518107）

【操作提示】

1. 性教育是必需的教育，但由于当下的种种因素，性教育并没有得到重视。学生获取的性知识往往都是来源于不良书刊或者网络。因此，对学生进行性教育，既要严肃、认真，又要科学。当然，最关键的一点是，班主任要取得学生的高度信任。

2. 性教育毕竟涉及学生的隐秘世界，因此，这样的班会课不宜大肆渲染。教师与学生要像朋友一样，彼此坦诚地交流。

八、借班示范型主题班会

生命因合作而精彩

【推荐理由】

1. 进行班会课比赛也好，给别人展示一堂班会课也好，总需要有一个借鉴。本案例就给那些试图从普通走向优秀的班主任,提供了一个借班上课的优秀案例。

2. 覃丽兰老师在做这个主题班会的时候,设备出了一些小故障,但是她能够巧妙地救场,让班会活动精彩地开展下去,其临场应变技巧,可圈可点。

3. 合作主题很符合班级团队精神建设,这个主题在任何时候都不会落伍。

【适用时间】初二第二学期

【班会背景】

2013年4月20日—21日,我受天津教育报刊社委托,在天津做为期两天的班主任和主题班会专题讲座,要求做一个示范型临时主题班会课。举办方要求班会课体现"合作"主题,我仔细思考,选择了"生命因合作而精彩"这个主题。因为这个主题既满足了举办方的要求,又能够针对现在的学生普遍缺乏合作意识、不会合作的现状提出一些建议。由于是借班上课,事先对学生不太了解,因此,只能够针对初二这一个年龄层次的学生,进行普遍性教育的备课。

【班会目的】

1. 让学生感受到合作的快乐和重要性。
2. 让学生学会与他人合作的技巧。
3. 培养学生乐于合作的良好心态。

【重点难点】

如何通过活动让学生感受到合作的重要性,并且口头总结出来,是班会活动的难点。因为不少学生,心里知道是怎么一回事,但是要说出来,总是词不达意。

本次班会课的重点在于让学生学会与人合作的技巧,培养他们的责任意识。

【课前准备】

1. 由于是借班上课,需要临时对学生进行小组重建工作,预定8人一组,共5组。
2. 准备需要用的雪地犬故事视频和在自己班上录制的互动视频"激情节拍"。

【设计思路】

展示课不宜做得很复杂,要结构紧凑、主题突出,便于学生操作,于是,我选择了以观看雪地犬视频、开展互动游戏作为突破口,围绕游戏"激情节拍"来展开讨论。这样先互动,后说话,学生聊起来就比较有感觉。

在学生说完感悟后,为了使得主题更加明确,对他们今后的社交和学习、生活有用,我特意准备了一个喷塑的彩绘大船,让他们将合作要素贴上去。然后,我们开着一艘扬帆远征的船,出发了……

【班会实录】

一、话题导入——激一激

师:同学们,大家下午好!很高兴我们在这里见面。我是湖南的覃丽兰老师。你们可以叫我覃老师,也可以叫我西早姐姐。我们班学生经常把我的姓氏"覃"分成"西""早"两个字。而且,我很喜欢和大家交朋友,所以,他们叫我"西早姐姐"。

今天,西早姐姐给你们带来了什么呢?我今天给大家带来的就是让好多同学困惑的一件事——怎么和同学交流,怎么结交新的伙伴,怎么和同学分享,怎么和同学合作,怎么向别人求助,怎么构建一个和谐的好团队等。这么多的怎么,反映出大家在创建精彩人生中对合作不太了解的问题。那么,我们今天就来聊一聊合作的问题,聊一聊如何让我们年轻的生命因为合作而精彩。

二、精彩感知——想一想

师:首先,我想请大家欣赏一段视频——《南极大冒险》片段"雪地犬的故事"。

(教师播放视频《雪地犬的故事》。孩子们收看完毕,教师让孩子们猜想一下故事中的主要情节和内容是什么)

师:谁能够用概括的语言说一说,这个视频告诉了我们一件什么样的事情?

生:讲述了一群雪地犬听从领头犬指挥捕获食物的故事。

生:一群饿了15天的雪地犬通过分工合作捕捉到了鸽子,渡过了难关。

师:你们概括得很棒!在这个故事中,你印象最深刻的情节是什么?或者换句话说,你最感兴趣的细节是什么?

生:我印象最深刻的情节是一只领头犬分配任务,其他狗能遵照执行。

师：我们能不能用童话的语言猜想这些雪地犬会说些什么？好，哪位同学愿意站起来描述一下？

（回放画面）

生（配音）：我们这样是捕捉不到食物的，大家听我的指挥好吗？鸽子降落到雪地上时，我们不要惊扰它们，你去那边引诱，你们轻手轻脚地去那边包抄，等鸽子惊飞的那一刻，你们迅速扑上去。（大家鼓掌）

师：哇，你太棒了，你就像这条领头犬，工作安排得这么井井有条，真有领导才能！

生：我最欣赏的是那只雪地犬惊跑了鸽子后，自己认错一般，接受处罚，待在原地不动。

（回放画面）

生（配音）：我看到鸽子就更加饥饿了，恨不得赶紧抓住它们。唉，小不忍则乱大谋，我一兴奋、急躁，结果惊飞了鸽子，弄得鸡飞蛋打。（大家鼓掌）

师：哎呀呀，太精彩了！你把雪地犬的心理揣摩得很到位。幸好这鸽子飞了，蛋还没有产下来，无法打啊。

（大家笑，教师也笑。幽默的表达，拉近了师生距离，孩子们挺高兴）

师：这个故事给了我们什么启示？

生：我们在遇到困难的时候要及时交流，注重使用正确的方法，不能鲁莽行事。

生：我们要一起努力并一起分享团队成果。

生：我们要听从统一指挥。

生：最让我们佩服的是，哪怕饿了15天，它们也相互鼓励。

生：我们要有团队合作意识，要赏罚分明。

师：大家说得真好。看来，大家对合作很有体会和认识。雪地犬为了生存，不得不分工合作。我们是新时代的学生，是将来社会的主要力量，我们也要学会合作，才能够赢取我们共同的未来。

但是，我也知道，好些同学渴望合作，就是不知道怎么和同学沟通交流，也不知道自己该怎么做。现在，我们一起来玩一个互动游戏，从游戏中大家去揣摩该如何合作，好吗？

生（很兴奋地，整齐地叫喊）：好！

三、精彩体验——玩一玩

师：我们这个游戏叫"激情节拍"，就是团队互相比赛拍手、说口诀，要求不能够出错，还要快。这个"激情节拍"怎么做，请大家先看一段视频，然后我们跟着视频学，好不好？

（教师播放"激情节拍"视频，可是由于格式或是设备调试出了问题，结果播放出来的视频图像全部是倒立的，整个儿天和地相反了。顿时，会场有些乱，因为当时有一千多位老师在现场听课，孩子们有些着急）

师：这是西早姐姐的学生，你们看，他们比"神九"的刘洋还厉害吧？西早姐姐的学生不上"神九"飞船，也能倒立做游戏。

（全场顿时爆发出雷鸣般的掌声，伴着一阵开心的、赞许的笑声；面对千余老师的学生也少了拘谨，放松下来）

（好不容易画面调正了，但声音很小，只有台上的学生能听清楚）

师：视频声音小了，西早姐姐估计下面的老师没听清。哪位孩子能够帮忙解说一下游戏规则？

（一学生站起来复述游戏规则）

生：活动内容是一边数数字"12345678"，一边用鼓掌的方式喊出"我们是最棒的团队"。具体办法是：①小组成员围成一个圆圈，面向圆心站立。双手拍打左右队友肩膀一下，数一个数，并正面直立，鼓掌，喊出第一个字；双手拍打左右边队友肩膀两下，数两个数，并正面直立，鼓掌，说出两个字……以此类推，喊完8个数字后，大家一面鼓掌，一面整齐地喊出"我们是最棒的团队"。看看哪一组用时最短。②要求声音动作整齐划一，否则加时5秒钟。

（这个活动的要诀就是团队喊出口号时，要心口一致、整体一致，喊出气势，喊出激情，喊出团队的凝聚力。如果团队中某一个或者某一小部分人注意力不集中，没有团队意识，喊出的声音自然有不和谐的地方。那么，他们就落败了）

师：了解了游戏规则后，我们以小组为单位练习两分钟。两分钟练习结束后，挑战开始，要求声音、动作整齐划一，否则加时5秒钟。

（教师播放《生命之杯》音乐，学生分小组练习两分钟）

师：大家注意到没有？西早姐姐班上的哥哥姐姐们用的时间是19秒42，这个速度不是最快的，我相信在座的同学们一定有人能够超过他们。我们现在开始挑战西早姐姐班的哥哥姐姐们，有信心吗？

生（齐）：有。

（各组踊跃举手依次挑战）

小组1：我们是幸福快乐组，幸福快乐，勇夺第一。

（计时挑战，所用时间22秒13，挑战失败）

小组2：我们是团结向上组，团结向上，同心同力！

（计时挑战，所用时间19秒40，挑战成功）

……

小组5：我们是攀登组，世上无难事，只要肯攀登，没有过不去的高山，耶——！

（计时挑战，所用时间19秒41，挑战成功）

师：团结向上组和攀登组挑战西早姐姐的学生成功！你们太棒了！！其他各组没挑战成功也没关系，我们还有机会。赶紧交流一下体会，争取挑战前一轮的自己。

（小组交流后，继续练习两分钟）

师：现在我们开始第二轮挑战，这一次我们不仅要挑战西早姐姐的学生，还要挑战前一轮的自己，挑战对手，看哪一组又快又好。

（各小组依次挑战，成绩大幅度提高，均挑战成功。一次一次的挑战，整个活动现场高潮迭起，我鼓动听课老师一起为学生加油鼓掌。最后，最快的小组是幸福快乐组，仅用时13秒12）

四、精彩感悟——说一说

师：同学们，好玩吗？高兴吗？

生（齐）：好玩，有意思！

师：你们小组夺得了冠军，感觉如何？

生：太兴奋了，第一轮挑战失败，我没有想到我们会是最快的。

师：你们是怎么在这么多的小组中脱颖而出的？你觉得你们的优势是什么？或者你们认为做得好的是什么？

生：我们第一次没有拍齐，一个同学方向错了，速度就慢下来了。这一次，我们注意了先从左边拍起，再拍右边，方向对了就快了！

生：我们步调整齐，专心听从杨敏颜的指挥。

生：要有好胜心，但不能太强。第一次我们太想挑战成功了，有点欲速则不达，反而失败了。

师：你们组挑战自己成功了，有什么心得和我们大家分享？

生：我们对自己有信心，所以我们赢了。

生：要有正确的方法，站得散开一点，方向不能出错，手指不要拍那么多，嘴要快。

生：交流好，找好位置，练齐，再快，再统一听指挥。

师：你们组第一次挑战成功了，但第二次没有超越自己的成绩，你们认为失败的原因是什么？下次再挑战你们觉着要注意什么？

生：我们组员内部信任度不够，几个男生要往这边，我们几个女生没跟上，就被男生批评了，比赛效果就差了。

师：也就是说，你们情绪受到了影响？

生：是的。我们信任度不够，所以就慢下来了。

师：小组凝聚力强靠的是大家要相互信任。这样的启示很好！著名教育家苏霍姆林斯基就说过"对人的信任，形象点说，是爱抚、温存的翅膀赖以飞翔的空气"。我们需要相互信任让团队飞翔。

五、精彩分享——谈一谈

师：我们刚才谈了很多，谢谢大家的精彩发言，南开附中的孩子们真是了不起。

在现实生活中，大家一定经历过团队合作成功或失败的案例，请结合班级活动或者是家里的故事，和我们分享怎样合作才能成功。换句话说，你认为合作成功需要哪些因素？我们以小组为单位进行分享交流。

（学生分享自己的观点）

生：我认为合作成功最重要的是我们大家要有集体荣誉意识。比如，在学校运动会上，运动员们使劲比赛，其他同学积极配合。张雅摔倒了，我们女生赶紧去搀扶她，大家都为她端水上药，男生也来安慰她，还不断鼓励她，大家更团结了。尤其是在接力赛上，我们竟然得了第一名。

生：我都不相信我们能够拿到第一名，因为有两个班太厉害了。

师：那你认为，我们班能够取得第一名，关键原因是什么？

生：我认为就是团结——团结就是力量。

师：太好了。你能将这个合作的关键词写在题板上吗？

（学生在题板上写好"团结"两个字。写好后，请学生粘贴在黑板上我事先喷绘的一幅蓝天大海图画的大海位置）

生：我认为合作成功最重要的因素是要不断总结经验和调整方法。上次我和爸妈去郊区烧烤，我不会做，总是烤糊。后来妈妈告诉我要先给牛肉抹上油，火不要太大，还要不时翻烤，这样烤出来的就很好吃。

师："吃一堑长一智"这句俗语告诉我们，经验是从失败中总结出来的。请将你的合作要素写在题板上。

（学生将"不断总结经验""调整方法"写在题板上并上台粘贴在"大海"上）

生：我认为明确分工，让每个人发挥作用很重要。在运动会上，我们班有的同学爆发力强，就报短跑和接力赛；有的同学耐力好，就报长跑；有的同学热心，就做护理；有的同学安静、文笔好，就写新闻稿……由于我们分工明确，发挥了每位同学的特长，我们获得了团体总分第二名的好成绩。

师："分工明确"，嗯，这是一个好词语，让我想起了唐僧师徒四人取经的故事——孙悟空专门负责打妖怪，沙和尚负责挑担子，猪八戒负责化缘，各司其职，保证取经路上顺利前行。

（学生将"分工明确""各司其职"写在题板上并上台粘贴在"大海"上）

生：我认为合作时要有共同的目标。比如，开学时，老师要求我们一定要力夺全年级综合评比第一名，结果通过大家的努力，我们就真的获得了第一名。

师：我非常赞同这一点，阿里巴巴负责人马云就说过，"不要让你的同事为你干活，而让我们的同事为我们的目标干活，共同努力，团结在一个共同的目标下面，就要比团结在你一个企业家底下容易得多。所以首先要说服大家认同共同的理想，而不是让大家来为你干活。"树立共同目标，我觉着在合作中非常重要。

（学生将"共同目标"写在题板上并上台粘贴在"大海"上）

生：我认为每一个人的责任感很重要，如果没有责任感，是做不好自己的工作的。我们班参加学校节目会演，可就在比赛前两天排练时，主角杨林凡手摔伤了。杨林凡为了不影响班级荣誉，坚持带伤上台表演，我很佩服他。

师：我也十分佩服杨林凡，他在不在？在哪里？我们向他鼓掌致敬！来，老师今天没带礼物，让我拥抱一下这位责任感强的英雄，太了不起了！（大家热烈鼓掌，老师拥抱杨林凡）

（学生将"责任感"写在题板上并上台粘贴在"大海"上）

生：我认为合作很重要的因素是为他人着想，就像刚才我们组第一次失败后，我们没有互相责备，而是告诉做错的同学怎么做好。如果我们责怪他，很可能我们不能挑战胜利。所以我认为为他人设身处地地着想最重要。

师：谢谢你，你和你们小组对组员的善解人意让你们合作更默契。

（学生将"为他人着想"写在题板上并上台粘贴在"大海"上）

……

（当学生将自认为最重要的合作因素写在题板上并粘贴在"大海"上后，大家发现这些题板组成了一艘船。我及时插上船帆，船帆上书写着"合作号"。学生们很惊奇，兴奋地鼓起掌来；与会老师们也很惊讶，也都鼓起掌来）

六、精彩结语——引一引

师：一次主题班会，就是我们生命中的一段精彩旅程。亲爱的同学们，感谢你们在我的教育生命里增添了精彩的一笔。是你们的积极参与、支持配合，让我们今天的主题班会得以顺利完成；是你们的积极思考、大胆发言，让我们的班会得以精彩纷呈。我们用自己的亲身实践，验证了合作的美丽！在此，我向你们致以衷心的感谢。我相信，在今后的回忆中，我们会因为在今天的课堂上合作过，而留下美好的回忆。

看着大家用真诚的感悟打造的这艘远航的船，我和大家一样感慨万千。生命是一艘乘风破浪的船,合作就是征服困难、勇往直前的帆;生命是一段充满神奇的旅行,合作就是我们腾飞的双翼;生命是一个个美丽的传说,合作就是传说中那最美丽的花朵!我们会因懂得合作而强大,会因珍惜合作而无畏,会因利用合作而精彩!让我们荡开合作的船桨,去迎接生命的惊喜吧!

谢谢各位同学,谢谢与会老师,谢谢我们生命中那些与我们合作过的伙伴们!

【班会总结】

客观地说,这个班会示范课开得还是比较成功的,课后老师们纷纷来拷贝课件,并索要各种资料。很多老师回去后还在网络上写文章盛赞这次主题班会课。这次班会课之所以取得成功,源于以下四方面:第一,整个班会课设计流程简单,便于操作。没有歌舞排练,不需要耗费很多精力,便于临场组织。第二,学生的参与度高。学生参与度越高,交流起来就越活跃。第三,个人的临场应变能力较强,尤其是在视频播放出现意外情况时,我能够用"神九"宇航员在天上倒立的情景为自己解脱困境,也让学生摆脱了紧张状态,可以说起到了重要的作用。第四,在设计整个班会课时,我不断设下埋伏,便于突出主题。最后环节,孩子们顺理成章地将感悟整理成一艘船,扬帆远征,寓意很好,视觉效果也很好,当然精彩。

遗憾的是,我记忆力不太好,当时现场也没有录音,学生很多精彩的话语没能完全展现出来,不能再现学生的风采,有些愧疚。

(湖南省怀化市铁路第一中学　覃丽兰　邮编:418000)

操作提示

1. 借班上课,我们没有时间去了解学生,但是一定要事先根据所教年级学生的共同特点做充分的准备。准备越充分,越具有针对性。同时,尽量在正式授课之前,和学生做一些浅显的初步接触,有助于后面工作的开展。

2. 示范型主题班会课,选题不宜太大,活动不能太复杂,要简单易行,操作性越强越好,尤其是能够简单重复、推动高潮的,更能带来精彩。

第三辑
初三：插上奋勇腾飞的翅膀

三年一个分水岭，初三是初中学生群体分化最大的一年。优秀的学生开始成为团队的领袖人物，而且和同龄人拉开了越来越大的距离。而落后的学生越来越自暴自弃，越来越成为让教师和家长头疼的大问题。一些学生，在完成九年制义务教育后，就将直接进入社会这个大课堂。更多的学生，将面临人生的第一次选拔性升学考试——中考……这些很实在的问题，令教师的心情很沉重，也激发我们解决问题的决心并采取行动。

那么，在初三学生发生群体分化的关键时刻，用什么来为他们的青春保驾护航？在他们遭遇成长的困惑时，用什么来开启他们心灵的窗户并为他们点亮一盏前进的明灯？在他们冲刺中考的关键时刻，用什么来给他们的学习鼓劲加油？——班会，唯有主题班会，才是对学生大面积进行思想教育和影响的最好武器！

所以，我们从班级再度建设入手，用主题班会为迷途的青春导航，为失落的理想加油，为模糊的学习明了方向，为孩子们插上奋勇腾飞的翅膀！

一、班级建设型主题班会

为青春导航

【推荐理由】

1. 无论如何，总会有班级需要重组，总有人需要去接重组班级。面对重组班级，主题班会往往是凝聚人心、凝聚力量的好办法。因此，一个优秀的重组班级的案例，对很多班主任来说，就是一个参考的好榜样。

2. 班主任的话切合学生实际，能够深入学生心灵，对其他班主任有很好的借鉴意义。

【适用时间】初三第一学期

【班会背景】

去年，县里进行学校升级改造，实施了"初中进城"工程，将四个乡镇初中搬迁合并到县城，成立一处新的县属中学。合校伊始，各方面管理不很完善，学生基础也不一致，问题很多。在这种情况下，我接一个初三班级。刚开始的几天比较新鲜、平静，过了一段时间后，很多学生便开始张扬、放肆起来。打架、小偷小摸、爬墙外出上网、早恋等现象开始在这个新学校出现并蔓延。学生甚至说："就是看看谁比谁更'拽'！看看谁更'厉害'！"为及时整顿和净化班级风气，让学生健康快乐地度过初中生活，我设计组织了这次主题班会，以便为他们迷途的青春导航。

【班会目的】

1. 净化班风，端正态度，在学生中树立正确的是非观。
2. 培养学生的责任意识、明辨是非的能力，形成良好的班级风气。
3. 增强学生的自信心，让学生相信自己，做一个有明确生活目标的人。

【重点难点】

班主任的心里话是整场班会能否成功的关键。因此，班主任的心里话必须熔铸爱心，言辞恳切；必须击中要害，唤醒迷途；必须春风化雨，润物无声。接下来的师生交流也要做到情真意切，让学生触摸到一个情感朴实真诚的班主任。

【课前准备】

1. 精心准备并打印好自己的讲话材料。
2. 提前告知学生做好"自我反思"的心理准备。
3. 装点教室，前黑板写明班会主题"为青春导航"，后黑板写好励志歌曲《相信自己》歌词。

【设计思路】

1. 班主任印发精心准备的《班主任的心里话》。
2. 学生感受班主任的良苦用心，并写出自我认识即"自己的心里话"。

3. 学生代表发言。

4. 班长总结班级情况。

5. 多形式学唱励志歌曲《相信自己》。

6. 班会结束。

【班会实录】

（周日的晚上，学生顺利地全部返校。面对周日晚上的班会课，我做了精心的准备，把自己熬了一个通宵写出的《班主任的心里话》打印了58份，提前让班长把《相信自己》的歌词抄写在黑板上，又将我的笔记本电脑带进了教室）

班主任：同学们，你们进入咱们学校已经半年多了。新学校，新环境，新老师，新同学……这都预示着我们有一个新的起点。但是在咱们这样好的环境里，有些同学却没有认真思考如何让自己更好地发展，而是我行我素，通过一些不正确、不理性的方式来显示自己所谓的"个性"，作为一名老师，作为我们班的班主任，我感到非常痛心。

今天，我们召开一次"为青春导航"的主题班会。班会的目的就是整顿我们的班风，净化我们的学风，增强每个同学的责任意识，学会自我反思，争取让每个同学都在原来的基础上有所进步。

我们每位同学手中都有一张《班主任的心里话》，希望每位同学用心阅读，用心反思，然后把你自己的心里话写在这张纸的背面，可以不写我那么多，但必须认真写，写自己真实的想法。可以写对自己的反思，也可以写班级存在的问题，对班主任、对班级、对老师的建议等。

（附文）

班主任的心里话

今天是4月12日，距离期中诊断还有整整两周的时间。在年后的第一次月诊断中，我们班有很多同学退步了，有些同学甚至退步很大。同学们静下心来想一想，自己在这一个多月里的付出与收获。反思一下，自己在这一个月里都做了些什么？自己应该处的位置在哪里？

我们曾经经历过失败，遭遇过挫折，与机遇、胜利擦肩而过。从不小心破坏公物到故意破坏公物；从个人口角到同学矛盾；从言语不合到打架斗殴；从我行我素到小团体利益；从欺骗同学到隐瞒家长、老师；从天真活泼到自我封闭，到早恋；从迟到违纪到推脱责任、充当好人……

我想说的其实还有很多很多……我不想公开批评哪个同学，也不想点名表扬哪个同学。其实这些错误都是正常的，说大不大，说小也不小。十四五岁的年龄阶段，正是从不懂事到懂事、想充分证明和表现自己"长大"的阶段，出现问题是难免的，一个人不可能一生都不犯错误。人非圣贤，孰能无过。但绝不能认为这只是一点点小错，没什么大不了的。俗话说，冰冻三尺，非一日之寒。道理每个人都懂，但我们是否认真地去思考、去做了。不要任何事都错上一两次才知道错。我们没有时间，也没有精力，更绝对不可能去经历每一次错误。

我们要用心、尽力做好每一件事，正确对待老师、家长的谆谆教诲、批评甚至责骂。如果没有这些"烦人的絮叨"，我们就会走弯路。小时候，不乐意听，一听就烦；长大了即使你想听，也没有人会告诉你、去说你了。

人生就像一张纸、一本书，上面的所有印迹可能会随着时间的推迟而黯淡、遗忘了颜色，但永远都不会消失。我们昨天的、今天的、明天的所作所为都会在纸上留下一笔，这一笔也经常会洒在别人的人生旅程中。当我们在随意而为时，我们是否考虑过别人的感受。不要因为自己的一时冲动，而给他人、给自己也给关心我们的人留下一生的伤害。

我们要有自己的个性，有自己的性格，但我们必须对自己的行为负责，走好自己的每一步。错误是昨天的，那一页已经翻过去了。我们要做的，就是全心全意做好今天的一页，即使不可能尽善尽美，但至少我们到了明天不会对今天感到后悔。

我们是班集体的一员，班级的利益关系到我们的切身利益和荣誉。想想在过去的日子里，我是否为我们的班集体付出过、付出过多少，有没有承担起自己作为班级一分子的责任？每天，我们是不是承担起了做值日的责任？每天，我们的作业是不是都认真地完成了？当老师苦口婆心甚至不厌其烦地在讲台上讲课时，自己是否走神了？当同学们在面红耳赤地争论问题时，自己是否积极地参与了？

课堂为什么是他的？运动场上、文体活动中，上场上台的为什么不是我……

再想一想作为家庭的一员，我们为父母分担过什么，替父母做过什么？当他们面朝黄土背朝天辛勤劳作时，当他们起早贪黑外出打工而经常挣不到钱时，当他们因为怕我们冻着而脱下自己的羽绒服时……我们在做些什么？用父母的血汗钱去买MP3、买手机、买小说……有些父母每天用干硬的馒头就开水吃而省下的钱却被我们有些同学整天大方地拿去买泡泡糖、买"垃圾食品"……

父母照顾自己是理所当然、天经地义的；那自己的不懂事，让父母、老师操心生气也是天经地义的吗？为什么我们有时候做人做事不能用大脑去考虑问题呢？

话还得说回来。亲爱的同学们，我们面临着期中诊断，让我们从私心杂念中摆脱出来，清醒一下，也给父母、老师一次"相信自己"的机会。让他们觉得我们每天都在进步，即使是一点点进步，也值得欣慰。相信自己，努力一天有一天的收获；努力一周，就会有更多的收获。努力不一定成功，但不努力肯定会失败。学习不是我们的全部，也不是成才的唯一道路。但它是我们目前的主要任务，我们应该承担起属于自己的责任，做好自己应该做的事。

人只有不断地反思自己，才能做到自我完善和进步。就让我们每个同学学会自我反思吧。只有这样，我们才能进步。

（学生阅读并亲身感受着班主任的心里话，教室里静得出奇。我用这封信推心置腹、开诚布公、也是满含深情地与学生进行了一次心灵与心灵的交流。我用自己的爱心、真心赢得了学生的真心，唤醒了一群对学习麻木的学生的心灵，他们纷纷写下了自己的心里话）

班主任：下面我找几个同学来说一下自己的心里话。

史智康：老师，读了您的心里话，我的鼻子酸溜溜的，您说的那些班内的事情，里面当然也有我。看看自己的父母，整天为了挣钱而到处奔波，却那么疼爱自己的孩子。自己不好好学习，怎么对得起他们的血汗钱啊！

经过这次月考，我知道了问题的严重性。我以前总是对自己充满自卑，读了老师您的心里话后，我对自己的学习充满了信心。只要尽最大努力，就会有收获；如果不努力，等待我的只有失败……

纪璇：父母是面朝黄土背朝天的农民，他们没什么大道理，只是用行动教我怎么做。每次看到他们热切的目光，我的心就隐隐作痛。看到他们头上的银发，看到他们脸上的沧桑，看到他们不再硬朗的身子，我知道，自己应该长大了，应该懂事了。

老师，也谢谢您。如果没有您的这番心里话，我还是不会惊醒，或许还会堕落下去。两周，给我两周的时间，我会给您、给班级一个惊喜……

李璐娇：老师，您辛苦了！现在我才发现自己有多幼稚、多不懂事！说实话，自上初中以来，我一直觉得自己好孤僻。但自从来到初二（14）班这个温馨的大家庭后，我没有再那么孤僻过，因为我没想到会有这么多好同学，尤其是有这么尽心负责的班主任，一直在我们背后支持、鼓励我们，为我们加油，而我实在……实在对不起您。我给您带来了那么多的麻烦和担心。的确，开学的第一次月考我的成绩就下降了很多，我也找到了原因。我知道我错了。

张超超：正像老师您说的，从过年后开学以来，同学们的表现与上学期相比截然不同。和您一样，我也不明白这是为什么。为什么14班变得那么不团结，破坏公物、打架斗殴，为什么这样的事情发生在我们14班？

成绩下降了那么多，班里的每一员都很伤心，我们班和其他班的差距是什么？认真想一想，有差距吗？我们不是与其他班有差距，而是缺少斗志；我们不是没有实力，而是没有用心。因为有些同学把学习置于脑后，贪玩成了我们的主旋律。难道14班真的就这样一败涂地了吗？没有！我在运动会上看到的不是别的，是我们同学在为运动员呼喊加油！这是什么？这就是团结，在落后的时候还在拼命地向前跑！这是什么？这就是奋斗！

班里有这么多好同学，有这么多优点，为什么还这样？关键在于方法问题。我们需要反思自己，反思我们的班级。而您的心里话就给了我们一个认真反省自我的机会，让我们每个同学从自己身上寻找自己的不足。

张贺龙：老师，读了您的真心话，我也有很多话想对您说。

老师，您写的退步很大的学生中就有我。我知道自己在前一段时间过于松懈才导致自己月考成绩的退步，辜负了您的期望。我总结了一下自己月考失败的原因，无非就是上课不认真听讲，下课没有认真完成作业之类的套话，直到有一天我才发现了失败的真正原因。那天下午第四节课外活动，我飞快地与同学跑去餐厅，从餐厅回来后，不少还在埋头苦读的同学映入我的眼帘。有这么多刻苦学习的同学，还有几个成绩比我好的。他们在认真学习时，我却在浪费时间。为此，我努力学了好几天。

几天以后，我的斗志又渐渐地淡了下来。看到有些同学在玩，我便不能坚守自己心里的承诺，和有些同学玩了起来，慢慢地我又"沉沦"下去了。今天，与老师倾诉自己"沉沦"的经过，突觉斗志倍增，或许是自己尘封的心灵得到释放了吧。"逆水行舟，不进则退"，我突然醒悟了，我要学会抓住平时的点滴时间，这样才能更好地成长。

……

班长：今天，4月12日，或许会成为我学生生涯中，也或许是一辈子，值得铭记的日子。读了老师真挚的话语、发自内心的谆谆教导，我的心里一阵阵疼。我不断告诉自己，没什么，没什么，可看到班主任那为了班级操劳的心，感受着那浸透着汗水、泪水和心血的"班主任的心里话"，我知道我不可能做到无所谓。

同学们，我们不能眼睁睁地看着我们的班级这样退步下去。或许一次退步不能说明什么，但是它至少说明了我们这段时间退步了，有些同学的学习不在状态了。

老师，在这里我向您道歉，也向您保证，代表初二（14）班向您保证，在接下来的期中诊断中，我们一定会进步。

同学们有没有信心？

全体同学：有。

班主任：刚才听了不少同学的心里话，我们非常感动，有的同学都流泪了。我也非常感谢同学们对我、对班级说出自己的心里话。其实，我一开始就是想针对班级存在的问题和同学们做一次书面交流，于是就用一个下午的时间考虑了一千多个字。我把我最想说的话说给了同学们，同学们也把自己最想说的话告诉了我。我感觉我们的心更近了，我们可以进行心与心的交流与沟通，而不会再拿班主任当"老板"，不跟他或不敢跟他说心里话了。我希望每个同学都能够像今晚一样，有什么问题可以直接向我敞开心扉，我们一起去克服成长路上的困难，解决自己不好解决的问题。

我想说，我用自己的真心，换来了咱们58个同学的真心，我很感动。

（全体同学鼓掌）

（班主任鞠躬）

班主任：其实，咱们班很多同学缺乏自信，对自己的生活、学习、未来没有追求，没有好的打算；即使有自己的目标，也没有动力朝着这个方向去努力。今晚我们进行了自我反思，净化了我们的心灵，统一了我们的思想，增强了班级凝聚力和向心力。为了让我们每个同学的自信心得到进一步增强，让我们的精神状态得到锻炼和提升，我们来学一首歌《相信自己》。希望同学们用这首歌来激励自己，不断积极进取。

（我打开自己的笔记本电脑，播放零点乐队演唱的励志歌曲《相信自己》。充满激情与活力的旋律开始在教室里流淌）

（附歌词）

相 信 自 己
零点乐队

多少次挥汗如雨，伤痛曾填满记忆；
只因为始终相信，去拼搏才能胜利；
总是在鼓舞自己，要成功就得努力；
热血在赛场沸腾，巨人在东方升起……
相信自己，你将赢得胜利、创造奇迹；
相信自己，梦想在你手中，这是你的天地；
相信自己，你将超越极限、超越自己；
相信自己，当这一切过去，你们将是第一……
相信自己。

（一开始，学生集体跟随电脑播放歌曲的旋律唱。后来，由一个学生自主领唱到不少学生抢着领唱。高昂的歌声激荡在每个学生心中）

（一个学生用日记记述了当时的情景）

（附文）

被 爱 征 服
初二（14）班　周彩红

那是一个春天的夜晚，风也格外的温柔……

晚自习的铃声清脆地响起，而张狂的我们却像树荫下的雀鸟，没有丝毫的收敛，连班主任进来的脚步声都没听见。是老师的脚步太轻了吧！就像他的心，几乎掀不起一丝涟漪。

一个月来，我们像仙人掌一样，刺得他浑身是伤。他捧出真心，却一再被我们泼上冷水，再旺的火焰也有虚弱的那一刻呀！

他静静地看着我们，不言不语，像空气一样，眼里涌现出一簇火苗，在极力挣扎着、燃烧着。

我们乖巧地安静下来，但绝不是害怕，而是因为老师第一次这样反常，也是有一股力量从他眼神中传来，令我们震惊。

他送我们一篇文章，篇幅好长，那是他的心里话。我们细细地读着，读着……

"我们要有自己的个性，有自己的性格，但我们必须对自己的行为负责，走好自己的每一步。错误是昨天的，那一页已经翻过去了。我们要做的，就是全心全意做好今天的一页，即使不可能尽善尽美，但至少我们到了明天不会对今天感到后悔……"

一句句心里话犹如一股股爱的暖流，圆润了我们青春的棱角，清洗了我们的张狂，暖暖地焐着我们的心。那一刻，我们发现自己有些懂事了。

当我们抬起头看他时，他激动地说："我曾想过放弃，可我不愿失望，我相信我的选择，我更相信你们不会再让我失望。"随即，一首《相信自己》在教室里回荡：

"……只因为始终相信，去拼搏才能胜利；总是在鼓舞自己，要成功就得努力……"

声音很低，似乎重喘一口气就听不到了。但那歌声像一条畅通无阻的溪流，轻快地在寂静的教室奔腾。

歌声一遍又一遍地重复，我们的心一次又一次地被暖暖地撞击，眼前有些模糊。

老师让我们随着唱，口气有些苦涩。而我们心中却淅沥着酸醋般的雨。细想以前那些愚蠢的行为，老师火热的爱……

歌声如同我们的心情被一点点释放，声音也越发响亮。

老师关上两盏灯，悄悄躲在了教室后面……

"沙沙！"细听似春雨的声音！不，那是爱唤起的泪，是老师用爱打开了云裹着的爱。那一晚，58朵花悄悄绽放，揣着爱，昂起自信，走向未来。

我们放声高歌，歌如浪潮，一次比一次猛烈，喊痛了喉咙也不去理会。沙哑的歌声，激昂的热情，唱出了我们深深的歉意，回应着老师那片爱心，也寄去我们那迟到的爱。

那一晚，我们的心，被爱的海浪征服，曾在心中疏懒的一切，都猛然睁开了睡眼：自信、勇气、追求……

那一晚，我们心中的梦想不再渺茫，我们的目光汇聚，被爱征服的我们要用爱征服未来。

【班会总结】

班会的流程其实很简单，因为符合学生当时的实际情况，开得非常成功，很多学生在那一晚的班会上心灵受到了震撼，甚至流下了泪水。分析这次班会，就是三个字：一"读"，二"写"，三"唱"。因为是用心去做的，用真心和爱心去做的，所以我也收获了全班学生的信任和心里话。我用我的肺腑之言赢得了学生的理解、尊重和支持。可以说，这次师生之间的对话，起到了良好的教育作用。以后，我与大部分学生之间的交流都比较深入，学生的顾虑也少了，愿意跟老师说说自己存在的困惑、问题。一晚上的思想教育,终于让我们的班级进入了班风正、学风浓的良好状态。当然,这也与平时的日常管理分不开。

这个班的一位学生在教师节时给我写了这么一段话:

"不想用华丽的语言去解释您的好,任何的表白在您伟大的爱面前早已显得苍白无力;您的一封真心话早已让我泪淌,您的那双眼总是对我充满希望,让我有勇气在青春的跑道上与别人较量。您的爱,像海上的灯塔,拨正我人生航船的方向。您像一位父亲,用父爱的肩膀呵护我在16岁青春的路上勇敢地飞翔,追逐梦的方向。没有给您承诺过什么,只是想用我飞翔的高度去诠释您给我的力量。"

(山东省淄博市高青三中　李春刚　邮编:256300)

操作提示

1. 接组合班级,公平、公正是赢得学生的一个重要砝码,真诚更是走进学生心灵的最好办法。因此,组织这样的主题班会,班主任的态度一定要真诚,发自肺腑的内心之言往往是打动学生的最好武器。

2. 组合班级往往有不同派别,要注意疏通不同派别之间的矛盾,巧妙寻找结合点,把不同派别学生的心往一个地方扭。可以聊共同愿望,可以共同做一件事情,比如让不同团队里的头目用同一种字体写同一个班名。在做同一件事情的过程中,学生的感情和注意力都容易集中。

二、青春励志型主题班会

为理想插上腾飞的翅膀——"后进生"转化主题班会

【推荐理由】

1. 后进生教育是每个班主任不可回避的主题,也是一个非常敏感的主题,从选材上说,这个主题班会具有广泛的借鉴意义和参考价值。

2. 后进生之所以"后进",除了个人习惯不好、有生理缺陷和家庭环境影响之外，一个很根本的问题就是没有人生奋斗目标，没有前进动力，因此"后进"。那么，对后进生进行理想教育，则是抓住了学生思想工作的重要一环。

【适用时间】初三第一学期

【班会背景】

学生进入初三，很快将迎来人生的第一场挑战，但班级一些"后进生"奋斗目标不明确，学习情绪低迷。我希望通过班会的形式，让这些学生合理规划自己的学习生活，明确自己的奋斗目标，增强学习积极性，向人生理想发起冲击。

【班会目的】

1. 引导学生特别是"后进生"合理规划初三生活，明确目标，振奋精神，积极面对生活和学习中的挑战，增强适应能力。

2. 有目标的生活叫航行，没有目标的生活叫流浪。人生的目标换言之就是人生的理想。理想是人生的灯塔。希望借助这个主题班会，激发学生树立个人明确的理想。

3. 激发学生的学习动机，增强学生的学习积极性，促进班风全面好转！

【重点难点】

班会活动中有相声、名言警句大比拼、Flash 动画播放、诗歌朗诵、小品表演等诸多内容，因此，前期材料的准备工作十分重要。谈理想是需要激情的，指导学生在表演中融入真情实感，才能更好地激发出"后进生"的生命潜能。

【课前准备】

1. 确定主持人（男：汤雄烽，女：陈莉），确定节目表演人员，事前做适当的指导。

2. 指导学生排练小品、相声、朗诵。

3. 让学生收集与名人有关的歌颂理想和立志的警句。

4. 全班学唱《真心英雄》。

5. 做好同步播放的 PPT，收集相关资料，包括文字、图片、音频文件等。

6. 调试好多媒体、电脑等设备，布置好会场。

【设计思路】

以歌曲《水手》拉开班会序幕；相声表演《谈理想》让学生对理想有一个初

步的认识；以名言警句引导学生树立理想；播放 Flash 动画《蜗牛》启迪学生为实现理想付诸行动；朗诵诗歌《理想》，坚定前进的步伐；小品表演，暗示为实现理想要脚踏实地。班会在背景音乐《我的未来不是梦》中落下帷幕。

【班会实录】

一、播放歌曲《水手》，揭示主题

（播放歌曲《水手》，主题班会开始）

男主持人：伴随着这首激动人心的《水手》，拉开了我们"为理想插上腾飞的翅膀"主题班会的序幕。

女主持人：有人说，理想是笔，写出人生之光；理想是光，照亮黑暗的路；理想是路，带你走向成功。理想究竟是什么呢？有请杜家鹏和王聪给我们表演相声《谈理想》。

（学生杜家鹏、王聪表演相声《谈理想》）

谈 理 想

杜：今天我想和大家谈谈理想的事。

王：关于"李响"的事我知道得比你多。

杜：那你说说——

王：这小子：饿了吃汉堡，闲了玩电脑，上课净睡觉，有事没事总爱往篮球场上跑。

杜：你这理想是——

王：我们宿舍的，睡在我上铺的兄弟。

杜：咳，我说的这个理想他不是人。

王：是个东西？

杜：也不是东西。

王：那是什么呀？

杜：理想——是你人生奋斗的目标。有人说理想是你成功的指路灯，有人说理想是你腾飞的翅膀。没有理想，你的人生航船就失去了方向；没有理想，你的人生天空将失去太阳。

王：那我得有理想，没了太阳，我得天天开着电灯，多费电啊……（全班爆笑）

男主持人：严肃的班会，也会有轻松的笑料。感谢杜家鹏和王聪，他们用风趣幽默的表演，激发了我们对理想的认识。

女主持人：对我们来说，理想就是灯塔，指引人生前进的方向，照亮人生前进的路程。现在，我们进入班会第二个环节，名言警句聊理想。

二、名言警句聊理想

男主持人：下面我们来玩一个小游戏——当我们说出一句名人名言时，请大家猜猜作者是谁。游戏规则：我一念完，知道答案的同学请站起来回答，答案正确者将会有一份小小的礼品。

（名言警句大比拼）

女主持人：大家要赶快行动哦！机会有限哦。

男主持人：好，游戏现在正式开始。

女主持人：三军可夺帅，匹夫不可夺志。（孔子）

男主持人：志当存高远。（诸葛亮）

女主持人：老骥伏枥，志在千里；烈士暮年，壮心不已。（曹操）

男主持人：没有抱负的人，他的生活缺乏伟大的动力，自然不能盼望他有杰出成就。（华罗庚）

女主持人：穷且益坚，不坠青云之志。（王勃）

男主持人：先天下之忧而忧，后天下之乐而乐。（范仲淹）

女主持人：人生自古谁无死，留取丹心照汗青。（文天祥）

男主持人：会当凌绝顶，一览众山小。（杜甫）

女主持人：粉身碎骨浑不怕，要留清白在人间。（于谦）

男主持人：志不强者智不达。（墨翟）

女主持人：不戚戚于贫贱，不汲汲于富贵。（陶渊明）

男主持人：非淡泊无以明志，非宁静无以致远。（诸葛亮）

女主持人：燕雀戏藩柴，安识鸿鹄游。（曹植）

男主持人：大鹏一日同风起，扶摇直上九万里。（李白）

女主持人：古之立大事者，不惟有超世之才，亦必有坚忍不拔之志。（苏轼）

男主持人：生当作人杰，死亦为鬼雄。至今思项羽，不肯过江东。（李清照）

女主持人：从这些警句中我们可以看出，树立理想对于成就一个人的事业是非常重要的。一个人，树立了远大理想，就意味着事业成功了一半。无志之人，不可能激起生活的浪花；无志之人，不可能享受事业的种种辉煌。

三、播放 Flash 动画《蜗牛》，学生交流

男主持人：据说，世界上只有两种动物能到达金字塔的塔顶，大家能猜一猜是哪两种动物吗？（全体学生一起猜）

女主持人：这两种动物，一种是雄鹰，另一种就是蜗牛。

男主持人：鹰有一对飞翔的翅膀，蜗牛背着一个厚重的壳。这两种动物从出生就注定一个在天空、一个在地上，是完全不同的动物，它们唯一相同的是都能到达金字塔顶。

女主持人：鹰能到达金字塔顶，是因为它有一双善飞的翅膀，人们赞美展翅高飞的雄鹰，它带给人的是力量。

男主持人：而那小小的蜗牛却被人们淡忘，因为它是那么的弱小，又是那么的脆弱，你的两只指头就能让它断送生命，你的一只脚就可能把它送进坟墓。然而，它却能够与雄鹰达到同样的目标，它靠的是什么呢？请大家欣赏动画歌曲《蜗牛》。

（播放 Flash 动画《蜗牛》）

女主持人：欣赏完 Flash 动画《蜗牛》，请大家说一说，蜗牛靠什么能够和雄鹰一样到达那高不可攀的金字塔顶。

（学生回答）

生1：蜗牛靠的是顽强的毅力。

生2：蜗牛抱着对理想的渴望，靠着自己坚持不懈的精神，终于到达了理想的彼岸。

生3：没有它的理想，就没有它的奋斗；没有它的奋斗，就没有它的成功。它靠的是理想。

生4：蜗牛遇到困难，不会临阵退缩。它靠的是坚定的意志。

生5：正是它那不畏艰辛、坚持不懈的精神，才促使它到达光辉的顶点。坚持就是胜利。

男主持人：大家能说说欣赏动画后的感受吗？你从蜗牛身上学到了什么？

（学生交流后回答）

生1：蜗牛虽然力量弱小，但是它目标远大，勇于挑战，敢于拼搏。面对挫折，永不言败，意志坚定，最终达到了目标。

生2：在每个人的心中都会有个理想。为了理想，我们应该像蜗牛一样，发愤图强，向着自己的目标冲刺。坚持是理想的双翼，带着我们飞向美丽的巅峰。

生3：我们想要到达成功的彼岸，必须先有一个梦想，再加上坚持不懈、勇于攀登的精神。

生4：其实，每个人都会经历艰难困苦，关键要看你怎样对待它。你若把它背在肩上，它就成了你前进的负担；相反，你若把它垫在脚上，它就成了你进步的阶梯。正确地对待困难，与其斗争，永不畏惧，永不退缩，义无反顾地勇往直前，就一定能成功。

生5：我从蜗牛身上学到了要充分相信自己的实力。

生6：给自己定了一个目标，就要不懈努力、不畏艰难地去实现，这样才能不断超越自己。

生7：蜗牛这种永不放弃的精神令人敬佩，它的毅力使人震惊。

生8：一个人做任何事情，都应该有信心和决心，否则，将一事无成。

生9：蜗牛为了自己的理想，坚持向前，不怕任何困难。我们也要像蜗牛一样，为了理想和目标，勇往直前，获取成功。

生10：生活充满了荆棘，但是只要付出努力，我们就一定会到达理想的彼岸。

生11：我们在生活中要有滴水穿石的精神，只有这样，才能从一次成功走向又一次成功，才能实现自身的价值。

男主持人：大家说得都很好，那么你们知道老师选择播放《蜗牛》这首歌曲的初衷吗？

女主持人：我想，可能是因为我们班整体基础薄弱，"后进生"较多吧。

男主持人：是啊，虽然我们班"后进生"的基础还不很强，但是，只要我们心中有梦，能够像蜗牛一样一步一步往上爬，我们也能在最高点乘着叶片往前飞，相信，总有一天我们会拥有属于我们的天空。

四、朗诵诗歌《理想》，坚定前进的步伐

女主持人：是梦，总有醒的时候，我觉得我们所拥有的应该是基于我们实际的理想，理想能够使我们前进的步伐更坚定。请大家欣赏诗朗诵《理想》。

（两位男生、两位女生朗诵诗歌《理想》，配背景音乐《眼泪》）

男A：理想是石，敲出星星之火；

男B：理想是火，点燃熄灭的灯；

女A：理想是灯，照亮夜行的路；

女B：理想是路，引你走到黎明。

男A：理想是罗盘，给船舶导引方向；

男B：理想是船舶，载着你出海远行。

男生合：理想有时候又是海天相吻的弧线，可望而不可即，折磨着你那进取的心。

女A：理想使你微笑地观察着生活；

女B：理想使你倔强地反抗着命运。

女生合：理想使你忘记鬓发早白；理想使你头白仍然天真。

男生合：理想是闹钟，敲碎你的黄金梦；

女生合：理想是肥皂，洗濯你的自私心。

合：理想既是一种获得，又是一种牺牲。

合：理想如果给你带来荣誉，那只不过是它的副产品，

男A、女A合：而更多的是带来被误解的寂寥，

男B、女B合：寂寥里的欢笑，

女A：欢笑里的辛酸。

合：世界上总有人抛弃了理想，理想却从来不抛弃任何人。

男生合：给罪人新生，理想是还魂的仙草；

女生合：唤浪子回头，理想是慈爱的母亲。

男生合：理想使忠厚者常遭不幸；

女生合：理想使不幸者绝处逢生。

合：平凡的人因有理想而伟大；有理想者就是一个"大写的人"。（重复一遍）

全班：平凡的人因有理想而伟大；有理想者就是一个"大写的人"。（重复一遍）

女主持人：罗伯特·勃朗宁曾说过，人类的伟大不在于他们在做什么，而在于他们想做什么。

男主持人：福尔摩斯说过，世界上最重要的事，不在于我们在何处，而在于我们朝什么方向走。

女主持人："想做什么""朝什么方向走"指的就是我们头上的一颗指路明星——理想。那么，什么是理想，你的理想是什么？

五、话理想，唱《真心英雄》

男主持人：下面，我们来采访一下我们班的同学，听听他们都有什么理想或奋斗目标。

（以采访的形式让学生说出自己的理想或目标）

生1：我的理想是能考取海门中学，为自己的未来创造更大的机会。

生2：我的奋斗目标是尽自己的努力考取包场中学。

生3：当一名军人，报效祖国。

生4：长大后，找一份好的工作，孝敬父母。

生5：我想成为一个美食家，吃遍全世界。

生6：去法国留学，当一名时装设计师。

生7：我想当一名宇航员，去探索那神秘的黑洞。

生8：我想当特种兵，为保卫祖国贡献一份力量。

生9：我想当设计师，设计出许多漂漂亮亮的衣服，让他人因为穿上这些美丽的衣服而快乐。

生10：我的理想是让为我操劳的双亲过上好日子。

生11：当一名歌唱家，唱出自己的理想。

生12：攒足够的钱，环游世界。

生13：长大后，当一名画家，画出美丽的图画，愉悦人们的心情。

生14：我想当一名医生，救死扶伤，让每个人都拥有健康的身体。

生15：当一名人民警察，保护人民的生命财产安全。

生16：我希望我有个幸福美满的家庭，有着浓浓的亲情。

生17：我希望我生存的社会变成一个人人互相关爱、互相尊重，而又个性各异生，多元与和谐并存的社会。

生18：当教师，当一名小学教师曾是我的理想。因为，可以教书育人，把自己的所有知识都传递给自己的学生，让他们拥有许多知识，展翅飞翔！

女主持人：看来大家心中都有一个理想、一个目标，那么我们必须"把握生命里的每一分钟，全力以赴我们心中的梦"，这让我想起了我很喜欢的一首歌——

男主持人：什么歌呢？……哦，我知道了。

主持人合：《真心英雄》。

女主持人：没错，就是它了，现在我们一起来唱这首歌曲。大家一起来唱，好不好？

（音乐起，学生合唱《真心英雄》）

六、小品表演

男主持人：带着理想，做真心英雄，感觉真好。虽然美好的理想，激励着美好的人生，但美好的理想，并不是虚幻的彩虹，还要脚踏实地。可是我发现，有些同学讲理想的时候信誓旦旦，却没有真正地落实到实际行动中去，学习马虎，怕苦怕累，学习成绩一差劲就灰心，这样，是永远无法实现理想的。

女主持人：下面我们一起来欣赏一个小品，或许，在小品里面有你的影子哦。有请吴金亮、张煜、戴凯文上场！

（演员：A——吴金亮，B——张煜，旁白——戴凯文）

旁白：考试成绩出来了，A英语成绩不及格，他垂头丧气地趴在宿舍的桌子上，心里不是滋味……

B：小A，今天我们出去打打球，放松一下紧张的心情，怎么样？

（小A看着手中那张不及格的英语试卷，显示出无奈）

A：对不起！恐怕不能去了。下周要期中考试了，我要背英语单词，争取考出好成绩。

B：哥们儿，这可就不够义气了。

A：可是，如果我不背英语单词，那明天的英语考试又要完蛋了。

B：放心，不就两个小时。等打完篮球，我跟你一起背，怎么样？

旁白：小A看着小B那充满期盼的目光，又瞅了瞅手中的试卷，心里很矛盾。

（这时，小B扬了扬手上的篮球）

B：你看，我把球都给你带来了，你可别扫大家的兴哦！

（小A犹豫了很久，突然转念一想，心一狠——）

A：那好吧！

B：这才是朋友嘛。我可是把大前锋的位置都留给你了。

A：够意思。

旁白：小A、小B肩搭着肩，消失在远处。时间一点一滴地流逝着，他们大汗淋漓。

天色已晚,小 A 带着一身的疲惫回到了宿舍。躺在床上,刚翻开英语书本就睡着了。

(第二天)

A:我该怎么办呀?没背英语单词,这次死定了,老师肯定会骂我,妈妈肯定又会责怪我了。唉——

旁白:考试结束了,小 A 英语又是不及格,捧着打满红叉叉的试卷,他后悔莫及。他又一次下定决心认真背单词,好好复习……

男主持人:看来,这位同学的理想只能在他的梦中去实现了。其实我们平时经常会遇到这样的事情。我们都有理想,可是经不起身边的诱惑,理想最终慢慢地从我们心中走远。

女主持人:在现实生活中,我们还有这样的例子,比如,冬天天气太冷,早上又要很早起床做操,有些同学坚持了几天,之后就懒得起床,越来越偷懒。

男主持人:又比如,有的同学学习成绩暂时落后,明明付出了努力,但是不见起色,于是便自暴自弃。

女主持人:有言道,有志者立长志,无志者常立志。不能因为一次的失败或一时的失误,而对自己灰心丧气。

男主持人:就像我们在上课前听到的《水手》这首歌,重复多遍的歌词"他说风雨中,这点痛算什么,擦干泪不要问为什么"给了我们很深的启示。

女主持人:是的,歌词告诉我们,无论是在学习中还是在生活中,我们都会碰到挫折、失败或困难,但我们必须勇往直前,不畏艰难险阻,才能实现自己的理想。

男主持人:没错,相信有些同学心里应该有个底了。人有远大的理想固然很好,但实现理想光靠想是不行的,那么,我们应该怎样才能实现我们的理想呢?这就要有一个人生的规划。

女主持人:怎么规划呢?我们在为自己制定个人目标规划之前,必须寻找自己的闪光点与不足之处,试着正确认识自己、审视自己,这样才能找到最适合我们的位置。请张老师播放幻灯片,这份是我的个人目标规划情况表,大家在制定个人目标规划时可以参考一下，很有用的哦。

（投影陈莉同学的"个人目标规划情况表"）

个人目标规划情况表

年份	学习目标	其他目标	达成情况	自我评估
2008（过去）				
2009（现在）				
2010（未来）				
目标规划完成情况总结				

男主持人：看了陈莉同学的"个人目标规划情况表"，我们在座的有没有谁要向那些正在路口徘徊的"后进生"提一些建议啊？

（学生提建议）

生1：我想对那些还在十字路口徘徊的同学说，明确目标，为之努力。

生2：其实，你们并不是不行，而是缺乏改正自身缺点的信心和勇气。

生3：我想对"后进生"说，暂时的困难并不可怕，可怕的是你们缺少克服困难的意志。

生4：俗话说，有志者立长志，无志者常立志。一个有理想的人，一旦确立好自己的目标，便会不懈努力，不达目的誓不罢休。

生5：一分耕耘，一分收获。学习必须一步一个脚印，脚踏实地，否则，将会一落千丈。

生6：要学会自我评估，学会反思，不断总结学习过程中的得失，扬长避短。

（投影明确）

明确目标
脚踏实地
树立信心
克服困难
持之以恒

（全班齐读两遍，加深对上述五点的印象）

女主持人：事无大小，凡事预则立，不预则废。让我们合理规划自己的人生，铸就辉煌的未来！

七、班主任发言

男主持人：我想，大家通过这次班会，定会树立远大理想，创造人生辉煌，书写一首不朽的人生篇章。

女主持人：现在有请我们的班主任——张老师做总结，掌声欢迎。

班主任（总结）：首先，很感谢为这次主题班会付出了辛勤劳动的同学们！本次班会，同学们都表现得很积极、很主动，能大胆地畅谈自己的理想，树立自己的信心，给大家呈现了你们精彩的一面。

今天这堂班会课，我看到了大家洋溢自信的表情，听到了大家充满豪情的语言，看到了学习有困难的学生目光中的自信和希望，我真的很开心、很感动。是的，理想是还没有实现的东西，是对未来的美好憧憬和希望。努力从今日始，就能一步一步登上高峰，欣赏壮丽的景色；努力从今日始，就能爬上树梢，品尝最甜美的果实；努力从今日始，你们就能踏入人生最辉煌的圣殿。我相信，只要大家努力学习，好好把握今天，为明天打下坚实的知识基础，你们的理想就能够实现。

同学们，为了自己的理想，让我们都插上努力的翅膀，奋勇飞翔吧！

【班会总结】

初三学生即将面临人生的挑战，如何通过班会的形式，成功转化"后进生"，挖掘出"后进生"无穷大的潜能，始终是班主任面对的一大难题。理想教育是一个不错的选择。

班会以歌曲《水手》引入主题，继而通过相声表演、游戏、播放 Flash 动画、讨论、朗诵、采访等形式说目标、谈理想，生动形象地向学生揭示出实现理想光靠想是不行的，还必须要付诸行动，克服困难，规划自己的人生。整个班会活动完全是以学生自己为主体，放手让学生在班会活动中展示自我、反思自我，明确了自己的人生奋斗目标，增强了学习动力和热情，达到了学生自我教育的目的，坚定了学生努力学习的信念。

班会实录中一些言辞贴近学生生活，起到了振聋发聩的警醒作用。比如："美好的理想，并不是虚幻的彩虹，还要脚踏实地。可是我发现，有些同学讲理想的时候信誓旦旦，却没有真正地落实到实际行动中去，学习马虎，怕苦怕累，学习成绩一差劲就灰心，这样，是永远无法实现理想的。"而以采访形式让学生直抒心声，更将班会推向了高潮，巧妙点燃了"后进生"理想的火焰。

（江苏省海门市树勋中学　张寄华　邮编：226146）

操作提示

1. "后进生"教育是一个敏感话题，不能够目标太明确，要把班会的落脚点放在对全班进行励志教育，然后侧重于激励和激发"后进生"的学习动力，而不要单纯地放在"后进生"的教育上，那样容易引起他们的反感。

2. 尽量用鲜活的案例、生动的故事、形象的道理，增强班会的实用价值和课堂魅力。

三、思想教育型主题班会

我为什么要读书——建构可持续发展的读书观

【推荐理由】

1. 现在，富裕家庭的孩子越来越不爱读书，不是他们缺乏读书的动力，而是他们根本不知道自己为何读书。

2. 引导富裕家庭的孩子明白读书对他们的重要性，进而建立可持续发展的读书观尤其重要。本节课很好地解决了富裕家庭孩子不愿读书的思想问题。

3. 本节班会课采用现场采访、辩论等方式让学生明白"我为什么读书"的道理，从而形成自己可持续性的读书观，值得那些富裕地区的班主任借鉴。

【适用时间】初三第一学期

【班会背景】

如果说读书是为了摆脱贫穷，那么，作为经济特区的孩子，他们读书又是为了摆脱什么呢？这些"生在福中不知福"的孩子如果不弄懂这个道理，是不可能静下心来读书的！因为，在物质上，他们不需要做任何的改变！他们是"90后"中的"钱多多"，他们生活在物质非常优裕的家庭，待在条件非常优越的校园里。也就是说，在他们的意识里，读不读书，成绩好与不好，他们都将过着优裕的物质生活。改变生活的环境对他们来说，起不到任何作用！因为，他们不需要改变，他们生活的环境已经很好了！

那么，什么才是他们读书的动力呢？孩子们究竟为什么要读书呢？带着这个疑问，我给孩子们上了一堂"我为什么要读书"的班会课。

【班会目的】

1. 通过这堂班会课，让学生懂得"为什么要读书"的理由，从而激发他们努力读书的动力。

2. 通过这堂班会课，帮助学生建构可持续发展的读书观。

【重点难点】

1. 让学生认识到读书是一种自我需要，是实现自我价值的途径。

2. 让学生形成自己可持续性的读书观。

【课前准备】

1. 课前调查乐美家族成员的读书观。

2. 选出并培训课堂小记者，指导小记者写出采访提纲。

【设计思路】

1. 通过实地调查以及网络资料，得知当下年轻人的读书观。

2. 通过采访、讨论等方法，让学生明确自己为什么要读书，进而形成自己可持续性的读书观。

【班会实录】

一、现场采访摘录

现场采访共三轮。

第一轮：由黄瑞鑫采访"60后"老师的读书观

黄瑞鑫拟写的采访提纲是：

您好，请问老师贵姓？

请问您读高中时，对于为什么要读书是如何想的？

后来有无变化？变化之后是怎样的？

您现在是否已经有了固定的读书观？

好，谢谢，我的采访完毕！

黄瑞鑫采访的是高一年级语文学养最深厚的程小春老师。程老师非常诚恳地说道："我最初是因为家里姊妹很多，很穷，所以读书是为了改变我的环境。也正是因为读书，我从农村来到了城市，做了我想做的事。现在我当然有我自己比较固定的读书观了，我现在读书，除了为搞好工作，更多的是为丰盈自己的精神世界，超越自己，实现自己的人生价值。"

程老师的现场回答很精彩，赢得了听课师生的掌声。只是没想到的是，采访的时候，黄瑞鑫很笃定地走到了教室后面，可采访结束后，我请他小结一下程老师的读书观，他竟然一个字也说不出。事后他告诉我，他从来都没在大庭广众之下采访过老师，当时吓得脑子一片空白。

这件事使我陷入了沉思。这些孩子没到艺术班之前，均是班里的学业落后分子，哪里有锻炼的机会？教育要彰显公平，这不应是写在标语上的，而应是要装在教师的脑子里，并且运用在行动上的。

第二轮：出示"70后"的读书观

1. 读书如同吃饭睡觉，是生活必需。
2. 为一张文凭。
3. 改变自己的生存环境。

当我把"70后"的读书观（网络调查）用课件播放出来之后，乐美家族的赵梓敬竟然向我"发难"，噔噔噔跑上讲台，要采访我。

他的采访提纲是：

老师，请问您是"70后"吗？

您认同上述"70后"的读书观吗？

您的读书观是不是从小就形成了？

现在变了没有？

好，谢谢，我的采访完毕！

师：从小，我就没想过我要当老师。因为我是一个没有理想，也不懂得理想为何物的乡村野丫头，所以，除了疯玩、群殴、对骂之外，我的生命里没有任何动人心魄的色彩。

8岁，我才有机会走进学校。但是，知识没有让我的眼睛变得清澈，更没有为我的心灵插上翅膀。我仍然是一个疯野的丫头，哪里好玩便到哪里玩，哪里热闹便往哪里钻。读书，只是因为长大了，顺理成章的事，就如同饿了要吃饭，困了要睡觉一样。我每天关心的是，可以怎么玩，可以和谁玩，可以玩谁。

小学四年级，我开始努力，不是因为我懂事了，而是因为换了一个老师。很年轻，很高大，很整洁，很帅气，很有书香气的一个老师。在他面前，我那颗狂野的心开始收敛，慢慢地，我由差等生变成了优等生。

之后，一直很努力地学习。努力学习的目的有三。其一，取悦我的父母和邻人；其二，取悦我的老师；其三，当同龄伙伴的老大。

后来，我读了王小波的书，其中有两句话深深地震撼了我。一句是："人活着，就是使劲把自己往聪明上弄！"另一句是："做思想的精英远远比做道德的精英重要！"就是这两句话深深地打动了我，我的读书观彻底改变了，我再也不为取悦别人读书了，我读书完全是为了让自己更充实，也更智慧！所以，直到现在，我最热衷的购物喜好就是买书；在家里，我最爱做的就是捧一本书享受文字的清香和穿越在文字中的那份安闲惬意。

第三轮：出示"80后"的读书观（网络调查）

1. 为了我自己的未来。为了能找到一份好工作，为了挣更多的钱去照顾我的家人，为了让我所爱的人能够得到他想要的。为了让我的孩子能够有一个好的学习环境，为了让我不必因为穷而在别人面前抬不起头来。归根结底就是为了让我和我的家人都幸福。

2. 就是为了你自己，为了你自己今后有个好生活、好环境，还有供养你、关心你的人。最终还是为了你自己，不要觉得读书是为了别人。

3. 说是为了国家，为了人民，这个好像太大了一些。现在我觉得应该是为了我们能更好地了解这个世界吧。我们的祖先就已经开始不断地探索，也是为了能更好地活着。我想我们读书，一定会获得知识，明白道理。这样我们就会更了解这个世界，就能够活得更自在，这当然指的是工作方面，还有生活方面，我们可以更轻松地实现自己的理想。

4. 为读书而读书。

5. 为了让"80前"看得起而读书。

这一轮的采访是由乐美家族的卓俊完成的，他的采访提纲是：

老师，您好，请问您认同上述观点吗？

如果不认同，那么您的读书观又是怎样的呢？

好，谢谢，我的采访完毕！

卓俊采访的是现场听课的刘薇珠老师。刘老师说她当初读书的目的很简单，就是想当老师，读书是因为有梦想，现在梦想终于通过读书而成真了！末了，刘老师还特意强调，她不赞同上述"为了让'80前'看得起而读书"，她说那只是代表极个别"80后"的观点，不代表"80后"的主流思想。

二、现场辩论采珠

（展示网络调查"90后"的读书观）

1. 为了分数而读书；分数高才能上好的学校；上好的学校才能找到好的工作；找到好的工作才能赚大钱。

2. 确切地说，读书不是为了分数，是为了钱……中华崛起也需要钱，所以总理没说错……

3. 读书就能读出钱来。

4. 你必须得活着；活着就需要吃饭；吃饭就需要钱；赚钱就需要劳动；劳动就需要岗位；获得岗位就需要文凭；获得文凭就需要考试；考试就需要背书；背书就需要读书！

当我把"90后"的读书观用课件播放出来之后，所有的孩子都哄笑了起来。无独有偶，这四条读书观都与"钱"有关。之后，他们议论纷纷，最后一致认为，这四条读书观，都符合他们"90后"的认知。在他们的脑子里，读书就是为了钱，因为有钱了，就可以做很多事。特别值得一提的是黄川览，他说，有了钱，他可以做很多自己想做的事，比如像李嘉诚、比尔·盖茨那样去做慈善。我笑着问他都做哪些慈善，他说，向落后的山区捐资助学。

乐美家族每个孩子无疑都是"90后"，那么他们的读书观又是怎样的呢？事先我做了调查并整理如下：

1. 为父母读书。——13人次

2. 为考大学，谋出路。——35人次

3. 为履行受教育权而读书。——1人次

4. 读书是为了我自己。因为读书，认识了很多朋友；因为读书，才了解了生活；只有读书，以后的我才能走得更远。所以，我要读书。——3人次

师：由此观之，乐美家族没有一个同学是为钱而读书的。不过，这也是我百思不得其解的——我发现很多同学不是为了"钱途"而读书，而是成了"钱多多"不读书！这究竟是真有其事，还是我的主观臆断？如果是真有其事，请帮我找点材料证明一下；如果是我的主观臆断，请找出材料反驳我。

（学生顿时形成两派。一派赞同我的观点。其中，赵梓敬现身说法，证明自己确实是因为家里条件太优裕，所以没有任何动力，只是混日子。反对我的学生更多，其中，陈佩珊站起来用她姐姐的事例驳斥了"'钱多多'不读书"的观点）

赵梓敬：我很认同钟老师的观点。从小我就生活在一个经济条件非常优越的家庭，从来没有因为钱发愁过。我不知道饥饿是什么感觉，我最发愁的是不知道

吃什么好,觉得什么都吃腻了。我也不用担心今后找工作,反正我家里开有公司,子承父业天经地义。我家里也有房有车,并且还不止一套房。我啥都不缺了,我干吗还努力读书呢?

陈佩珊:我反对赵梓敬的观点。那只是个别情况,不代表所有的人。我有个表姐,家里资产上千万,过的是大小姐一般的日子。但她并没有因为家庭富裕而放弃读书。相反,她学习成绩非常优异,并且还参加各种社会活动,到西部贫困地区去做志愿者。我表姐说,她读书的目的不是为了挣大钱(她也不需要挣钱),而是充实自己,做一个能创造、有作用的人,不要做那种"活着浪费粮食,死了浪费土地"的废人。

(经讨论之后,得出结论:读书不读书,跟钱的多少没有绝对的关系,跟自己的观念才有关系)

三、界定读书范畴

从网络调查以及我们乐美家族成员展示出来的读书观来看,好像落脚点都立足在学校学习这个点上。我个人认为这太狭窄了,我们要想确立可持续发展的读书观,那就要把读书这个概念进行界定,明确读书的概念。

(课件展示)

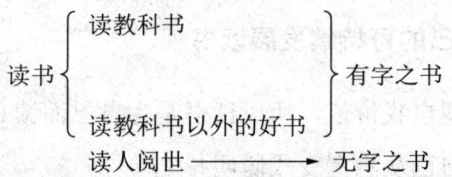

待学生确定读书的范畴之后,我抛出马斯洛的需求层次理论,引导学生。

(课件展示)

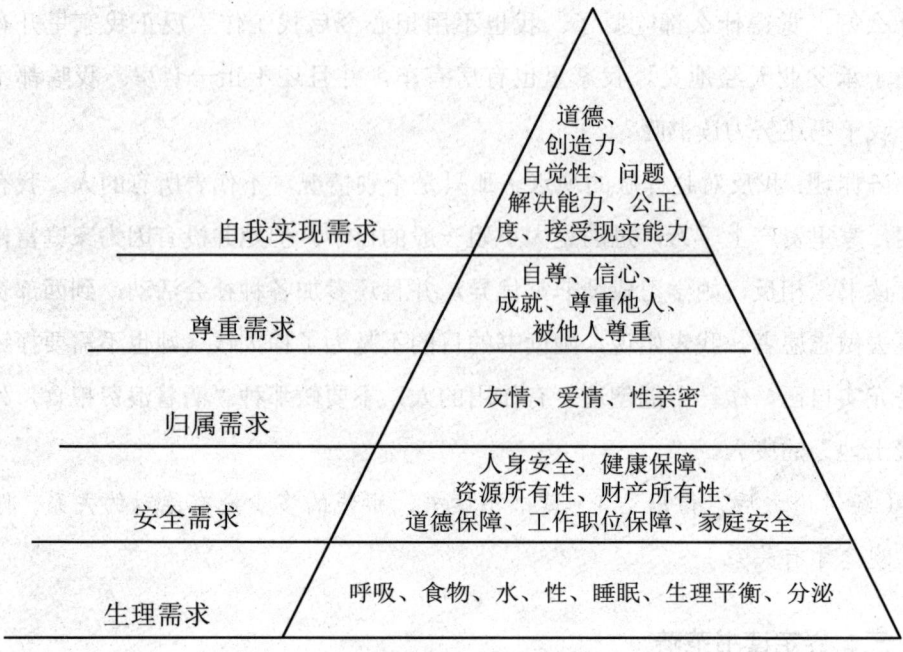

马斯洛需求层次理论

师：就我们目前来看，前面四个需求我们都具备了，所以，我们不能停留在低层次需求上，我们要把需求的层次提高，那就是要实现自己的人生价值！既然要实现自己的人生价值，就要读书！

四、教师展示自己的可持续发展读书观

1. 读书是为了实现自我价值，所以读书是为自己而读！
2. 读书是为了把自己从愚蠢变成聪明！
3. 读书是为了把受人奴役变成摆脱奴役！
4. 读书是为了把自己的灵魂搬到高处居住！
5. 读书是为了给自己点一盏可以照亮整个心灵的心灯！

总之，读书是为了让自己活得更有意义，更有价值，更有尊严！

五、班会活动小结

师：最后，我们根据这个标准绕回去，再看看乐美家族的读书观，然后找出

最具可持续发展的读书观。而确定这个读书观的三个人,分别是黄瑞鑫、戚嘉惠、卓俊,请大家给他们热烈的掌声。此三人的读书观是:

(课件打出)

> 读书是为了我自己。因为读书,认识了很多朋友;因为读书,才了解了生活;只有读书,以后的我才能走得更远。

六、活动后续链接:乐美家族成员的可持续发展读书观

(经过一周时间的思考,学生形成自己的可持续发展读书观,打印成小条,贴在自己的课桌左上方)

读书是为了开阔视野,寻找乐趣,为将来铺好一条路,享受生活。——黎子欣

读书是为了开阔视野,把自己变得聪明。——黄威

读书是为了把自己变得聪明,丰富自己的阅历。——冼翎

读书是为了充实自己,提高自己的人生经验。——李旺

读书是为了实现自己的梦想,是为自己而读书。——李嘉惠

读书是为了充实自己,提高个人修养以及个人素质。——孙钰

读书是为了提高自身素质,陶冶情操。——董安琪

为了自己的成长而读书。——陈莉君

读书是为了开阔视野,增添生活情趣。——方颖

读书是为了充实自己,提高个人修养,为了更好的未来。——杨嘉雯

不读书就没有真正的教养,同时,也不能有什么鉴别力。——姚嘉莹

为了生活更充实,为了自己的人生目标,为了更加了解这个世界,为了能广泛地交到朋友而去读书。——黄瑞鑫

读书是为了自己,也为了别人。读书是为了丰富自己,充实自己,让自己不再显得无知,在读书的过程中结识朋友,让生活不再孤单;在读书的过程中成就自己,让以后的自己活得更精彩!——卓俊

为了学会更多的知识,为了交到更多朋友,为了上一个好的大学,为了做一

个出色的人!——邹长旺

读书是为了丰富自己,充实自己,把读书变成一种习惯!——黄奕欣

……

【班会总结】

这是一堂原生态的班会课,事先没有彩排,甚至在调查学生的读书观时,我都没告诉他们我要上这堂班会课。而上课的时候,几乎全校的班主任都来听课了,学生起初很紧张,但因为内容接近他们的生活,慢慢地,他们放松了。由最初的被动回答,到后面的主动参与。这说明,班会课只要选材契合学生的需要,他们是很乐意参与的。同时,班会课的内容还要能撞击学生的心灵,以唤醒他们沉睡的灵魂为首要任务。事实上,经过课堂的撞击,以及一周多时间的理性思考,学生的心灵开始成长。因为,他们已经在用行动告诉我:他们要读书!为自己,为将来,为实现自己的人生价值!

(广东省深圳市光明新区光明中学 钟杰 邮编:518107)

【操作提示】

1. 调查是得知真相、解决问题的首要方法。因此,班会课前,一定要调查学生的读书观,以便在课堂上恰当切入。

2. 由于是在学生的旧有观念中植入新观点,说教不起作用,因此,整堂班会课要交给学生完成:采访、辩论、提高、形成观点。

四、辩论对抗型主题班会

"学习中的苦和乐"辩论会

【推荐理由】

1. 辩论是主题班会的一种很重要的形式。这篇辩论实录,言辞非常犀利,实

战性非常强，对班主任做好辩论赛是一个有效参考。

2. 本文涉及的主题是我们班主任所密切关心的问题。学习是快乐的，但是对没有享受到学习成就感的学生而言，学习也是痛苦的。怎么看待学习中的快乐和痛苦，亟须我们对他们进行正确引导。因此，这个题材对我们班主任来说，也很具有实际借鉴意义。

【适用时间】初三第一学期

【班会背景】

现在学生的厌学情绪，一代胜过一代，而且呈现全世界的流行趋势。这里面的原因很多，背景也很复杂，但是有一点是共同的，那就是如果对学习没有形成正确的态度的话，对绝大多数学生而言，学习是一件痛苦的事情。鲜有学生能够积极地享受学习的快乐。这和我们的教育教学目标很不相适应。为切实改变学生学习的情感倾向，形成一种积极的学习观，我们特组织了这次主题班会。

【班会目的】

以辩论赛的形式展现当代中学生机敏、睿智的头脑、雄辩的口才和团结协作的团队精神，进一步引导学生树立正确的学习苦乐观，全面提高自身的综合素质。

【重点难点】

要深入引导学生把对学习的理解说得切合他们的实际身份，切合他们的真实体会，这样才能够打动听众，才能够真正精彩。一定不要把自己的观点生硬地强塞给学生，那样学生说起来就会空泛，别人听起来也会感觉无味。

【课前准备】

重点做好四方面的准备工作：一是选手的选拔和指导，这对班会成功具有决定性意义。一定要挑选热爱学习、本身有感觉而且能够表达出来的学生。二是要做好相应的材料积累工作，辩论赛没有足够的材料积累，学生就会无话可说，或者说了也就是翻来覆去的那几句重复的话。三是要做好组织流程培训工作，对相应的人员一定要进行事先培训，让他们熟悉自己的职能，各司其职。不然临时分工，乱糟糟的就不好看。四是组织好学生参加观看和评议，分给观众任务，讲究现场互动。不然缺乏互动，气氛也不好。

【设计思路】

按照辩论赛的组织形式，安排好流程和相关工作人员。

【班会实录】

一、主持主席介绍正反双方队员

主席：尊敬的领导、老师，大家好！欢迎观看初三（9）班"学习中的苦和乐"主题辩论赛。首先请允许我荣幸地为大家介绍一下双方辩手——

坐在我右手边的是正方代表，他们是一辩陆誉鑫同学，二辩尹唯义同学，三辩杨家珍同学，自由人顾伟同学和倪莉敏同学。

坐在我左手边的是反方代表，他们是一辩宋佳宁同学，二辩刘亚东同学，三辩朱斌同学，自由人于磊同学和成媛媛同学。

我们今天辩论的题目是"学习中乐多于苦，还是苦多于乐"。正方所持观点为"学中之乐多于苦"，反方所持观点为"学中之苦多于乐"。学中苦多还是乐多，其实一直就是古今学子争论不休的一个问题。古语有"梅花香自苦寒来"，而今人讲"学习是享受"，那么究竟该怎样看待学习中的苦与乐呢？现在就让我们来听听两队辩手是怎样理解苦乐之含义，怎样诠释苦乐关系的。

下面我们的辩论赛就正式开始。

二、正反双方队员第一次阐述观点

主席：首先请正方一辩陆誉鑫同学阐述正方观点，时间是3分钟。有请。

正方一辩：《辞海》中载，乐是喜悦快乐，乐是乐意喜欢，乐是乐观。乐作为一种主观感受存在于社会生活的各个方面，自然，在学习中也能让人获得快乐。魏书生老师曾经说过，"学习是享受"，也就是说，学习是快乐常伴、乐趣无限的。对方辩友总不会说我们是在享受痛苦吧！同时，乐还是乐观。乐观向上的精神状态，能激发我们浓厚的学习兴趣，培养我们战胜困难的顽强意志。对方辩友，我们今天在这里辩论，大家这么兴致勃勃，不也正说明学习是一种快乐吗？

下面我从三个方面阐述我方观点。

第一，学习的快乐是客观存在的。当你获得知识的时候，你是快乐的；当你追求成功的时候,你是快乐的;当你体验到追求的艰辛而磨炼了你的意志的时候,你是快乐的。对方辩友,此时,你不快乐吗?

第二,辩证法认为,苦乐是可以互相转化的。具有正能量的人,总是能够把痛苦转化为快乐。我们承认,在学习过程中,父母的希望、学业的压力,对于懦弱胆怯的人的确是一种痛苦,但是这种苦能够转化为快乐。对于勇敢无畏的人恰好是追求的动力、快乐的源泉。所以,面对困难和挫折,我们要当它是一次机会;面对逆境和压力,我们要当它是强健我们臂膀的杠铃;面对失败和痛苦,我们要当它是通往成功的阶梯。这样,尽管长路漫漫,也是快乐常伴。

第三,学习和快乐是一对亲兄弟,它们共生共存。如果学习只有痛苦没有快乐,学习这种行为就会被大家所抛弃。大家之所以能够不断地坚持学习,就是因为学习和快乐一直互相相伴。学习这个行为之所以能够维持下去,就是因为它是无数快乐结果的积累。如果只感到学中之苦,我们早就失去应有的活力,丧失奋斗的信心和勇气了。正是因为我们体会到了学中之乐多于苦,我们才会体会到生命之树常青,才会体会到"会当凌绝顶,一览众山小"的快乐。

朋友们,学习就像一曲交响乐,不同的人欣赏,会有不同的感觉。让我们以乐观向上的精神状态去欣赏吧!相信你一定会获得无穷的乐趣。

主席:感谢陆誉鑫同学!下面有请反方一辩宋佳宁同学发言,时间也是3分钟。请!

反方一辩:谢谢主席,大家好!我非常佩服对方辩友的辩才,但我不得不指出对方辩友的偏颇之处。首先,对方辩友说"当你获得知识的时候,你是快乐的;当你追求成功的时候,你是快乐的",但这结果的短暂快乐,怎么能使你忘却过程中无尽的苦啊!

在陈述我方观点之前,我将对辩题做出具体分析:

第一,学。学是一个广而广之的概念,在场的各位从出生的那一刻起便向外界学习着,直到生命的完结。

第二,中。在这里,我提醒对方辩友注意,中是过程而非结果。

第三,苦。《辞海》中载,苦是刻苦勤奋,苦是困苦忧苦,苦是遗憾。难道对方辩友要说在你们的学习过程中没有多少刻苦勤奋、困苦忧苦和遗憾吗?

下面我要阐述我方观点，我方立场是：学中之苦多于乐。

第一，苦是学习中的客观存在。古人云，学海无涯苦作舟。贝多芬说过，用苦难铸成欢乐。这些名言无不证明学习是苦的。再看看我们身边，来自各方面的压力迫使国家通过行政干预手段提出了"减负"，面对这些，对方辩友还要说是乐吗？

第二，哲学上说，任何事物都处于永无止境的变化发展过程之中，乐是由苦转化而来的，但乐过之后，我们还要再向上攀登，又要面对更多困难。爱迪生说过，天才是百分之九十九的汗水。而他的每一项发明的成功不也都是经历了无数次失败和无数个不眠之夜才得以成功的吗？对方辩友，你们的背后不也是充满艰辛吗？

第三，只有正视苦，我们才能够树立正确的学习观。我们必须明白今天辩论的目的是什么，是告诉我们正视学中的挫折和失败，树立正确的学习苦乐观。但是对方辩友以理想代替了现实，以乐代替了苦，这是一种对现实的逃避！奉劝对方辩友不要对大量事实听而不闻，不要对艰苦的学习过程视而不见。让我们面对现实吧！学中之苦多于乐！谢谢！

三、第一次自由论证发言

主席：感谢宋佳宁同学！双方一辩已经分别阐述了他们各自的观点。下面到了第一次自由人发言时间，首先有请反方自由人于磊同学发言，时间为1分钟30秒。请！

反方第一自由人发言：

学中之苦多不多，

让我给您说一说：

首先尝尝忘不了，

然后再把安神喝。

补脑饮品受青睐，

原因究竟为什么？

就让我来告诉你：

学中之苦比乐多。

谢谢！

主席：感谢于磊同学。下面有请正方自由人顾伟同学发言。有请！

正方第一自由人发言：谢谢主席，大家好！孟德斯鸠曾经说过："学习，就等于把生命中的寂寞时光换成享受的时刻。"他为什么要这么说呢？因为学习使我们的头脑敏捷，学习使我们的知识渊博，学习使我们的谈吐高雅，学习使我们的生命充实。所以，我方坚决认为，学中之乐多于苦。谢谢！

四、正反双方互相辩论提问

主席：感谢顾伟同学。下面要进入的是盘问环节。首先有请反方二辩刘亚东同学向正方一、二、三辩依次提问，正方回答时间共计1分30秒。

反方二辩：请问对方一辩，你是一位当代中学生吗？

正方一辩：我是中学生，而且是快乐的中学生。每向真理接近一步，我快乐；在学习过程中，不断完善知识系统，我快乐；在追求真、善、美的过程中，不断完善自己的心灵，我快乐。苦是有限的，而乐是无穷的。无论何时，无论何地，我都骄傲地说："我是快乐的中学生。"谢谢！

反方二辩：你认为学习中的主要矛盾是什么？谢谢！

正方二辩：我认为学习中的主要矛盾是知与不知的矛盾。学习使我们从不知到知，从知之较少到知之较多，使我们从浅显到丰富，不断完善自己，这个过程本身就是快乐的啊！纵观人类历史、人类社会就是如此发展起来的！这不正说明了我方观点——学中之乐多于苦吗？谢谢！

反方二辩：你是如何解决这个主要矛盾的？

正方三辩：我认为解决矛盾的途径就是学习，人非生而知之，获取知识就是快乐。要知道，只有学习让人生精彩，只有学习让我们快乐！谢谢！

主席：下面有请正方二辩尹唯义同学向反方提问。请！

正方二辩：我想请问对方一辩，你的学习动机是什么？

反方一辩：我的学习动机是实现自己远大的理想，成为一个对国家有用的人才。富兰克林说过，不劳苦，无所得。那么，在这个动机的推动下，在学习过程中，我们就要付出艰苦的努力，艰苦奋斗；在这个动机的推动下，作为有理性的人，我们能够战胜学中之苦，战胜学中的挫折与失败。我们承认学习苦多于乐，就是一种冷静的认识。谢谢！

正方二辩：下面我想请问对方二辩，司马光所说的"学不至于乐，不可谓之学"是什么意思？

反方二辩：我认为司马光说的"学不至于乐，不可谓之学"的意思是，学习不学到快乐的境地就不能称之为学习。但是，你知道司马光经历了多少苦之后才能够得到这种快乐吗？是苦够了，才感觉柳暗花明的快乐的。我送您一句话："享受快乐只是单纯的表现，享受磨难才是成熟的标志。"请承认学中之苦吧，因为它的的确确多于乐。谢谢！

正方二辩：对方辩友说不否认学中有乐，那么请问对方三辩，你认为学中之乐存在于何处呢？谢谢！

反方三辩：学中的快乐存在于学习的各个方面。当我拿到百分试卷的时候，我快乐；当我获得老师表扬的时候，我快乐。但这种种快乐都源于其背后所付出的艰苦努力。复旦女生吴颜援也曾说过："无论在别人眼里我的学习多么丰富，我的生活多么精彩，我的成功多么荣耀，但有一点我是有深刻体会的——那就是学习真的很累、很苦。"谢谢！

五、双方就盘问进行小结

主席：双方辩手问得精湛，答得巧妙，不知两位二辩是否还能找到对方的一些漏洞？那么下面就进行盘问小结。首先有请反方二辩刘亚东同学进行盘问小结，你的时间是1分30秒。请！

反方二辩：谢谢主席，大家好！感谢对方三位辩友的精彩回答。首先，对方一辩回答说你是一位快乐的中学生，那你一定知道学生的主要任务就是学习，并且知道学习必须靠刻苦拼搏才能够维持下去。即便你是快乐的，那么快乐源于何处？还不是源于苦苦的拼搏与奋斗吗？难道对方辩友是少年不知愁滋味，盲目快乐的人吗？

其次，对方辩友已经知道学习的主要矛盾是知与不知的矛盾，为什么还要违心而言呢？把你们心中的苦向我们倾诉吧！由不知到知，由知之不多到知之较多，本身就需要我们付出辛劳与汗水，经过不懈的努力，去品尝学习中的各种苦，这怎么能是乐多于苦呢？对方辩友，想问题、办事情一定要尊重客观事实呀！

再次，我十分钦佩对方三辩对待学习中苦的态度，但乐观的态度改变不了学中之苦，因为态度仅是解决问题的方法，它不等同于主观体验。对方辩友的乐观态度不正是由于学中之苦的存在而产生的吗？没有苦的体验，何来此乐观的态度？你们所说的一切，不恰恰说明我方观点——学中之苦多于乐吗？谢谢！

主席：感谢刘亚东同学。下面有请正方二辩同学进行盘问小结。请！

正方二辩：谢谢主席，大家好！首先，让我们来看看对方一辩的学习动机吧！实现理想，做对国家有用的人才，我十分荣幸，这正和我的学习动机不谋而合，我想在座的各位也同我们一样，拥有着远大的学习动机，同时，我们也知道"动机影响效果"，所以，我们快乐的学习动机必然决定了其效果是快乐的啊！在这个动机指导下的奋斗，也未尝不是一种快乐啊！

对方二辩对司马光的话解释为"学习不学到快乐的境地就不能称之为学习"，我十分高兴。对方辩友已经承认我方观点了，可是却违心地一再强调苦，既然"学不至于乐，不可谓之学"，那么你所说的那些苦，也就不属学中之苦了。

学中之乐到底存在于何处？对方三辩告诉我，学中的乐存在于学习的各个方面，在学习过程中，这难道不是乐多于苦的体现吗？对方辩友既然已经发现了乐，为何要抱住苦不放手，而不去拥抱学中之乐呢？富兰克林认为读书最快乐，伽利略说思考最快乐，苏格拉底说为理想而奋斗最快乐，布鲁诺说为真理而斗争最快乐，以上的这些，不都是学习吗？所以，无论如何，我方坚决认为，学中之乐多于苦。谢谢！

六、双方自由发言人对话

主席：感谢尹唯义同学！下面要进入的是双方自由发言人对话环节。在此环节，双方自由人各有两分时间，但每次发言不得超过30秒。好，首先请正方自由人倪莉敏同学发言。请！

正方第二自由人：孔子说："学而时习之，不亦乐乎。"对方辩友，你对这句话是怎样理解的呢?

反方第二自由人: 这句话的意思是"学习并且经常使用它,会感到快乐"。可是孟子也说过:"天将降大任于是人也,必先苦其心志,劳其筋骨。"对方辩友,你对孟子这句话又是怎样理解的呢?

正方第二自由人: 首先非常感谢对方辩友承认了我方的观点。孔子所说的"学而时习之"正是我们今天所谈论的学习,而对方辩友清清楚楚地说这是快乐的。至于孟子那句话,我们为什么要承受那么多的苦呢?是因为天将降大任。我们为建设祖国之大任去学习难道不快乐吗?正所谓甜蜜链条中的每一个环节都是甜蜜的,而甜蜜事业中的每一个阶段也是甜蜜的。

反方第二自由人: 对方辩友,既然你说你是乐观的,那么请问:只要乐观,成绩就能优秀吗?

正方第二自由人: 当然,要成绩优秀,仅有乐观是不够的,还需要艰苦奋斗。

反方第二自由人: 既然对方辩友承认了艰苦奋斗,那也就是承认了我方的观点,学中之苦是多于乐的。请听《生活时报》上一则消息吧。一位老师和她的学生们讨论什么事情是最快乐的时候,有一个学生说:"什么时候飞来一颗炸弹把学校炸了是最快乐的。"这虽然是一句诙谐的幽默,但引来了全班的掌声。对方辩友,你对这种现象又是怎样看待的呢?

正方第二自由人: 这正是因为他们没有一个正确的苦乐观,所以不能够更好地去享受学中之乐。高尔基说,他扑在书籍上就像饥饿的人扑在面包上一样。那么对方辩友,当你饥饿的时候扑在面包上是什么感觉呢?

反方第二自由人: 学习不会是天上掉面包那么简单,所以我们才会承认,在学习之路上不只有面包,更多的将是荆棘,难道对方辩友能够否认奋斗之路的漫长与坎坷吗?荆棘可不是好吃的呀。

正方第二自由人: 我们当然不能否认奋斗之路的漫长,但却不一定全是坎坷的,还有更多的快乐。我们向着知识的高峰攀登,正所谓无限风光在险峰呀。

反方第二自由人: 险峰的风光固然美,可对方辩友,你有没有想过,在你登上险峰之前经历了一个怎样的爬山过程呀!

正方第二自由人: 登山的过程也有快乐啊,这正和学习一样,苦乐相伴,但乐比苦多。请问对方辩友：如果学习真是你所说的那么苦，那为什么国家还要搞希望工程呢？难道是让孩子们去受苦吗？

……

七、自由辩论环节

主席：感谢两位！双方自由发言人真是机智幽默，妙语连珠。相信他们的精彩对话一定会给大家留下深刻的印象。那么，下面就让我们进入辩论赛中最为激烈的自由辩论环节，在此环节，双方各有 4 分钟时间。

首先请反方提问——

反方：学习有三界，第一境界是"昨夜西风凋碧树。独上高楼，望尽天涯路"。对此，对方辩友又是如何理解的呢？

正方：我很佩服这位诗人望尽天涯路的好眼力，然而在你望尽天涯路的时候，你不快乐吗？

反方：望尽天涯路是怎样的一个过程啊！是苦苦追求和苦苦探索的过程。学习的第二境界是"衣带渐宽终不悔，为伊消得人憔悴"。对此，对方辩友又是如何解释的呢？

正方：虽然他是衣带渐宽，但他毕竟是终不悔的，他为什么不感到后悔呢？就是因为学习能带给他无穷的乐趣呀！

反方：难道一句不悔就能抹杀憔悴带给我们的痛苦吗？那么请问对方辩友，学习的第三境界"那人却在灯火阑珊处"的前一句是什么，又该做何解释呢？

正方：前一句是"众里寻他千百度"，正是因为快乐而孜孜不倦地寻找啊！

反方：可是，从数量上看，这千百度寻觅难道不辛苦吗？不管你的理想如何、目的如何，学习中的苦是不容忽视的。

正方：我请问对方辩友，你们在学习中是如何发挥你们的主观能动性的？

反方：面对困难迎难而上。

正方：难道战胜困难你不快乐吗？

反方：但是战胜困难的前提必须是面对困难，承认困难啊！那么请对方辩友看看从《中学博览》上摘录的一位高中生作的这样一首诗吧！"睡眠实在少，处处题围绕。夜来手电光，泪流知多少？"难道对方辩友面对这样的学习情景还觉得学习 is very happy（是非常快乐的）吗？

对方辩友注意了，无论是乐观还是悲观，都是建立在苦的环境之上、苦的主观体验之上的。对方辩友似乎已经开始向我方靠近了。我试问对方辩友，依对方观点，如何理解"减负"呢？

正方："减负"只是改变不完善的学习制度，减掉不必要的学习负担。学习本身则像我们一样清清朗朗、快快乐乐。

反方：但在你获得这些快乐之前，要付出更多的努力呀！那我试问对方辩友，你鼻梁上的眼镜又是从何而来的呢？

正方：我们鼻梁上的眼镜是因为用眼不科学，然而戴上它却使我们把学中的快乐看得清清楚楚、明明白白。所以我们更快乐！

……

主席：感谢双方辩手。双方辩手你来我往，针锋相对，真是难分高低。那么下面就让我们来听听第二自由人的发言。时间为1分钟30秒。首先请正方自由人倪莉敏同学发言。有请！

正方自由人第二次发言：谢谢主席，大家好！首先非常感谢对方辩友的精彩发言，尤其是对方辩友认可孔子"学而时习之，不亦乐乎"的观点，很让我们感动。回首我们走过的每一步，学习带给我们怎样成长的喜悦、成功的欣喜啊！从懵懂无知的孩童到今天新时代的中学生，从不识几个字到今天懂得各科知识，这一切都是学习赐予我们的。学习带给我们的乐趣是一个太平洋，一个东非大峡谷，再加一个地中海也装不下的啊！对方辩友，快放弃你们的看法吧！让我们双方辩友共同在对美好青春的把握中，在对每一天、每时每刻的把握中，更好地去耕耘生命之园，体验学习中的乐趣，享受学习的乐趣吧！让生活充满快乐，这才是我们今天辩论的真正的目的啊！谢谢！

主席：感谢倪莉敏同学。下面请反方自由人成媛媛同学发言，请！

反方自由人第二次发言：首先，我要指出对方辩友的一点漏洞——那就是以主观态度代替了客观现实，这是一种唯心主义错误。学习是一个不断战胜苦的过程，它就犹如在逆水中行船，要前进，首先就要承认风浪的凶猛。这样，我们才能与风浪搏击,在急流中勇进,展现出我们最美的姿态。所以,要有所超越,有所进步,我们首先就要承认,在学习中不只有快乐的阵地,更多的将是痛苦的沼泽;不只有完美和成功,更多的将是缺憾和失败。我们是承认苦的,可我们绝不惧怕苦。我们要正视苦,蔑视苦,并要通过自己的努力去战胜苦。对方辩友,准备好了吗?让我们携起手来一同去战胜学中之苦吧。谢谢!

八、双方总结陈词

主席:感谢成媛媛同学。经过一番激烈的唇枪舌剑,最后到了总结陈词阶段。首先请反方三辩朱斌同学进行总结陈词,你的时间是3分钟。有请!

反方三辩:谢谢主席,大家好!首先我很钦佩对方辩友的出色辩才,但在对方辩友精彩的辩词背后仍隐存着几点偏颇之处:第一,对方辩友忽视了学习的客观基础。付出才能有回报,苦是乐的根源。对方辩友,没有付出的辛苦何来结果的快乐啊!第二,对方二辩说由不知到知、由知之较少到知之较多让她快乐,可是由不知到知,由知之较少到知之较多的过程不漫长、不艰辛吗?

下面我将继续阐述我方观点:第一,学习是一个漫长而又艰苦的过程。"十年寒窗苦""学海无涯苦作舟",这不是虚伪的悲叹,也不是矫揉的谦逊,这是古人发自内心的慨叹。试问对方辩友,古人凿壁偷光苦不苦,萤囊映雪苦不苦;今人埋头思索苦不苦,挑灯夜战苦不苦。也许学习的结果是快乐的,但学习的过程更漫长、更艰辛。这漫长、艰辛的学习过程不正说明了我方的观点即学中之苦多于乐吗?

第二,辩题中的苦与乐是对学习的主观体验。对方辩友一直强调的乐观心态只是告诉我们如何对待苦。苦贯穿于学习的始终,它不会因你以怎样的心态去面对它而发生任何性质上的改变。苦就是苦,难道凭对方辩友一句乐观、一句进取就能掩盖苦的实质、抹杀苦的存在吗?

第三,学中苦与乐是辩证统一的关系。苦是乐的根源,苦的过程是产生乐结果的原因。没有苦,何来乐?苏格拉底说过,患难及困苦是磨炼人格的最高学府,是带来快乐的最佳源泉,学习的快乐不也是建立在艰难困苦之上,用自己的汗水泪水凝结而成的吗?俗话说,不经历风雨,怎能见彩虹?而今天我们更要问对方辩友,不经历磨难,怎能尝快乐!

综上所述，从学习的过程、苦与乐的性质、苦与乐的关系上都证明了我方观点的正确，即学中之苦多于乐。学习是一条路，起点是生命的开始，终点是生命的结束，这条路上有艰辛，有苦难，有血汗，有泪水。而这困苦既不会被快乐的结果掩盖，也不会被乐观的心态抹杀。所以，请对方辩友不要再逃避了，请正视学习中的困苦吧！只有正视苦，我们才能够迎难而上，做有希望的新一代！我的总结完毕，谢谢！

主席：感谢朱斌同学，最后有请正方三辩杨家珍同学进行总结陈词。请！

正方三辩：谢谢主席，大家好！咄咄逼人不代表正确，那么就让我们来看一下，对方辩友到底有多少观点不能自圆其说吧！首先，人活着应该是快乐的！对方辩友一再强调，学习是一条路，起点是生命的开始，终点是生命的结束，这个过程就是我们的人生。说得多好啊！我们活着，不就是为了快乐而来吗？难道有人天生就是为了去跳火坑吗？我相信没有谁会那么做。

其次，虽然对方辩友把学习之境界用得非常精妙，然而境界只是学习的程度，却并非学习的实质，这实际上已离题万里。对方辩友是不是已被困难冲晕了头脑？那为什么不和我们一样高高兴兴地学习，快快乐乐地辩论呢？请醒悟吧，对方辩友！

下面我来总结我方观点：首先，我方强调快乐充满整个学习的过程。虽然总难免会有苦的因素存在，然而面对困苦，我们可以当它是寻求快乐的条件、获取成功的动力啊。虽然说世界上有苦，然而苦只是生活的调味品而已，可对方辩友如果要把调味品当饭吃，我们恐怕就有必要担心一下你的肠胃健康了，因为丢了西瓜捡芝麻的事实在干不得啊！对方辩友你 Happy 所以我 Happy，让我们做个快快乐乐、清清朗朗的新时代中学生吧！

其次，人类从远古中走来，学习是一个一成不变的话题，从蛮荒到文明，从愚昧到智慧，学习提升了人们幸福的指数，使人们获得了生活的安全感。现代心理学研究证明，学习不仅仅是获取知识的一种能力，更是幸福心灵的一种能力。会学习的人，心胸豁达，视野开阔，人生的快乐也就多。正因为如此，学习才成为大家孜孜不倦地追求的事情。

再次，人都是有理性的，学习中虽然有苦，但是我们可以把它当作通往成功的小路，它虽崎岖，却充满希望与快乐。同学们，我选择我爱的，我爱我选择的，学习是我们必然的选择，学习是实现理想的途径，莫叹岁月与哀愁吧！逝去的只是该逝去的东西，而我们的生活充满乐趣，我们的生命充满阳光。让我们学会从点滴的苦中升华快乐吧，让我们扬起生命的风帆，去学习的海洋中畅游吧，让我们去品尝学习中无尽的快乐吧！

主席：感谢杨家珍同学。本场辩论赛真可谓痛快淋漓，精彩纷呈。双方辩手不仅显示了他们渊博的知识，同时也充分展现了他们出色的辩才。感谢他们为我们带来这样一场精彩的辩论赛。最后，有请评委老师给我们进行现场点评。请！

九、评委老师点评

王战老师点评：学习是一个大家共同关心的话题，学习中的苦和乐，也是我们同学们密切关注的话题。我们感谢正反双方，用他们敬业的辩论态度、精彩周密的发言，带给我们一顿视觉和精神的大餐。同时，也让我们对学习的本质、学习的态度、在学习中如何发挥个人的主动性解决苦和乐的问题，提供了一些新的思路，这是我们最大的收获。

在这场辩论赛中，正反双方的表现都可圈可点。第一，正方立论鲜明、毫不含糊，反方正视现实、反击有力。双方论辩，充分展现了思想交流的魅力，带给我们很多视听享受。第二，双方准备都很充分，既有引经据典的雄辩，又有概念辨析的深究，还有对论点、论据和论证过程的互相批驳，显示出了双方可贵的辩论才华。第三，无论是正方还是反方，都时刻围绕自己的观点进行论述，不被对方牵着鼻子走，这种大气、稳重的风格，值得我们在今后的学习生活中发扬。

当然，对于这次辩论，我还有一个建议：无论是正方，还是反方，在辩论时都和自己的生活联系得不够紧密，对学习的感悟渗透力阐发得还不够，有些就理论说理论，虽然辩词精彩，但是引人共鸣的地方并不多见。书生意气较重。今后要注意理论联系实际，多说真话、实话，这样才更有说服力。

最后，感谢论辩双方的精彩表现，感谢辩论主席的精彩主持，感谢同学们的热情支持！我们将以这次辩论为起点，树立正确的苦乐观念，激发正思维，凝聚正能量，提高学习的效率和幸福感。谢谢大家！

主席：感谢高屋建瓴的点评。现在我宣布，"学习中的苦和乐"主题辩论赛到此结束。谢谢大家！

【班会总结】

这次班会的成功超出我的意料。我本来以为，像这样一次辩论赛，孩子们会翻来覆去地重复几句话，没有想到辩论的现场气氛如此热烈，双方交锋那么激烈。但是，这些意外又在意料之中。因为：第一，这次辩论赛的准备时间比较长，耗时两个星期，正反双方都有充分的准备。第二，这个选题比较符合学生的实际，离他们近，他们有话可说。第三，主持人和辩论的队伍组织得比较到位，全部都是班上的精英人才，因此发挥得比较出色。这是比较成功的地方。

不足之处，就是学生的阅历不足，对问题的认识、感悟和挖掘还不够，不少发言有些隔靴搔痒，学生气太重。但是，这也是学生学习必经的一个过程，是可以理解的。我期待下一次的精彩。

（山东省临沭县白旄中学　王战　邮编：276713）

操作提示

1. 辩论选题要具有可辩性，即正方有话说，反方也有话说，明显地倾向一方的选题不宜用来做辩论。

2. 要加强正反双方及主持人的培训和指导，必要的技术训练是不可少的。

五、管理事务型主题班会

"感动初三"颁奖典礼

【推荐理由】

1. 奖励怎样进行才能够达到最佳效果？怎样让我们的奖励方式出新？怎样营造班级良好的进取氛围……这些都是班主任经常遇到的问题。如何解决这些问题,本案例提供了一个有效参考。

2. 成功的主题班会,应该能够给学生留下深刻的回忆。本案例以其鲜明的个性、感人的场景、催人奋发的气氛,让班会成为学生初中阶段的美好回忆。

【适用时间】初三第二学期

【班会背景】

每一年学校都会组织学生观看中央电视台"'感动中国'十大人物"评选节目。在享受精神盛宴的同时,我想,其实在学生身边也有很多让大家感动的人和事,我们为何不用同样的方式表扬先进、凝聚人心呢?另外,借着即将毕业之际,也可以让学生通过盘点过去的感动事迹,对初中生活留下美好的回忆,让一些优良的品质伴随着学生的人生走得更高更远。于是就有了这次班会。

【班会目的】

1. 树立典型,凝聚人心。

2. 表彰先进,激发自豪。

3. 珍藏回忆,促进发展。

【重点难点】

重点:传递感动,升华感动。

难点:一是"'感动班级'五大人物"的评选,要鼓舞人心又不能引起矛盾;二是如何用先进人物事迹感召全体学生,发挥实际作用。

【课前准备】

1. 宣传发动,通过问卷调查,让学生参考评选的要求写出令自己感动的人或事,并拟写颁奖词。

2. 成立"'感动班级'五大人物"评选委员会,策划本次班会活动。

3. 材料整理,师生合力打磨颁奖词,拍摄VCR,整理照片,制作课件。

【设计思路】

1. 引入感动主题,导入颁奖典礼。

2. 细说人物令人感动的事迹。

3. 提升感动内涵,传递感动。

【班会实录】

一、回忆昨天如歌岁月

（一）主持人诗朗诵导入

花开花落，编织着自然的四季，

春雨冬雪，浇灌了四季的美丽。

美好的记忆如同光彩夺目的珍珠，

无论时间流逝多久，都磨洗不了它的光泽。

那里，就像一棵挺拔的大树。

四十九片绿得发亮的叶子，

六位老师组成的枝干，

我们在成长。

那里，是梦想的发源地，

有青春的旋律，有暖人心扉的浓爱。

有你，有我，有初三（2）班

欢迎您来到初三（2）班！

（二）班主任开场提问

师：我提出两个问题：

第一，今天距离中考还有多少天？

（学生回答：87天！）

第二，从2008年9月1日开学到今天，我们一起走过了多少个日夜？

（学生一片惊讶，很快有人用计算器算出来：932个！）

师：对！九百多个日日夜夜，有分班时的困惑，有比赛获胜时的喜悦，有考试进步后的满足，有师长的谆谆教诲……一切一切充盈着我们的心田。无论是初一时的懵懂、初二时的任性，还是初三时的成熟，我们有太多的欢乐，有太多的磨砺，便有了太多的感动。今天，我们欢聚一堂，收获初三（2）班自组建以来带给我们的心灵震撼。现在，让我们一起走进"感动初三（2）班人物"颁奖典礼现场!

二、细数今天多少感动

(一) 领袖人物：黄俞奋

女主持人：有这样一个男孩，三年来，他在老师的引领下主持班级事务，班级所取得的荣誉都离不开他的付出。他，就是我们初三（2）班的灵魂支柱，他的名字是：奋哥！（全班高呼"奋哥"）有请今天第一个"感动初三（2）班人物"——奋哥上场！

奋哥是我们今天第一个要表彰的对象，他所获得的荣誉是"感动初三（2）班领袖人物奖"！

（现场采访）

男主持人：身为一班之长，你为班级做了这么多的事，那影响到你的学习了吗？

黄俞奋：其实是有影响的，关键是要调整好自己的心态。

男主持人：那你可以用一个词来概括你过去的班长工作吗？

黄俞奋：责任，作为一个男人（全场笑），最重要的是责任。我很感谢老师给我锻炼的机会，我觉得我还有很多不足的地方，希望大家多给我一些批评，让我做得更好。

女主持人：我们都知道你在班上有很高的声望，你想不想听听同学们对你的看法？

黄俞奋：好啊！

（现场采访）

男主持人（颁奖词）：你一身正气，坦荡沉着，你就是同学们心中当之无愧的班长——黄俞奋。

女主持人：有请家长代表林炜鑫家长为奋哥颁奖。感谢林叔叔，祝贺奋哥！

(二) 爱心人物：陈泽填

女主持人：他就像一个忠厚的管家，帮助同学们搬桌椅、拿沙袋、开门锁门，有条不紊地打理着每一位同学的琐事。他，就是陈泽填。下面有请我们同学慎重投票产生的"爱心人物"——陈泽填同学上场!

（现场采访）

女主持人：阿填，大家都认为你很有爱心，那你自己是怎么认为的呢？

陈泽填：我觉得我做的事很微不足道，记得老师经常跟我们说，勿以善小而不为，勿以恶小而为之，我是按照我对这句话的理解去做的。

男主持人（颁奖词）：你没有俊美的外表，没有过人的才华。平淡至真，是你的本性。"有一分热就放一分光"。因为你的存在，我们变得更加幸福！

女主持人：有请曾广波校长为阿填颁奖。感谢曾校长，祝贺阿填！（退场……）

（三）博学人物：吴美薇

男主持人：她品学兼优，全面发展，金榜上有她的题名，舞台上有她的身影。作为"十佳中学生"，她真正做到了超越自己，她是谁呢？就是吴美薇。下面有请我们同学慎重投票产生的"博学人物"——吴美薇同学上场！

（现场采访）

男主持人：吴美薇，大家都说你是个强人，学习好，唱歌好，现在连体育都好，什么都好，你是怎么做到的？

吴美薇：靠的是信念，在自己坚持不住的时候，就鼓励自己，熬过去就好了。

男主持人（颁奖词）：没有一朵盛开的鲜花，不经过风雨的洗礼；没有一只展翅的雄鹰，不经历生与死的历练。笃志好学，只争朝夕，在你的身上是最好的印证。

有请光明新区教科研中心谢德华主任为吴美薇颁奖。大家用掌声感谢谢主任，祝贺你美薇！（退场……）

（四）自强人物：黄婷

（张晓惠唱着歌曲《隐形的翅膀》，牵着黄婷的手进场，歌曲高潮部分。全班挥动鲜花一起唱）

女主持人：当我们还在父母的怀抱里撒娇的时候，她失去了那一个坚强的臂膀；当我们还在抱怨生活无聊的时候，她已品尝到生活的苦涩与艰辛。有谁，能够坚强地接受父亲去世的事实；有谁，能够咽下悲伤的泪水，依然微笑着面对他人;有谁,能从不幸中汲取力量,顽强地面对所有的困难。她就是我们的"自强人物"——黄婷。有请黄婷上场!

(现场采访)

女主持人:你是依靠什么度过那段艰辛的日子的?

黄婷:那段时间很痛苦,也不敢想太多,就是大家相互支持,要好好地活下去……(哽咽)

女主持人:我想,在你的身边还有默默支持你的人,而你的妈妈是其中最重要的人物。下面就让我们看一段关于你妈妈的短片。

(播放黄婷母亲录像)

女主持人:你并不孤单,我们永远都在一起……我想,经历这份悲痛,面对在座的同学,你一定有什么想说的吧?

黄婷:有父母在身边是很幸福的,希望大家好好珍惜自己的父母……

女主持人:让我们把掌声再次献给黄婷,献给全天下的父母!

(访问学生及在场的家长和老师,鼓励黄婷)

男主持人(颁奖词):天行健,君子以自强不息。地势坤,君子以厚德载物。当命运的暴风雨袭来时,她以瘦弱的脊梁抗争!生活的重担压在肩膀上,她的头却从没有低下!我们相信,坚忍的梅花定会在苦寒中香气四溢。

男主持人:有请叶兆波校长为黄婷颁奖。

(访问叶校长)

叶校长:班会很成功。(哽咽)其实我跟黄婷有相同的经历,我的父亲也离我而去(泣不成声)……希望黄婷你能好好努力……

男主持人:谢谢叶校长,同时,也把掌声献给黄婷,黄婷加油!(退场……)

(五)集体奖

女主持人:嘉亮,其实在我们2班还有很多感人的事迹。

男主持人:下面通过屏幕来一起回顾感动2班的点点滴滴。

(课件展示学生、班级获得的荣誉、参与活动的照片,语言及画面让学生回忆起曾经生活的点滴)

(颁奖词)

女主持人：花开花落，编织自然的四季，

男主持人：春雨冬雪，浇灌了四季的美丽。

女主持人：美好的记忆如同光彩夺目的珍珠，

男主持人：无论时间流逝多久，都磨洗不了它的光泽。

女主持人：这里，是梦想的发源地，

男主持人：有青春的旋律，有暖人心扉的浓爱。

女主持人：有你，

男主持人：有我，

合：有我们！

（访问学生，学生列举身边的感人事迹）

师：其实，在我们班里，感动的人和事还有许多许多。为了班级，我们倾注了很多的心血，每一个人都可以成为感动班级的人物。所以最后一个"感动人物"就是我们每一个人。请大家为自己颁奖，为自己鼓掌。

49位同学及家长，6位老师，我们凝聚成一个温暖的大家庭，所以最后一个奖属于在我们每一个人的同时，也属于我们的班集体。大家一起喊出她的名字，好吗？初三（2）班。

（本环节旨在通过颁奖典礼来表彰先进，把感动的精神通过一定的仪式深刻地传承下来。获奖人物身上具备着几种不同的值得我们学习的精神，通过主持人对获奖人物的采访，让学生聆听感动背后的心声，从而加强感染力。在颁奖典礼的设计过程中，注重学生的主体性，并邀请教师、家长参与其中，方式呈现多样化）

三、展望明天无限美好

（一）87天，我们该做些什么

女主持人：还有87天，我们即将毕业。我们分享了那么多的感动，我们是不是把感动仅仅停留在过去，停留在这间小小的教室就结束呢？我们不能为了感动而感动，感动需要我们用扎扎实实的行动去实现。现在，让我们一起诉说，在中考前的87天里，我们该做些什么？

（学生自由发言，具体发言略）

（二）为中考加油

男主持人：刚才大家的发言，像一把火，点燃了我内心奋斗的欲望。我现在有一个建议，请我们的班长带领我们一起喊口号，为中考加油，好不好？

（全体学生热烈鼓掌表示赞同，好些学生还尖叫着示意）

班长：拿出你的勇气，准备好你的激情，用呐喊声来证明我们自己吧！我喊一、二、三，大家跟着我一起大声呐喊吧！

一、二、三——

全体学生（高呼中考口号）：初三（2）班，斗志昂扬，超越自我，共创辉煌！

（三）在以后的人生道路上，我们应该怎样做

女主持人：87天后，我们迎来中考！87天后，我们告别母校！

男主持人：今天，我以母校为荣；明天，母校以我为荣。

女主持人：87天以后，我们将进入更广阔的天地。在以后的人生道路上，我们怎样做才能感动自己、感动别人？我们一起来分享一下。

（学生自由发言，具体发言略）

（四）班主任总结、提升感动

师：老师一直把一句话挂在嘴边——"让人们因为我的存在而感到幸福"，同学们，你们做到了吗？如果你做到了，那么恭喜你，你一定是一个能够时刻感动自己的人。如果还没有做到，那么让我们一起继续努力，让人们因为我们的存在而感动幸福。

"人不一定能使自己伟大，但一定能使自己崇高。"通过这节班会课，希望同学们能让自己成为一个大写的人、一个崇高的人、一个时刻被自己感动的人。也希望同学们将你们收获的感动延续下去，不论你们走到哪里，都能像黄俞奋那样勇于担当，像陈泽填那样默默奉献，像吴美薇那样超越自我，像黄婷那样自强不息。让我们那双隐形的翅膀，带我们飞，给我们希望，让所有的梦想都开花。

最后，让我们感谢所有的老师和家长，"赠人玫瑰，手留余香"，请同学们拿起手中的鲜花，把这份感动传递下去。

班会课虽然结束，但感动将伴随我们走得更远、更远……

（五）学生向现场的老师和家长献花，传递感动

（在前面两个环节的铺垫下，本环节采用了拓展延伸式教学，使学生多角度地理解和感受活动的主题。通过教师的总结和学生的发言将活动精神延伸开来，升华感动，把感动化为行动）

【班会总结】

"感动"是本次班会的着眼点，学生发现感动、认识感动和领悟感动，最后促其行动，达到学生教育学生的目的。通过"颁奖典礼"这种仪式，营造出了一种让人感动的气氛，大大强化了整个班会的庄重感，使仪式教育成为一种有效的教育方式。本次班会，我也收获了不少感动。

来自准备时的感动。这是一堂有准备的班会课，课前的宣传发动、成立"'感动班级'五大人物"评选委员会和整理材料等，都充分发挥了学生的长处和积极性，使班会成为学生成长的一部分。同时，在准备的过程中，学生之间、师生之间互助互爱，交流感情，这也是对学生的一种最直接的教育。

班会课除感动了学生，也感动了家长和听课老师，这是让我意想不到的感动。在颁发"自强人物奖"这一环节，坚强面对父亲去世的黄婷同学给大家留下了深刻的印象，黄婷母亲在 VCR 里几度哽咽的话语，让在场的学生、家长和老师都流下了热泪。在颁奖环节，叶兆波副校长为黄婷同学颁奖。叶校长颁奖时含泪说出的一段感人心扉的话语让整堂课达到高潮。

班会课后，学生的进步更让我感动。班会不是停留在感动，重要的是把心动转化为行动。在设计班会的时候，特别设计了最后的环节，让学生说出了中考前的行动并高呼班级的中考口号，作为中考前的动员。同时，学生也分享了以后的人生道路该如何走，用班会传递感动并鼓励行动。班会课后，学生变得更勤奋，更好学，更自信，更孝顺，更谦卑，这是最值得欣慰的地方。

回顾整个过程，我认为可以雕琢的地方还有很多，例如，内容可以更丰满、更精彩，时间分配可以做适当的调整等。通过这一节班会课，我深刻地认识到要把班主任普通的工作做得不普通、平凡的工作做得不平凡，需要不断地探索并坚持下去，在学生发展的同时也实现自己的专业成长。期待下一次，我会做得更好！

（广东省深圳市公明中学　钟永杭　邮编：518106）

操作提示

1. "感动人物"的评选，项目设置要有班级特色，而且一定要经过大家初评，投票产生之后，教师再进行大张旗鼓的奖励。当然，为了使活动有神秘感，增强刺激性，具体环节上，怎么渲染、鼓动，哪些地方需要保密，班主任自己还是要好好地斟酌一下。

2. 本次班会虽然设计了几个学生自由发言环节，但好像学生都未做准备。其实，不做准备是不行的。初中学生的年龄还比较小，随机应变能力还比较差，为了让班会取得良好的鼓动效果，最好事先找部分学生商量一下，让他们思考几个问题，这样，才能够带动现场发言。这不是作假，而是让部分学生带动其他学生。这个环节，班主任一定要注意。

六、中考动员型主题班会

我要飞得更高

【推荐理由】

1. 学生需要经常性的励志教育，尤其在初三中考前，对学生进行持续性的激励，有利于增强学生学习的积极性，保持良好的学习状态。

2. 距离中考只有20天，学生已经感到疲惫，作为班主任，应该利用最后的时间，给学生加油，让学生进行最后的冲刺。

【适用时间】初三第二学期中考前

【班会背景】

根据以往带毕业班的经验，中考之前20天，"三模"考完以后，学生会有一种倦怠情绪，认为已经学成这样了，再努力也没什么作用了，提高不了多少分。因此，不论是尖子生还是普通学生，都会有所松懈。如何增强学生的学习积极性，使强弩之末仍然发挥有效作用，是我构思酝酿这个班会的初衷。毕竟，让学生以优异的成绩升入高中,不是什么坏事情。

【班会目的】

1. 通过拆千纸鹤活动,让学生回忆自己制定的目标,激发学生的学习热情。

2. 通过照片展示活动,让学生自我追问愿望的实现情况,增强学习责任感。

3. 做好考前冲刺动员工作。

【重点难点】

1. 在活动中通过情感教育,激励学生抓紧时间做最后的冲刺。

2. 激励学生心怀目标,为之付出行动并努力实现目标。

【课前准备】

1. 找出精心保管的在初一"六一"时举行的"告别童年,放飞梦想"活动中的物品——学生亲笔签名的横幅,存放学生写有心愿的千纸鹤的心形盒子。

2. 从学生初一到初三的照片中筛选班会需要的照片,按照"军训""运动会""文艺演出""母亲节""生日会""堆雪人""获奖"等12个内容,制作幻灯片,配乐,做成多媒体文件。

3. 让学生代表和家长代表准备好发言材料。

4. 准备神秘礼物送给即将毕业的学生和家长。

5. 印制"我要飞得更高"活动邀请函,由学生转交家长,请家长提前请假,按时到学校参加活动。

邀请函内容如下:

邀 请 函

敬爱的××(亲笔填写孩子姓名)家长:

您好!

您的孩子在我们学校初三(2)班已经学习、生活了三年。三年的时间很长,因为孩子在成长;三年的时间很短,因为孩子在努力;三年的时间很美,因为有美好的回忆。

让我们一起分享孩子成功的喜悦,让我们一起见证孩子成长的足迹。我和孩子共同期待您的到来。

时间：2012年6月1日

地点：初三（2）班教室

巴州石油三中初三（2）班　吴菊萍

2012年5月30日

6. 布置教室，把在初一举行的"告别童年，放飞梦想"活动中有学生亲笔签名的横幅，挂在教室前方；把"我要飞得更高"装饰在蓝色吹塑纸上，贴在教室后墙面。

【设计思路】

1. 通过发邀请函，表明此项活动的正式与隆重。

2. 通过照片展示，让家长了解学生的在校生活。

3. 通过学生及家长发言，激发学生的学习劲头。

【班会实录】

一、成员就座

（背景音乐：《和兰花在一起》）

班级礼仪员文思弋、热依拉请学生和家长就座。要求学生和家长坐在一起，便于交流。

二、教师开场白

（背景音乐：《和兰花在一起》）

师：尊敬的各位家长，亲爱的孩子们，今天我们相聚在这里，既是初中阶段最后一次主题班会，也是为了20天之后的中考。看到全班家长都来了，我知道你们是真正地关心孩子。孩子们，看到家长对我们的关心和支持，我想，我们的中考一定会考出理想的成绩，取得最后的胜利。现在，让我们先一起回顾我们的初中生活吧。

三、播放幻灯片

（家长与学生一起看照片）

（一）三年

（幻灯片主要内容为初一第一个儿童节"告别童年，放飞梦想"的全部活动过程照片）

（背景音乐：《我要飞得更高》）

（第一张幻灯片，是班级后墙的"我要飞得更高"照片，上面贴有学生的心愿卡，明确本次会议的主题）

（第三张幻灯片，是学生放千纸鹤的心形盒子照片）

师：孩子们，你们是否还记得这个盒子是做什么的？

生：是我们的心愿盒。

师：对，就是你们在初一"六一"儿童节写下的心愿。你们还记得吗？现在让我们重温初一时的心愿。

（教师将桌子上的红领巾掀开，露出心形的盒子并打开，将学生在初一时写有心愿的千纸鹤按照名字逐一发到学生手中）

（第四张幻灯片，是学生吃着棒棒糖写心愿的照片）

师：按照本班习惯，"六一"吃棒棒糖，因为我们是最棒的；今天与家长同吃，因为我们的家长也是最棒的。

家长（部分家长忸怩地）：我就不吃了吧？那么大的人了。

师：怎么能不吃呢？今天我们和孩子一起过"六一"，我们班的习惯就是过"六一"的时候要吃棒棒糖。我们班的孩子是最棒的，我们班的家长也是最棒的，所以我们要一起吃棒棒糖。

（教师将棒棒糖发到学生和家长手中）

（第七张幻灯片，是将初一时"告别童年，放飞梦想"活动中的横幅展开，学生找自己的签名）

（二）小品剧

（主要内容为初一时学生在教室自导自演的小品；学生互相学民族舞，并在

教室里载歌载舞的欢乐情景）

（背景音乐：《和兰花在一起》）

（三）冬天过生日及烤红薯

（主要内容为学生自发给班主任过生日并表演节目的情景；年末，班主任带学生在校园烤红薯的情景）

（背景音乐：《澄净之水》）

（第十三张照片，是教师站在教室的黑板前，满脸是学生抹的蛋糕，花花绿绿的；身后是学生在黑板上写的"吴老师生日快乐"，旁边画满了小草、鲜花。教师在照片上加了一段文字："这是谁呀？那么丑……"家长和学生看到这张照片时都笑了）

（四）广播体操比赛及防暴演练

（主要内容为班级参加学校的广播体操比赛情景；代表学校参加广播体操比赛情景；两次防暴演练情景）

（背景音乐：《和兰花在一起》）

（五）大合唱及集体舞比赛

（主要内容为班级参加学校大合唱比赛情景；参加学校集体舞比赛情景）

（背景音乐：《英雄》）

（六）运动会

（主要内容为我班为学校运动会彩旗队，散旗场景；参加运动会比赛项目的比赛场景；其他学生写稿件及服务场景）

（背景音乐：《英雄》）

（七）军训

（从开营、训练、吃饭、洗碗、内务检查、会操，到参观部队、洗床单、训练空隙的娱乐、先进班组表彰、教官演示）

（背景音乐：《我相信》）

（八）堆雪人

（主要内容为本学期开学报到时，组织学生分小组在篮球场进行堆雪人比赛情景）

（背景音乐：《澄净之水》）

（九）编绳子

（主要内容为今年"三八"妇女节前，我教学生给母亲编手链，要求学生在妇女节那天将手链送给妈妈，孩子编手链的各种情景）

（背景音乐：《和兰花在一起》）

（倒数第三张是一个心形图案的照片）

师：你们谁能猜出来这个图案是怎么回事？

生：是心。

师：是我用彩线编制的手链，给你们每人编了一条，然后用手链摆成的心形。

生：不会吧？我们那么多人，每人一条？

师：对呀。每人一条。女生的手链上有水晶珠子，男生的没有。

李春媛：老师，你教我们"三八"妇女节时给妈妈编手链，我们编了好几天才编好，你给我们每人编一条，那你用了多长时间？你每天那么忙，你有时间给我们编吗？

师：我当然有时间编了。比如吃饭时等待上菜的时间在编，去看儿子时坐火车在编，开会前在编，只要是可以利用的时间，我都在编。编的时候，想着你们拿到手链的意外，我就有很多的时间编了。现在可以请你们把手都伸出来吗？我要亲自给你们戴到手腕上。

文思弋（哽咽）：老师，你能不能不要这么讨厌？每次开家长会，你不是把我们弄哭就是把家长弄哭。你每次不把我们感动哭就不行，是不是？你看你看，我又要哭了。你看看我妈的红眼圈。

师：那我这人就是这么让你们讨厌，有啥办法呢？那你们不也经常把我弄哭吗？都不哭了，我们继续看照片。

（十）平时生活场景

（主要内容为学生在学校大课间娱乐、卫生大扫除、准备上课、布置教室墙面文化等的情景）

（背景音乐：《澄净之水》）

（十一）从初一到初三的获奖瞬间

（除学生在学校活动中领奖，还包括开家长会时给家长发奖，以及平时给学生发奖的情景）

（背景音乐：《英雄》）

（十二）我要飞得更高

（主要内容为布置教室后墙"我要飞得更高"时，学生写心愿、贴心愿，及明月同学装饰墙面、孙雁妮同学描字的照片）

（背景音乐：《我要飞得更高》）

（倒数第三张，是教室后面黑板"中考，我努力了"板块留白处，学生签名照片；倒数第二张，是班级合影"一家人"照片；最后一张，是任课教师合影）

四、学生代表李聪聪发言

尊敬的各位老师、家长，亲爱的同学们：

大家好！我很荣幸能在这里为同学们最后20天的冲刺加油、鼓劲。

每天进步不放弃，勤奋努力不抛弃。岁月匆匆，九百多个日日夜夜已在我们的寒窗苦读中悄然流过。还有20天，我们就要奔赴考场去实现我们拼搏三年的价值。

三年来，多少个骄阳似火的夏日，多少个风刀霜剑的冬夜，我们一步步地走过来了。怀想过去的三年，我们由无知到渊博，由幼稚到成熟，由散漫到认真……我们不断地奋斗，不断地竞争，不断地超越自己，我们为自己谱写了一个又一个的神话。

今天，我们把志向锁定在中考，把目标确立在最后的20天。同学们，不要为自己的基础不好而颓废，不要因自己的分数不高而放弃，在这最后的20天里，我们要全力以赴。"沧海横流，方显英雄本色。"在这剑拔弩张的时节，才更能体现出我们必胜的决心！要相信自己，顽强的毅力可以征服世界上任何一座高峰，强的意志能够熔铸地球上任何一块顽铁。哥伦布在广阔的大海上每天在日记上写下这样一句话："今天我们继续航行。"我们也要在中考前的每一篇日记中写下："今天我们继续进步。"

同学们，中考的战鼓已经擂响，前进的号角已在召唤，我们新的征程自此开始。不必再惋惜曾经的失误，不必再哀叹过去的懒惰，我们要做的就是：一心做好当前之事，为自己的未来谱写一段华美的乐章！

让我们奋斗20天，还自己一个心愿；

让我们奋斗20天，给老师一个惊喜；

让我们奋斗20天，送家长一份满意！

我们的人生总是在竞争中不断超越，我们的生命总是在拼搏中熠熠闪光。既然我们选择了中考，我们就没有理由退缩。奋斗20天，让飞翔的梦在6月张开翅膀；奋斗20天，让雄心与智慧在6月闪光。

卧薪尝胆，我们奋战百天；笑傲6月，我们志在必得！

我们要让巴州石油三中的光芒因我们而更加灿烂！

我的发言完了，谢谢大家！

五、家长代表周锦华妈妈张晓燕发言

尊敬的老师、家长和同学们：

你们好！

站在这里，我的心情很激动。本来我是准备了发言稿的，但是在看了吴老师刚才放的那么多幻灯片以后，我觉得这个时候，任何语言都是多余的。说实话，我是一直含着眼泪从开始看到最后的。好几次，我的眼泪都忍不住流了下来。

我特别感动，也非常感激。孩子上初中以后，我们很少给孩子照相，但是，今天看到吴老师给我的孩子，也是我们的孩子照了那么多的照片，看着挑选出来的一千多张照片，我想，在座的每一位家长，都和我一样感动。

刚才看到一张照片，吴老师说照片上这么丑的人是谁呀，我想说，吴老师一点儿也不丑，您在我们心中、在孩子心中是最美的！（教室里响起热烈的掌声，吴老师起身鞠躬致谢）

此时此刻，我不知道该怎么表达我的心情，我只想说：

2班的孩子们，努力！

为了不辜负老师的期望,加油!

为了家长的期待,加油!

你们是最棒的!

六、教师总结发言

师:同学们,我们今天相聚在这里,我想对家长和你们表示感谢。感谢你们的懂事上进,感谢家长的积极配合,感谢三年的相处快乐。我们回顾了我们美好而短暂的初中生活,又为我们的中考定下了新的目标。我们三年前的决定决定了我们今天的生活。初一时,我们为自己定下了目标,今天,当我们打开千纸鹤的时候,我们是为自己在这三年的时间里努力奋斗了而无悔,还是为自己虚度时光而悔恨?初中三年的学习效果,就会在20天以后的中考中检验。我希望你拿到中考成绩单后,能对自己、对父母说一句:"我尽力了。"不管中考成绩如何,你还有三年的高中。三年的高中,你又会如何?不管三年后你在什么地方,我都希望你能告诉我,告诉父母,告诉自己:"高考,我尽力了。"

【班会总结】

本次活动,对家长和学生而言,是一次惊喜——学生的很多照片都是班主任抓拍的,家长从照片中看到了孩子从初一的满脸稚气到初三成熟少年的逐渐变化。有家长说,"我没想到孩子在学校留下了那么多的照片,这几年,我都没怎么给孩子照相"。活动结束后,有些家长正好带了 U 盘,直接说要拷回去,留作纪念,以后也可以好好看看;有些家长请班主任在网上通过 QQ 发送给他们。

这次活动,对于学生的中考更是一次激励。"我要飞得更高"就贴在教室墙面上,对学生每天的学习是一种无声的督促。学生在写自己的目标时,也会去看看其他同学的目标是多少分,和自己的目标成绩进行对比,他们就会知道自己该如何珍惜时间、拼搏20天。

(新疆喀什地区泽普县巴州石油三中　吴菊萍　邮编:844804)

> **操作提示**
>
> 1. 做这个主题班会，关键是要平时有积累。比如，学生亲笔签名"告别童年，放飞梦想"的横幅，存放写有学生心愿千纸鹤的心形盒子，吴菊萍老师是从初一的"六一"保管到了初三的"六一"。
>
> 2. 学生的照片平时就应注意留存，这节课播放的照片应挑选有纪念意义的。
>
> 3. 给学生送的礼物要提前准备好，让学生有意外的惊喜。

七、专题教育型主题班会

与责任同行

【推荐理由】

1. 责任教育是整个中学阶段不能回避的主题，适当的时机，采取适当的形式和内容，对学生进行责任教育，是我们一线班主任应该做的。从这个意义上说，本主题班会具有题材上的借鉴意义。

2. 本主题班会结构严谨，内容贴近学生生活实际，形式活泼，在组织和设计方面有可取之处。

【适用时间】 初三第一学期

【班会背景】

"人生什么事最苦呢？贫吗？不是。失意吗？不是。老吗？死吗？都不是。我说人生最苦的事，莫若身上背着一种未了的责任。人若能知足，虽贫不苦；若能安分（不多做分外希望），虽失意不苦；老、病、死，乃人生难免的事，达观的人看得很平常，也不算什么苦。独是人在世间一天，便有一天应该做的事；该做的事没有做完，便像是有几千斤重担子压在肩头，再苦是没有的了。为什么呢？因为受那良心责备不过，要逃躲也无处逃躲呀。"

这是著名学者梁启超大师的精彩论断。我们从中能很明确地知道，人生的苦与乐是与责任紧密相关的。大师告诫我们：人生在世，必须要对家庭、社会、国家以及自己尽到应尽的责任，这样才能得到真正的快乐。

但是，现在的中学生，自我中心意识太重，对父母、对班级、对社会的责任意识相对较淡薄，有些学生也许还根本不知道责任两个字的意思是什么。这与我们传统的那种天下兴亡、匹夫有责的美德相违背，也与我们的教育目标相违背。因此，加强对中学生的责任意识教育，培养他们强烈的道德责任感，就相对很重要了。

【班会目的】

1. 培养学生正确的人生观和强烈的责任感。

2. 让学生明白责任无时无刻不和我们同行的道理。

3. 明确在生活中我们存在哪些不负责任的行为，并加以改正。

4. 帮助学生树立对自己、对家庭、对他人、对集体、对社会、对自然负责的意识。

【重点难点】

责任教育，可能很多班主任已经做过了，但是一般都侧重在教师的说教上。能否把班会开活跃，让学生喜欢，是本次班会需要突破的难点。

本次班会的重点在让学生知行合一，真正有效地唤醒学生的责任意识。

【课前准备】

1. 分组排练歌舞小品等。

2. 收集关于责任的名人故事。

3. 学生做好班会发言的准备。

4. 做到心中有数地评选"对集体最负责的人"。

5. 拍摄平时自习课班级不良现象，制成电视小品。

6. 准备好多媒体设备。

【设计思路】

第一乐章：对自己负责——播放电视小品《热闹的自习课》、学生讨论不负责任的行为等。

第二乐章：对他人负责——歌曲《为了谁》，插播 Flash 动画片《生命之舟》等故事。

第三乐章：对自然负责——童话剧《小白杨的遭遇》。

第四乐章：对集体负责——小品《审判》，评选"对集体最负责的人"。

【班会实录】

序曲

主持人甲：首先出个题目考考大家，题目是："人生什么事情是最痛苦的？人生什么事情是最快乐的？"

（其余学生发言略。如果估计没有人说出最完美的答案，安排一位学生在最后回答）

学生：人生最苦的事，莫若身上背着一种未了的责任。人生最快乐的事，当属把责任完成了，尽到了自己的责任。

主持人甲：这是你说的？

学生（笑）：不是，这是梁启超说的。

主持人乙：关于人生的责任，梁启超爷爷还有一段精彩的论断，现在我们把它带来了，我们大家一起朗读，好吗？

（学生回答："好！"主持人甲打开多媒体演示屏幕，出示梁启超的话）

学生（齐读）："答应人办一件事没有办，欠了人的钱没有还，受了人的恩惠没有报答，得罪了人没有赔礼，这就连这个人的面也不敢见。纵然不见他的面，睡了梦里都像有他的影子来缠着我。为什么呢？因为觉得对不住他呀，因为自己对他的责任还没有解除呀。不独是对于一个人如此，就是对于家庭，对于社会，对于国家，乃至对于自己，都是如此。"

（屏幕推出字幕——第一乐章：对自己负责）

第一乐章：对自己负责

主持人甲：大家读得很整齐，也很精彩。我从同学们的朗诵中，体验到一种从来没有过的庄严的感觉，崇高而又让我们热血奔涌。原来这种责任的感觉就住在我们同学的心中，一旦遇到适当的土壤，就能够生根发芽，茁壮成长。

主持人乙：可是，还有些同学，他们好像忘记了责任的存在，忘记了责任原来就存在于平时的一举一动中。人一旦没有了责任意识，就不会严格要求自己，就不会遵守各种规章制度。下面请大家欣赏电视小品《热闹的自习课》。

（播放电视小品《热闹的自习课》）

自习课的教室，热闹非凡。

（特写镜头）有的同学一边做课堂作业，一边哼着流行歌曲；有几个同学干脆拿着别人的答案抄作业，口里还不时地冒出一些脏话、鄙话；有的同学在埋头看武侠小说，高潮之处，手舞足蹈；有的同学在看卡通小人书，津津有味……

（全景）有些同学围在一起谈论明星，谈天说地，并随处走动；有些同学在大谈打游戏机的心得，活灵活现……

（特写）有些同学在认真读书，对这种吵闹现象很烦躁，但是皱皱眉头就算了；有些同学在一起讨论难题；值日生认真地洒水，整理班级卫生等。

（全景）这时，一位同学吹了一声口哨，并说："老师来了。"于是人人都坐得端端正正的，面前摆出了语文书、英语书，朗朗的读书声随之响起。

主持人乙：大家看了小品，发现我们好些同学在里边表演着——你觉得这个小品中的人对自己的学习负了责任吗？我们在学习中还存在着哪些对自己不负责任的现象呢？请同学们大胆发言，把自己心中的想法说出来，或者把自己的决心与打算说出来，我们共同分享。

（学生讨论不负责的行为）

学生1：对自己不负责的表现在我们同学中存在很多，比如，刚才小品中的抄作业，抄别人的作业无形中养成了不思考的坏习惯，这样，学习成绩就不会提高，该学的知识没有学到，就没有完成学习任务。这如何能培养自己的能力？再说，抄别人的作业后当作自己的作业让老师改，也是对老师的不尊重。

学生2：责任就是分内应做的事，责任感就是要自觉地把分内的事做好的心情。我们分内的事是什么？那就是认真学习，通过学习学会各种能力，让自己茁壮成长，将来能自立于社会，能为国家献上自己的一份力量。试想连学习任务都不能完成,以后又如何承担别的责任?

学生3:我想现在是高科技的时代,对知识的需求是很高的,如若我们不能好好学习,必会被社会抛弃。所以奉劝那些痴迷于游戏机的同学,那些痴迷武侠小说的同学,还有那些热心于追星的同学赶紧迷途知返,把自己的精力放在学习上。

学生4:听了同学们的发言,我感到很惭愧。平时的我不爱学习,总认为学习是那么的枯燥无味,作业也经常应付了事。看来我得改变我的看法和态度,再也不能浪费时间了,希望同学们能帮助我。

学生5:我也想说说。我总是很贪玩,因为贪玩,学习成绩总是不太理想。今后我要改掉这个毛病,大家一起监督我,好吗?

……

主持人甲:同学们敞开心扉,敢于亮出自己的不足,这是一种伟大的勇气。让我们用热烈的掌声来谢谢大家的精彩发言。

主持人乙:读书是我们自己的事情,现在,全班同学跟我们一起来宣誓——读书是我们的职责,自己的事情自己做。

全体学生(齐说):读书是我们的职责,自己的事情自己做。

(屏幕推出字幕——第二章:对他人负责)

第二乐章:对他人负责

主持人乙:有些人,他们心里永远装着别人,唯独没有自己,这是一种高尚的责任感,如雷锋叔叔。有些人,他们总是在最需要的时候挺身而出,为了国家和人民的利益不顾一切,这就是古人所说的舍生取义。这些人,永远是我们民族的脊梁。有一首歌,就是献给这样的人的。

主持人甲:请欣赏男女声对唱《为了谁》。

(男女声对唱《为了谁》)

(多媒体屏幕上打出《生命之舟》)

故事简介:1998年8月1日,湖北嘉鱼簰洲湾突然发生溃口,广州军区舟桥某旅和湖北省公安消防总队奉命赶往现场营救。他们驾驶着冲锋舟一路绕过房顶、电线等障碍物，穿梭于树丛之中，搜寻被困群众。突然，冲锋舟上的战士发现，在左前方的一棵小树上，一个小女孩正紧紧抱着树干，洪水已经淹到她的腰部。情况十分危急。战士们大声叮嘱小女孩："千万别动，千万别动。"由于水流湍急，冲锋舟向小女孩背部冲去，驾驶员迅速转舵，从20米的地方向小树迂回。一次失败了，两次、三次都失败了。洪水仍在肆虐，幼小的生命在抗争。冲锋舟一步一步向小树靠拢，5米、4米、3米、2米、1米。终于，小女孩得救了。到8月2日为止，冲锋舟共救起被困群众一万七千多人，当地群众亲切地称它为"生命之舟"。

主持人甲：对他人负责，这是一种多么令人感动的情怀啊。在我们身边，在我们周围，具有这种精神的人数不胜数，大家生活在一个社会主义大家庭里，无私地奉献着自己的爱心。我倡议全体学生齐说，"我们拥有爱心，我们敢于对他人负责"并朗读梁启超关于责任的著名篇章：

凡属我受过他好处的人，我对于他便有了责任。凡属我应该做的事，而且力量能够做得了的，我对这件事便有了责任。凡属我自己打主意要做一件事，便是现在的自己和将来的自己立了一种契约，便是自己对于自己的一层责任。有了这责任，那良心便时时刻刻监督在后头。一日应尽的责任没有尽，到夜里头便是过的苦痛日子；一生应尽的责任没有尽，便死也是带着苦痛往坟墓里去。

什么事最快乐呢？自然责任完了，算是人生第一件乐事。古语说得好，"如释重负"；俗语亦说的是，"心上一块石头落了地"。人到这个时候，那种轻松、愉快，真是不可以言语形容。责任越重大，负责的日子越久长，到责任完了时，海阔天空，心安理得，那快乐还要加几倍哩。大抵天下事，从苦中得来的乐，才算是真乐。人生须知道负责任的苦处，才能知道有尽责任的乐处……处处尽责任，便处处快乐；时时尽责任，便时时快乐。快乐之权，操之在己。孔子所以说"无入而不自得"，正是这种作用。

（屏幕推出字幕——第三乐章：对自然负责）

第三乐章：对自然负责

主持人甲：其实，责任无处不在。

主持人乙：其实，我们对身边许多事物都有自己应该尽的责任。如果我们忽略了它们，它们也将离我们而去。

主持人甲：下面请欣赏童话剧《小白杨的遭遇》。

（童话剧《小白杨的遭遇》）

（夏天，马路边的一株小白杨，伸开他的手臂，怀抱着一群小麻雀）

小麻雀（惊讶地望着那叶子发黄的小白杨）：你怎么啦？发生了什么事情啊？是怎么一回事呀？

小白杨（悲伤地）：小麻雀，我快不行了。几个月来，我每天都闷得发慌，这周围不知是一股什么怪味道，不，是怪气。本来，我觉得汽车才会有这样的怪气，可现在四面八方都有这样的怪气。我呀，我真是难受极了。这些天来，我浑身一点力气都没有，腰也伸不直了。

小麻雀：这是什么原因啊？我们快去找啄木鸟医生问问吧。

（这时，不知从哪儿飞来了一只白头翁）

白头翁：附近开了几个化工厂，它们排出大量的废气——二氧化硫什么的。唉，小白杨，可惜你不能跑路，要不，我带你到远方的森林里去，那儿有潺潺流动的清清泉水，有新鲜的空气，在那儿你一定会长得像巨树一样。

小白杨：是呀，我天天喝的是我身边几户人家倒下的大量肥皂水、碱水。现在，我不但长不大，我也活不了。白头翁，咱们可要永别了。

（话还没有说完，"哗"地又一盆肥皂水泼了出来。接着又跑来了一个小男孩。他掏出一把小刀，在树上刻着"到此一游"。幕外传来在微风里小白杨抽泣的声音）

小麻雀（无能为力地深深叹息着）：唉——

（这时，几个园林工人来了）

小麻雀：小白杨，你不要着急，园林工人来了，也许你得救了呢！

小白杨：我？（苦笑）怕是来结束我的噩梦的吧……

园林工人1：这棵树伤得太厉害了，我们还是砍掉它吧。

园林工人2：这也没办法。还是砍下来吧！

小麻雀（扑闪着翅膀，哭泣地离开）：小白杨，永别了，小……白杨……永别……了。

画外音：就这样，小白杨倒下了。在马路上，他还在做着美丽的梦呢。

主持人甲：看完了这个童话剧，我想同学们一定有一番深思。作为有志青年，该怎样尽我们的义务和责任，为环保奉献自己的一份力量呢？

学生1：要真正地爱护自然，保护自然，我觉得，宣传法律，促进生态立法迫在眉睫。现在虽然有《农业法》《草原法》《水土保持法》，但解决不了根本问题。要解决根本问题，就只有我们大家都树立一种良好的环保意识，自觉地履行法律赋予我们的权利和义务。只有感觉到肩上有不可推卸的责任，主动地履行了法律的职责，那些法律才会发生作用。

学生2：我觉得应该加大罚款力度。新加坡的环境之所以是一流的，跟它的重罚制度有关。重罚从实践上证明了它可以有效地控制破坏生态平衡的现象。现在工业污染严重，是因为我们没有重罚一些企业，让它们被罚得破了产，它们就不敢破坏环境了。也只有重罚才会引起全社会的高度重视。

学生3：我不太赞同前一位同学的意见。罚款虽然在表面上暂时制止了破坏环境的现象，但从根本上解决不了问题。关键还得靠宣传，要进行广泛的宣传，把这种"人人有自觉保护环境的责任"意识深深根植到每一个国民的头脑中，让人人自觉地保护环境，爱护自然，这才是最根本的。

学生4：我觉得空谈不如行动有效。我们中学生应该肩负起保护环境的职责，做环保先行者，平时要争当"环保的卫士"，在生活中养成不乱扔果皮、纸屑的好习惯，要爱护一草一木，从行为细节做起，养成良好的生活习惯。如果人人都这样做，环保责任意识就容易深入人心。

主持人甲：谢谢同学们的精彩发言。

主持人乙：呼唤绿色，牵手环保，从我做起，从现在做起。

主持人合：祖国美丽，你我有责！环境保护，不可推卸！

（屏幕推出字幕——第四章：对集体负责）

第四乐章：对集体负责

主持人甲：一个班级有一个班级的精神，那就是人人要为这个集体增光，这是一种集体主义责任。

主持人乙：一个团队就要有一个团队的精神。体育比赛时，运动员们在竞技场上奋力拼搏，不怕流血流汗，只要团队胜出，就是最大的荣誉！这就是团队责任在驱动着他们。

主持人甲：所以奥运歌曲中有这么一句歌词，有些东西"比生命更重要"，这就是责任。责任使他们成功，使他们伟大。

主持人乙：可是在我们的生活中，有些同学只羡慕别人的团队精神，忘记了自己对集体、对团队的责任。下面请欣赏小品《审判》。

在此，我们设立"公共财物小法庭"。下面请"法官"上场。

（学生表演小品《审判》）

审　判

法官：作为这个特殊法庭的最高审判员，我会遵循"公正、严明"的原则，让每个案件都有一个令人满意的结果。这一次，我们进行"四案一审"，即对四组同类案件进行统一审理。（拍惊堂木）下面，请原告"桌椅""窗户""地面""卫生角家族"以及被告就位。各位被告，在审理中你们可进行自辩。接下来请"桌椅"讲述他的遭遇。

桌椅（挂着拐杖上）：我时时刻刻担心自己不知什么时候又会被"破相"。你看，刮伤、割伤已使我们失去了旧日的容貌，残脚断手是我们经常会遭遇的伤痛，刻画的痕迹使我们过早衰老，现在这些已经成为我们家庭的顽症。同学们啊，你们就是最好的美容师，把青春还给我们吧！

法官："桌椅"的遭遇可谓人尽皆知，对于这些，被告有何话说？

被告1：桌椅上的刮痕，纯属意外，并非故意，再说人总不可能处处小心吧？对于刻迹，那是艺术，是为将来的雕刻生涯奠定基础嘛！而且众所周知，鲁迅先生小时候还在桌上刻"早"字呢!至于残脚断手,那是生产厂家黑心的行为,生产出的一些假冒伪劣产品。这不能够怪我们。

法官:下面请"窗户"发言。

窗户(穿着破烂的衣服上):我是最脆弱的。大家瞧,我可是没有什么完整的脸面来见大家了。那些学生下课后,不顾我的身体强弱,不断碰撞我的身体,最终都是以我的粉身碎骨收场。

被告2:课后活动舒展筋骨,有利于学习。在这期间不可避免会有摩擦,而悲剧的造成主要是因为玻璃安装工人的失职。

法官:在众多原告中,"地面"呼声最大,让我们来听一听。

地面:我将胸膛无私地敞开,可得到的竟是废纸、痰迹的回报,这公平吗?我也爱清洁,不要再给我描花添彩了。

被告3(狡猾地):错了,其实我们都很注重地面的清洁,只是在放学取书包时无意将废纸带到了地上。我们并不知道,所谓"不知者无罪"呀!

法官:听了以上的叙述,大家对案情都有了一定的了解,最后由"卫生角家族"的代表宣读控词。

卫生角家族:我们本是一个庞大的家族,可现在却成为老弱残兵,这完全是由被告一手造成的。使用时不是用力过猛,导致我们脱毛断骨,就是使用后随处堆放,搞得我们家族流离失所。甚至还有一些同学,和别人争吵起来,不知道善意解决,就用我们作为攻击的武器,大打出手,打得我们面目全非。

被告4:现在垃圾又多又重,而且劳动工具质量也越来越差,所以才会有刚才的现象出现。因此,现在关键是要提高工具质量。至于打架,有一句俗语就是"相骂无好口,相打无好手",情绪激动也是难免的。

法官:通过陪审团的协商,认为四名被告的辩词完全是为自己开脱,是一种严重的不负责任的态度。鉴于此,本法官宣判:四名被告有破坏公物行为,按照初二(1)班公约第二十一条规定,判处修补公物一年,取消评优资格三个月,并对他们进行"爱护公物财物责任"教育。此案结束。

主持人甲:公共场所的一砖一瓦、一草一木,一切设施都是集体的财产,是劳动人民的汗水和心血的结晶。尊重和维护公共财物是同学们热爱集体的表现，是每位同学应尽的基本职责。

　　主持人乙：其实，我们很多同学都非常热爱我们的班集体。借这个机会，我们来评选"对集体最负责的人"。可以自告奋勇地评自己，也可以推荐同学。要求是，每一个参评人都要能说出为集体做的一件好事。

　　（学生评选"对集体最负责的人"）

　　主持人甲：掌声请出我们的班主任为我们"对集体最负责的人"颁奖。

　　主持人乙：请同学们用热烈的掌声欢迎这些同学上台领奖。

　　全班学生（齐声说）：我们是集体的主人。爱护集体，人人有责！

【班会总结】

　　责任教育，对学生来说很抽象，他们中有很多人还不理解责任的具体含义，所以，在班会设计中，我穿插了梁启超先生关于责任的形象而精辟的解释。大师级的解说，浅白明了，有助于学生进一步理解责任的内涵。整个班会板块分明，运用了多媒体的表达手法，很新鲜，学生也很喜欢。

　　主题班会结束后，我发现，学生对责任一词理解更深了，表现在教室里，一个典型的事例就是自习课乱打闹的现象没有了，损害课桌等公共财产的少了。有些学生还从家里带来了钉子、锤子，自己修补课桌和板凳。这就是一个好的现象。所以我总结一条：主题班会，针对性越强越好。

　　这个主题班会，按照惯例，应该还要加一个对社会负责、对国家负责。我仔细思考了很久，还是放弃了这个环节。为什么呢？我觉得，德育，首先应该从身边的感性的事情入手，然后才能够兼顾其他环节。相对来说，爱国比较空洞和遥远，而爱家、爱自己、爱同学、爱老师、爱环境，本身就体现了爱国精神。所以，我放弃了对国家负责这个环节。如果时间允许，今后还可以单独做一个爱国与责任的话题。

（湖南省邵东县两市镇一中　郑学志　邮编：422800）

操作提示

1. 班会筹备阶段，一定要准备好相关的视频资料，而且最好有一个脚本，不然很难有代表性。

2. 本次活动最难得的就是落实责任意识，升华责任意识。在这方面，必要的时候班主任还得给予学生适当的指导，或者亲自参与一下。

万千教育 基础教育类书目

书号	书名	著、译者	定价(元)
班主任工作理念与方法系列			
2877	班主任工作的60个"鬼点子"	刘坚新 郑学志 编著	52.00
2879	班主任与家长沟通的艺术 ——创建优质家校关系的60个策略	郑学志 著	52.00
2204	做一个会"偷懒"的班主任（第二版）	郑学志 著	48.00
1708	怎样教授道德才有效 ——德育心理学家给教师的建议	杨韶刚 等 译	48.00
1709	学生特殊问题发现与应对 ——给普通教师的建议	昝飞 等 著	48.00
7316	把班级还给学生 ——班集体建设与管理的创新艺术	郑立平 著	26.00
7344	遭遇问题学生 ——问题学生的教育与转化技巧	万玮 编著	25.00
7317	魅力班会是怎样炼成的	杨兵 著	25.00
8631	家校沟通，没有痛过你不会懂 ——知名班主任梅洪建的心路历程	梅洪建 著	32.00
0539	如何上好班级心理辅导活动课 ——钟志农答疑50问	钟志农 著	42.00
9902	德育主任新方略	丁如许 著	32.00
8611	班主任工作中的心理效应	刘儒德 主编	35.00
1135	班主任有效沟通的艺术与技巧	李进成 著	36.00

0541	班主任如何破解德育低效难题	赵坡 著	35.00
9135	班主任，青春万岁——王君带班之道	王君 著	34.00
8770	班主任如何带好差班	赵坡 著	30.00
8309	扶年轻班主任上马	王莉 著	38.00
7926	教师必须掌握的教育惩戒艺术	郑立平 等著	28.00
7928	做一个聪明的班主任——对常见七类学生的教育艺术	郑立平 等著	28.00
班主任工作理念与方法系列合计			**694.00**
教育理念与实践系列			
4098	STEAM教学指南——用现实世界的问题吸引学生	邵卓越 等译 刘徽 审校	46.00
3371	教师情商修炼之道	杨敏毅 等著	52.00
2754	教师怎样说话才有效（第2版）	李进成 著	58.00
8771	教师怎样说话才有效	李进成 著	32.00
2597	教师怎样说理才有效	李进成 著	52.00
1566	教导主任工作问题案例集	黄银美 主编	42.00
1139	如何当好教研组长——中小学教研组长专业素养与行动	杨向谊 著	36.00
1471	闪闪发光的故事：童书阅读与欣赏	周益民 著	32.00
0801	故事、儿童和作家的秘密——走近儿童阅读	周益民 著	32.00

……
欲了解更多图书信息，请登录：www.wqedu.com
联系地址：北京市西城区三里河路6号院2号楼213室　万千教育
咨询电话：010-65181109，65262933
*本目录定价如有错误或变动，以实际出书为准。